CROYANCE

JEAN-CLAUDE CARRIÈRE

CROYANCE

Odile Jacob

15, rue Soufflot, 75005 Paris

www.odilejacob.fr

ISBN : 978-2-7381-3245-1

Nous devons à présent nous faire une raison. À l'issue d'un long combat, la croyance, aujourd'hui, l'emporte sur la connaissance. Un peu partout, dans notre monde, le recrutement des scientifiques se fait de plus en plus malaisé, les étudiants délaissent les sciences – sauf en Chine sans doute, et en Inde. Et partout, ailleurs et ici, les croyances (de toutes sortes) se multiplient, se durcissent, nous encerclent, nous envahissent, nous attaquent.

Est-ce un bien ? Un mal ? Est-ce, comme pour d'autres modes de vie, une évolution passagère et indifférente ? Dur à dire.

Nous pensions nous diriger – nous, l'Occident, les modernes, les évolués, les éclairés – tant bien que mal, siècle après siècle, et surtout dans les trois derniers, vers plus de clarté, plus de force, plus de compréhension des choses et des êtres, plus de maîtrise même ; nous nous trompions. L'obscurité marchait sans cesse à nos côtés, aussi rapide, plus rapide peut-être, que la lumière. L'éducation de tous, que nous jugions indispensable, s'effritait. Elle nous semblait de plus en plus inadaptée, vieillotte, comme un instrument de musique dont nous ne reconnaîtrions plus les accords. Du même coup, l'obscurité et sa sœur l'ignorance prospéraient, surtout depuis une cinquantaine d'années, et aussi leur proche cousine, la violence. Mais nous ne voulions pas, et nous ne pouvions pas, pendant longtemps, les voir.

En France, à la fin du XXe siècle, même si cela nous étonne, le nombre d'analphabètes était plus élevé que cent ans plus tôt. Et sans doute, aujourd'hui, ne cesse-t-il de croître, comme croît la population. Ailleurs aussi ? Nous ne le savons pas, mais c'est probable.

Tout au long de ces trois derniers siècles, la matière, la lumière et la vie (surtout la nôtre) constituaient nos trois casse-tête, auxquels s'est ajoutée, plus tardivement, l'énergie. Depuis cent cinquante ans, nous estimions fulgurantes les avancées de nos connaissances, et rien ne nous permettait d'en douter. Nous nous avancions à grandes enjambées dans l'univers, et nous plongions dans nos particules infimes. Aucun doute là-dessus. Nous vivions, de ce point de vue là, et nous vivons toujours, dans la forte poussée d'un âge d'or. Nous allions en finir, tôt ou tard, avec les zones d'ombre d'autrefois, tout illuminer par les baguettes de la science, nouvelle fée, améliorer sans répit les conditions de notre existence, parfois même de celle des autres, et trouver enfin la formule suprême du monde, qui nous donnerait la grande clé ; la formule grâce à laquelle, ainsi que nous le promettait la Bible, nous serions cette fois, enfin, comme des dieux.

Prétentieux, entêtés, batailleurs, égarés sur une toute petite planète, située à l'écart, dans une galaxie de banlieue, nous nous efforcions de connaître un monde démesuré auquel, peut-être, nous n'appartenons pas.

Premier paradoxe

La croyance, disait Alain (dans *Définitions*) est « le mot commun qui désigne toute certitude sans preuve ». Il tentait d'en établir quelques degrés : croire par peur ou par désir, croire par coutume ou imitation, croire les vieillards, les traditions, croire les savants. Il s'efforçait de distinguer la croyance de la foi, qui est « la volonté de croire sans preuve et contre les preuves, que l'homme peut faire son destin, et que la morale n'est donc pas un vain mot ». Il parlait du « donjon de la foi », son dernier réduit. Mais, à vrai dire, ces distinctions, cette hiérarchie, trop succinctes, ou trop clairement formulées, ne sont guère convaincantes, aujourd'hui. Elles peuvent se mêler les unes aux autres, et se confondre. Elles restent aussi entourées d'un brouillard parfumé de grâce et d'espérance, qui sont des mots, comme « morale », dont le sens ancien paraît en péril.

La définition théorique et la place de la croyance, comme son rapport à la foi, sont aujourd'hui plus difficiles à préciser. Les deux mots se côtoient, et souvent se confondent, car toute foi suppose une croyance – mais le contraire n'est pas vrai (un athée peut croire à l'astrologie).

Quant au « destin », qui se hasarderait encore à définir ce mot ? Et même à l'utiliser ?

Devient-on croyant par hérédité, en suivant sans discuter une lignée familiale, en faisant confiance aux récits des vieillards et des « savants », comme le suggérait Alain ? Ou au contraire décidons-nous de croire par révolte contre une tradition, contre une pensée dominante, contre des coutumes imposées ?

Le croyant recherche-t-il une singularité ? Ou bien obéit-il au besoin d'adhérer à un groupe, de s'y conformer, de s'y abriter ? À l'intérieur du même individu, l'échafaudage des pensées et des sentiments qui conduisent à telle ou telle croyance paraît strictement individuel, au premier regard. Il repose sur des strates diverses, qui varient de l'un à l'autre, le goût du jeu, la nostalgie de l'enfance, l'arrivée prochaine de la mort (parfois ouvertement souhaitée) aussi bien que l'épouvante devant le néant *post mortem*, l'adhésion rassurante à un groupe, l'impression de combler ainsi un vide personnel, de s'épanouir (même dans la mort), le besoin d'un autre monde, l'assurance de trouver son chemin, d'avoir enfin raison – avec aussi le réveil, toujours possible, d'un fond de brutalité et de cruauté qui trouve ici l'occasion de sévir.

Le premier paradoxe de la croyance, si nous la plaçons à côté de la connaissance, est donc qu'elle se développe au même rythme que sa concurrente, et peut-être plus vite encore. Nous pensions rétrécir, de plus en plus rapidement, le champ de l'obscurité, nous l'élargissions. Plus nous savons, plus nous voyons ce que nous ignorons, et plus nous ignorons, plus nous avons tendance à croire.

Paradoxe banal que nous constatons chaque jour, qui nous intrigue et qui souvent en vient à nous décourager. L'État d'Israël, pour ne prendre pour commencer que cet exemple (mais il est possible d'en choisir un autre), développe sans cesse ses techniques, comme il nous semble normal, dans tous les domaines possibles de la connaissance, et par conséquent de la science, de la technique. Il est, à n'en pas douter, ce que nous appelons un État moderne, démocratique, très avancé et même pointu dans certains domaines de la recherche, maîtrisant sans doute la force nucléaire.

En même temps, les ultraorthodoxes juifs, lugubrement vêtus et chapeautés de noir, occupent, de plus en plus nombreux, des quartiers entiers de Jérusalem, absorbés dans la lecture incessante de la Torah, interdisant à leurs enfants toute autre étude, séparant les femmes des hommes dans les transports publics et affirmant que bientôt, lorsque le Messie depuis si longtemps attendu se manifestera, toutes les tombes du mont des Oliviers s'ouvriront pour laisser sortir les ressuscités.

Voilà ce qui m'a été dit, là-bas, l'année dernière encore, à plusieurs reprises, avec la plus tenace conviction. Les tombes s'ouvriront pour laisser sortir les ressuscités, et des milliers d'hommes et de femmes l'affirment. Et le croient. Ils cherchent à rapprocher les cimetières de la ville, pour que les morts soient plus près des vivants. Nous avons même vu, en 2014, dans plusieurs avions de la compagnie israélienne El Al, des passagers demander à être séparés des femmes, qui sont un danger pour l'âme, et, devant le refus du commandant de bord, s'obstiner à rester debout dans les couloirs, en chantant des psaumes.

Les chants, comme les prières, sont là pour accélérer la venue du tant souhaité, qui cependant se fait attendre. Même si tel ou tel messie, de temps en temps, est annoncé, aucune pierre tombale ne se soulève dans les collines. Et l'influence exercée par les habits noirs sur la politique d'Israël reste permanente, effective.

Au même moment de l'histoire, quelques pays musulmans, apparemment moins attachés aux performances techniques, semblent décidés à s'emprisonner de plus en plus étroitement dans un seul livre, déjà ancien, qu'ils tiennent pour unique possesseur de la vérité universelle (car ils le disent écrit sous la seule dictée de Dieu, par l'intermédiaire d'un archange) et dont ils ne veulent pas, ou ne peuvent pas, se détacher.

Aussi ces croyants-là, que nous appelons volontiers « intégristes », nous donnent-ils parfois l'impression de vouloir se maintenir, coûte que coûte, dans un monde fantomatique, un monde à jamais disparu, de renoncer à toute recherche nouvelle, à toute forme de curiosité.

Ils semblent par moments refuser jusqu'à la marche du temps (contre laquelle nous ne pouvons évidemment rien, et eux non plus) et s'expriment selon des modes de penser, de vivre ensemble et de prendre plaisir que tout autre bon sens, que toute autre raison, rejette.

Les rapports de l'islam et de la modernité – très durs, parfois brutaux – ont été souvent décrits, étudiés. Ils paraissent pourtant, encore aujourd'hui, presque insolubles, à moins d'une réforme profonde qui ne pourrait venir que des musulmans eux-mêmes. Sinon, quel que soit l'effort lancé – Méhémet-Ali, Atatürk, Bourguiba, Nasser, le shah d'Iran –, ces tentatives s'achèvent le plus souvent dans un marécage religieux qui paralyse aussitôt, et parfois malgré lui, le peuple concerné. L'*a priori* indiscutable de la révélation divine – et donc de l'existence et de la toute-puissance d'un dieu – paralyse tout mouvement de la pensée, même la plus articulée, la plus subtile. Les obligations religieuses qui se rattachent, avec plus ou moins de fidélité, à la tradition coranique – elle-même âprement disputée – paraissent décidément incompatibles avec les aspirations, avec les nécessités, avec les outils d'aujourd'hui.

Telle qu'elle est, la *charya* est strictement inapplicable, même chez une population à majorité musulmane. D'où une confusion constante, irrémédiable, et un sentiment d'impasse sociale, d'obscurité. Il est de bon ton, aujourd'hui, au Pakistan, de distinguer les « bons » talibans des « mauvais ». Mais qui se hasarderait à faire le tri ? Et à quel risque ?

Ainsi, loin de toute réalité, prisonniers d'une croyance traditionnelle depuis longtemps larguée par la connaissance, incapables, surtout, de séparer radicalement le religieux du politique (ce qui serait évidemment indispensable), ces peuples sont guettés par la tristesse, la frustration, le dépit de ne plus se reconnaître eux-mêmes, les déchirements internes, l'amertume de se sentir partir à la dérive, et surtout le chagrin de ne plus rien apporter de beau, d'utile, ou tout simplement de nouveau, au reste du monde. Aussi se voient-ils bientôt gagnés par la résignation, la rancœur, sinon par la rage et la haine.

Cependant, pour la plupart d'entre eux, ils s'obstinent à croire. C'est ainsi. Ils s'appellent même les « croyants », non sans une étrange fierté. Certains revendiquent leur arrêt dans l'histoire. Ils en viennent à montrer de l'arrogance, comme pour se distinguer de tous les autres humains, qui sont à leurs yeux des mécréants, des « incroyants » – une sous-espèce d'hommes. Enturbannés, armés, parfois masqués, soigneusement endoctrinés, sombres et souvent tumultueux, quelques-uns s'éparpillent à travers le monde en criant leur foi, et en mitraillant ceux qui ne partagent pas leur croyance, comme si cette ignorance revendiquée constituait leur force, établissait leur supériorité. Ces hommes-là, et nous le voyons chaque jour, n'ont pas d'autre argument que cette foi hurlée et imposée, à lourdes rafales de kalachnikov, ou à coups de poignard au travers de la gorge – en souvenir du pauvre bélier d'Ibrahim.

Avec, cependant – hommage involontaire aux diables occidentaux –, un recours très habile aux outils informatiques. Les recruteurs du terrorisme contemporain se servent à merveille, à travers leurs messages, de la modernité la plus fine, mise au service de l'archaïsme le plus noir.

Une joie impunie

Le premier geste de cette croyance-là paraît être d'éliminer les « infidèles », comme si cet acte d'assassin constituait l'argument suprême. Horreur inattendue : les meurtriers nous présentent même, sur les réseaux sociaux, en rigolant, les têtes coupées des « incroyants » ; trophées sanglants de la vraie foi, celle qui semble prescrire le crime et donner le droit d'être enfin barbare.

J'écris « en rigolant » car je ne peux pas oublier que Schopenhauer a placé la férocité au plus près de la dérision. Ils rient, ces assassins, comme s'ils voulaient atténuer ainsi l'horreur de leur geste. Comme s'ils accomplissaient quelque drôlerie. Ils rient de la joie impunie d'être un monstre.

Et ils ne sont pas les premiers.

Les croisés européens s'attribuèrent apparemment le même droit de tuer lorsqu'ils envahirent Jérusalem, en 1099. Il a été rapporté – par nos sources, non sans fierté – que Godefroy de Bouillon et ses hommes, dans les rues de la ville conquise, marchaient dans le sang jusqu'aux genoux ; un sang qu'ils venaient de verser, un « sang impur », comme cela se chante encore dans notre hymne national. Vainqueurs, ils égorgeaient non seulement les infidèles, c'est-à-dire tous les musulmans, avec femmes et enfants, mais aussi les chrétiens qui vivaient alors nombreux dans la ville sainte et qui se précipitaient vers eux, une croix à la main, en criant : « Nous sommes chrétiens ! Nous sommes chrétiens ! » Massacrés, eux aussi, par les croisés de la foi, qui les soupçonnaient de mentir pour sauver leur peau.

Des croisés qui, tout en massacrant femmes et enfants, priaient avec ferveur, persuadés pour la plupart que leur dieu marchait à leur côté, et qui communiaient à genoux, en actions de grâces, dans des flaques de sang.

Et qui riaient aussi, peut-être ?

Nous sommes ainsi. Les uns et les autres. Une brutalité féroce et terrifiante dort au fond de chacun de nous. Elle n'attend qu'une bonne occasion pour se réveiller en sursaut. Il suffit d'un rien. Un signe de Dieu, transmis par ses officiants, fait souvent l'affaire.

Et nous n'y pouvons rien. Depuis deux siècles, et même un peu plus, la croyance, pourtant toujours contrariée, toujours en attente et toujours déçue, accompagne fidèlement la connaissance, sans jamais la lâcher d'un pas, et en conteste la validité avec une vigueur toujours étonnante et renouvelée ; et souvent sanguinaire.

Une vigueur qui, dans certains pays, peut paraître s'accroître, et s'envenimer, à mesure que les affirmations répétées de telle ou telle tradition se voient, comme pour d'autres, à chaque moment, démenties.

Comme si l'échec, au lieu de faire vaciller la foi, la durcissait.

De mon vivant

Nous avons toujours de la peine à admettre que tel ou tel événement – que nous estimons absurde, insupportable, criminel, déréglé ou même inimaginable – se produise « à notre époque », « de notre temps », au moment même où nous sommes présents sur la terre.

Nous pensions vivre – loin des brumes rouges et des hurlements du passé – sinon dans un monde meilleur, au moins dans une société améliorée. Depuis le XIXe siècle, siècle du « progrès », époque optimiste par excellence, nous nous estimons évolués, modernes. Quand nous voyons ceci ou cela, sous nos yeux, parfois devant la porte à côté – de jeunes *djihadistes* français, par exemple, garçons et filles, qui fuient leur famille pour aller chercher le martyre en Syrie, en Irak, un homme masqué se faisant filmer en train d'égorger un journaliste, des villages entiers massacrés en Afrique, deux individus cagoulés s'introduisant, à Paris, avec des armes de guerre, dans les locaux d'un magazine satirique pour en assassiner les rédacteurs, ou tout simplement un *serial killer* au travail, aux États-Unis ou ailleurs –, nous nous demandons : « Mais comment de pareilles anomalies peuvent se produire *de mon temps* ? »

Les illusions du XIXe siècle ne se sont pas encore dissipées. C'est une déception chaque jour constatée, et chaque jour amère. Je me suppose naturellement meilleur que les hommes d'autrefois. Tout me l'indique, car je vis plus longtemps, je suis mieux protégé, en meilleure santé, je jouis d'un savoir élargi, mon contrôle sur la nature qui m'entoure s'est affirmé petit à petit, et je suis le plus souvent moins pauvre, moins affamé.

Si je suis un Occidental, même moyennement fortuné, aucune vie, dans quelque autre siècle, dans quelque autre civilisation, ne peut se comparer aux avantages qui sont aujourd'hui les miens.

En plus, lorsque j'évoque ceux qui vivaient avant moi, je jouis d'un avantage que je perdrai bientôt : je connais leur histoire, ils ignorent la mienne. J'ai la parole, ils l'ont perdue. Je suis vivant, et ils sont morts.

Et pourtant, en dépit de toutes ces différences, quand les croyances d'aujourd'hui se manifestent, j'assiste au même spectacle qu'autrefois – celui que je frémis quelquefois d'évoquer. Je m'en étonne, je me frotte les yeux, j'en suis souvent choqué. Quelquefois, je m'en scandalise, je proteste, je manifeste. S'il me reste une parcelle d'honnêteté, je me sens presque responsable, et même coupable, comme si je participais malgré moi aux assassinats sanglants et aux mensonges qui m'entourent ; comme si le passé détesté, infréquentable, vivait toujours dans une parcelle de moi.

Des choses pareilles, me dis-je, ne devraient pas se produire « de mon vivant », avec tout ce que nous savons, tout ce que nous avons vu, avons fait. Nous ne sommes plus « au Moyen Âge » (expression maladroite qui se fait entendre souvent), nous ne sommes plus aux époques que nous appelons obscures parce qu'elles ne connaissaient pas l'électricité.

Je suis à la pointe de l'avancée du monde, dans un poste d'observation privilégié que personne n'a pu occuper avant moi, je suis lucide, je suis là, dans le dernier carré des vivants, je peux parler, je peux écrire, je peux dire, j'en oublie presque, par moments, que demain je ne serai plus.

Il me semble que je dispose du monde. C'est comme s'il y avait la succession des siècles d'un côté et moi de l'autre, comme si le temps m'hypnotisait, comme si je l'arrêtais dans sa longue marche une fois pour toutes, moi vivant maintenant, petit œil un instant entrouvert, vite refermé, qui ne peut voir que ce qu'il voit, et qui à sa mort oubliera tout.

Ainsi, même à la pointe de l'aiguille, même mieux placé et mieux informé que n'importe qui avant moi, je ne contrôle rien, je ne sers à rien, et il me semble que je ne suis rien. Aucune décision ne m'appartient. Je ne peux ni condamner ni gracier, ni accueillir ni bannir. Tout va sans moi, quoi que je fasse et dise, et il me semble quelquefois que tout va pour le pire. À quoi bon tous les efforts, toutes les inventions, tous les sacrifices de mes ancêtres, de tous ceux qui m'ont précédé ? Toutes les réflexions qu'ils ont menées, tous leurs combats, toutes les lois qu'ils ont élaborées ?

À quoi bon mes longues études, mes engagements, et aussi mes actions, quelquefois ?

Si les choses ont bougé, mais non les âmes, à quoi bon l'action, à quoi bon le temps ?

Après moi, tout ira encore sans moi. Je mesure mon insignifiance, et même mon inexistence, dans une histoire qui m'ignore, et où je ne fais que passer.

Où sont les lois ?

Mais, d'abord, pouvons-nous encore assimiler science et connaissance ? Oui, nous dit-on (nous disent, mais de plus en plus prudemment, les scientifiques). La science, qui a pratiqué des avancées retentissantes depuis une centaine d'années, et qui ne cesse d'élargir son cercle, est là pour découvrir ce qui nous est encore caché, ou ignoré, et pour nous le montrer, pour nous le dire, avec la plus grande exactitude possible. Elle va au-delà de la probabilité, elle recherche la précision des choses, la « réalité du réel » (même si cette « réalité » est, de plus en plus, mise en discussion), en s'appuyant sur ce qu'elle appelle aujourd'hui, plus prudemment, non plus une conclusion, pas même une vérité scientifique, mais un « consensus ».

Lorsque tous les spécialistes d'une discipline se mettent d'accord sur un point, celui-ci, sur le moment, paraît acquis. Il prend place dans la galerie, toujours ouverte et problématique, des certitudes.

Pour atteindre ce consensus, qui est forcément provisoire, la science humaine obéit à une méthode, qui est la « méthode scientifique ». Depuis trois ou quatre siècles, à commencer par l'Europe, patiemment, minutieusement, elle a établi ses protocoles, ses instruments, sa démarche, ses preuves. Elle a mis cette méthode à l'œuvre et elle a su, quand elle le sentait nécessaire, la modifier. La science est là, aujourd'hui comme hier, pour déchiffrer, selon Descartes, les lois que Dieu a mises dans la nature, ou tout simplement les lois, lorsque nous nous passons de Dieu.

Elle a une fin et des moyens.

Cette science expérimentale a même affirmé, à certains moments de sa jeune histoire – quatre siècles à peine –, que la seule connaissance véritable était celle qui nous vient de cet exercice-là, de l'exercice de la science. Affirmation maintes fois mise en discussion – par des scientifiques mêmes –, mais qui persiste.

Bien. Mais ces lois que la science recherche avec patience, où sont-elles dissimulées ? Et par qui ? Et pour quoi ? Qui, aujourd'hui, nous en garantit l'existence ? Personne, à bien y regarder, hors de nous-mêmes.

Sont-elles mêmes des lois ? Le mot « loi » n'est-il pas le reflet évident de la seule pensée humaine, qui ne peut s'exercer que dans un certain sens, suivant un certain ordre et en employant certains mots ? Si, dans les mêmes circonstances, le même phénomène se reproduit (phénomène observable à nos yeux, en tout cas), pouvons-nous parler d'une « loi universelle » ? Nous pouvons le souhaiter, nous pouvons en rêver, il nous est impossible de l'affirmer. Nous ne sommes qu'une petite partie du grand tout, cela, nous le savons, mais notre vision n'est, elle aussi, qu'une parcelle insaisissable de ce que pourrait être une vision globale (restant bien entendu qu'une « vision », là encore, est une expérience humaine, et rien de plus).

Nous ne pouvons rien y changer.

Qui dit loi dit législateur. Qui est-il, ce mystérieux organisateur ? Où se cache-t-il ? Quelle est sa nature, sa fonction ? Que l'univers, que la matière, que l'énergie, que la lumière aient inventé le concept de loi : impensable. Cette notion de loi, que l'on sache, nous appartient. La loi – une règle constante qui régit des rapports – est chose humaine. Exclusivement humaine. Cela ne se discute pas. Toute loi suppose que nous connaissions, et que nous acceptions, le concept même de loi. Ce n'est que par un glissement de sens, par une sorte d'imposture, que nous l'appliquons aux animaux, à la « nature », à plus forte raison à l'univers.

Et, lorsque nous imaginons – à défaut d'une certitude véritable – un dieu créateur du monde, nous lui prêtons inévitablement une intention, et même un plan. Autrement dit, par notre langage, nous faisons de lui un humain.

Car, si ces lois existent, il a donc fallu quelqu'un pour les imaginer, ces liens, ces règles, ces obligations secrètes que nous pensons déceler dans les choses, et aussi pour les édicter, pour les imposer. Peut-être, mais le scientifique ne veut rien savoir de tout cela. Il ne se soucie que de la loi. Il oublie le législateur énigmatique, il fait comme si. Il avance parmi les hautes herbes, il se méfie des pièges, des fauves et des spectres, il se veut découvreur de constantes, de relations, de permanences.

Il aime les causes et les effets, et il s'en tient là.

Derrière ce dessein d'explorateur, cette mission que s'attribue volontiers le scientifique aventureux – seul face à l'immense secret du monde –, se dissimule encore, pourtant, presque toujours, la vieille idée qu'un créateur (un dieu), ou à la rigueur un ingénieur doué, un organisateur (un démiurge), s'est mis au travail, autrefois, et nous a livré ce monde complexe où nous sommes tenus de vivre, même si la plupart d'entre nous dédaignent de le connaître, et même de l'interroger.

Et ce personnage serait aussi à l'origine de nos lois.

La vieille sensation d'un ordre dans les choses, et l'impression d'une finalité, d'un dessein, d'une intention, de la poursuite d'un but, ces sentiments sont trop anciens pour nous avoir si rapidement abandonnés. Il nous arrive encore de nous demander si « la vie a un sens » et aussi « pourquoi nous vivons » : questions qui paraîtraient absurdes à tout autre que nous.

C'est ainsi. Nous ne pouvons pas imaginer un monde qu'on eût construit sans nous demander notre avis. Nous voulons sans cesse le réduire à nos dimensions, à nos visions, à nos catégories : à l'utilisation que nous allons en faire. Nous ne nous posons que les questions qui sont les nôtres.

Et nous nous étonnons encore de ne pas trouver de réponses.

Deuxième paradoxe

Or, depuis quelques décennies, les scientifiques, qui s'appellent maintenant, plus modestement, mais plus justement, des « chercheurs », ont admis, d'abord surpris, incrédules, souvent réticents, puis convaincus et quelquefois même émerveillés, que ce « réel », ce monde qu'ils étudient, cette jungle, dont ils distinguent petit à petit les sens dessus dessous et l'effarante complexité, ne peut pas se réduire à notre démarche, et, pour commencer, à nos perceptions, à nos mesures, à nos questions, à notre langage, à notre vocabulaire.

Malgré notre invention verbale (*gluons, quarks, bosons, neutrinos, supercordes, multivers*), ou graphique, nous ne savons plus parler du réel, ni le représenter, ni même l'imaginer. Il nous échappe, comme s'il s'effilochait, comme s'il tombait en lambeaux. Comment le dire ? Devenu presque insaisissable, et ne pouvant pas se reconnaître dans les mots ou dans les schémas qui sont les nôtres, il les néglige, il les rejette. Il refuse de se réduire aux normes traditionnelles de notre esprit, aux impasses de notre logique, aux étroitesses de notre vocabulaire. Il est fluctuant, trompeur, insaisissable et souvent même, à nos yeux en tout cas, contradictoire.

Du même coup, les chercheurs ont admis, peu à peu, que cette « méthode scientifique » à laquelle ils se dévouaient depuis quatre cents ans, ils l'avaient mise au point eux-mêmes, de siècle en siècle, par une sorte de travail à la chaîne, sans en prévenir l'univers – et que par conséquent, strictement et définitivement humaine, elle n'était peut-être pas irréprochable. La méthode ne manquait pas de reposer sur des *a priori*, et d'abord sur la conviction qu'il puisse y avoir une méthode.

Elle pouvait aussi bien se présenter comme un serpent qui se mord la queue (ce que font rarement les serpents), ou comme un poisson ne pouvant imaginer qu'on puisse respirer hors de l'eau. Elle supposait, de toute manière, d'un côté la sérénité persévérante et immuable de notre esprit, de l'autre côté l'existence constante et assurée des « choses », de l'« énergie » et de la « vie », nos trois terrains de chasse ; une existence autonome, hors de nos sens, de notre esprit dominateur, hors de la perception que nous avons de ces objets de quête et des chemins trompeurs qui nous conduiraient jusqu'à eux, ou qui nous en éloigneraient.

Cependant nous savons, depuis nos premières écoles, que la réalité du réel a été maintes fois mise en doute par une longue guirlande d'observateurs et de philosophes. Ils font même des « illusions des sens » (comme ils disent), des faiblesses de notre connaissance et de l'impermanence du savoir le point de départ, souvent, de leur patiente réflexion. Et cela depuis l'origine même de la pensée, qui se doit – c'est elle qui le dit – de douter d'abord d'elle-même, et de se méfier en permanence, comme le nommait Descartes, d'un « certain mauvais génie » qui perturberait notre approche.

Les chercheurs le savent. Ils sont même très bien placés pour le savoir. Ainsi, dans le domaine privilégié de la physique, science de pointe depuis cent ans, après avoir admis la présence d'une antimatière, puis d'une matière dite « noire » ou « manquante », que nous ne voyons pas, à laquelle nous n'avons pas accès (et cependant les astrophysiciens l'estiment majoritaire dans l'univers auquel, très discrètement, nous participons), les spécialistes en arrivent, bon gré mal gré, à parler aussi d'une « énergie noire », qu'il ne faut pas confondre avec la matière du même nom (l'énergie noire est dite aussi « énergie du vide »), et d'une myriade d'autres univers, qu'ils ne savent comment qualifier : dimensions cachées, *multivers*, *plurivers*, mondes parallèles, mondes obscurs, un infini de mondes se réduisant à l'unité – en apparence – dès que nous tentons de nous en approcher.

Nous jouons à cache-cache avec les choses et avec les mots. Le déjà vieux langage de la science-fiction des années 1950 et 1960 paraît maintenant admis dans les instituts officiels, non sans trouble et querelles parfois, comme celui de la philosophie interrogative. Il est vrai que tous nos langages sont pauvres ; en tout cas limités, maladroits, imparfaits. La méthode, qui était jadis l'objet d'un discours, s'éparpille, se disperse. Même si nous la maintenons, nous ne savons plus comment en parler. Devant cette faiblesse, quelques-uns font même appel à l'ineffable, au mysticisme.

Ils disent que nous devons peut-être oublier ce que Hafez appelait « le murmure tentateur de la raison » et accepter enfin l'inacceptable. Le langage mathématique lui-même, à ce que j'entends dire (moi-même, je n'y pénètre pas), aurait frôlé des frontières au-delà desquelles les chercheurs hésitent désormais à s'aventurer. Ce début de vertige est particulièrement insistant dans le domaine, précisément, des mathématiques, et dans celui, plus récent, des diagrammes. Les « lois » qui régissent ces territoires font-elles partie du monde, sont-elles « réelles », existent-elles par elles-mêmes, hors de notre perception (lorsque nous ne sommes pas là, par exemple), nous survivraient-elles si nous venions à disparaître, ou bien les apportons-nous, les mettons-nous en place, par nos interrogations, par notre approche, par la structure même de notre esprit ?

Les lois sont-elles le but de notre voyage, ou le bagage que nous emportons avec nous ?

Antique discussion, qui opposait déjà Platon et Aristote. Chacun y répond sans doute en vertu de goûts, d'attitudes, de dispositions personnelles, dont il peut quelquefois n'être pas conscient.

La science – que rien n'arrête – aborde même à des rivages jusque-là inconnus, interdits. Elle caresse le flou, l'incertain. Elle admet que le vrai n'est pas forcément le contraire du faux, et *vice versa*, ni le dehors du dedans, ni le proche du lointain.

La mécanique quantique, à l'étage de l'infiniment petit – celui des particules qui nous composent, nous et le reste de l'univers nucléaire (le seul observable) –, nous présente, de son côté, nous révèlent les physiciens du minuscule, un tumulte incessant d'incohérence apparente, d'illogisme et d'incertitudes. La notion de prédictibilité, essentielle dans notre méthode d'investigation scientifique (l'identique se répète), semble s'être évanouie, au moins à ce niveau-là. Impossible – entre autres embarras – de dire en même temps la vitesse et l'emplacement d'une particule élémentaire. Même les notions d'espace et de temps – cadres de notre vie et de notre pensée – sont mises en question, menacées.

Comme notre esprit a besoin d'ordre, comme cette connaissance, même incertaine, a besoin de sécurité et de constance, ne serait-ce que pour former une phrase et diriger une pensée (une phrase ne peut pas se lire à l'envers, pas plus qu'une pensée ne peut s'exercer à reculons), nous hésitons, pris d'un autre vertige au bord d'un précipice intime. Notre esprit, au fond, n'était peut-être pas préparé à cette aventure. Soudain, nous nous sentons chétifs devant l'univers et nous tremblons de notre audace, au moins par moments. Nous n'avons pas les moyens (pas le courage ?) de nous jeter dans ce chaos, qui est le nôtre.

Difficile à admettre : nous n'étions pas à la hauteur de nos ambitions.

Pour le dire autrement, la réalité – telle, en tout cas, que nous la percevons en ce moment – semble nous dépasser. Elle échappe aux mots, elle échappe aux symboles, elle échappe aussi aux équations et à toute espèce de signes. D'ailleurs, le mot « réalité », d'invention strictement humaine (tout comme l'« illusion » de la réalité, tout comme le « vide »), semble avoir perdu toute espèce de sens.

Et le mot « sens » a-t-il encore un sens ?

La réalité ne se réduit plus à nos appellations, à nos langages, à l'ordre selon lequel nous pensons, nous raisonnons. Peut-être même est-elle irréductible à toute description, à toute explication ; et dans ce cas nous lutterions contre des ombres.

Qu'est-ce qui est réel, en science ? En science ou ailleurs ?

Et qu'est-ce qui ne l'est pas ?

Aucune réponse sérieuse, qui entraînerait *ipso facto* un « consensus » – à plus forte raison une « vérité », même provisoire –, n'est en vue. Il est même de plus en plus hasardeux de définir la connaissance elle-même ; et peut-être même le savoir. Nous sommes ici dans une connaissance éphémère, dans une connaissance du moment, peut-être même de l'instant.

Un mathématicien français, Alain Connes, a récemment défini le réel physique comme « la superposition des possibles imaginaires ». Une autre distinction antique s'efface donc ici, celle du réel et de l'imaginaire. Que nous reste-t-il de notre pensée ?

Il est toujours plus facile, et plus exact – plus paresseux aussi, peut-être –, de dire « je ne sais pas » que « je sais ». En nous et autour de nous, jusqu'à l'infini, s'étend l'inconnu – l'infini lui-même nous restant indéfinissable. Notre rapport au monde commence avec nos sens. Ils sont nos seuls points de contact avec autre chose. Mais, comme nous venons de le voir, qu'est-ce qu'un sens ? Même ce mot, pourtant si commun, semble par moments nous fuir. Est-ce une direction, une signification, un organe, une sensation ? Qui se hasarderait à le définir ?

La science ne cesse de « progresser », comme elle le dit elle-même. Et c'est vrai. Une nouvelle informatique qui ne serait plus binaire, bidimensionnelle, est à nos portes. On parle aussi d'un « *neuromorphic computing* », où le désordre incessant de nos neurones serait accueilli, reproduit. Nous mettons au point des robots qui hésitent, qui décident et qui inventent des langages qu'ils sont les seuls à comprendre ; des robots qui même, dit-on, seraient capables d'inventer des matières nouvelles, de lancer des guerres.

Et tout cela pour quel effet sur notre vie ?

Après tant de théories, tant de triomphes, tant de querelles, tant de lauriers, tant de prix Nobel, tant d'affirmations définitives presque immédiatement effacées, nous paraissons, en pleine inventivité, sur le point de jeter l'éponge.

On a parlé de « la fin de l'histoire », parole déjà entrée dans l'histoire.

Parlera-t-on bientôt de la fin de la science ?

Des savants dans le temple

Vers la fin de l'année 2012, deux scientifiques indiens d'excellent niveau, l'un biologiste et l'autre physicien des particules, décidèrent, autour de leurs 50 ans, d'abandonner toute activité scientifique et de devenir simples serveurs – même pas des brahmanes – dans un temple hindouiste du sud de l'Inde.

Pourquoi cette décision ? Des journalistes leur posèrent la question. Il ne pouvait être question d'avantages financiers ; au contraire, car leurs revenus devenaient, du jour au lendemain, très étriqués. Impossible de s'enrichir avec les aumônes d'un temple. Pauvreté assurée.

S'agissait-il d'une conviction véritablement religieuse, et d'une soudaine révélation ? À lire leurs déclarations, nous pouvons en douter. Aucune apparition, aucun miracle, aucun appel des dieux.

Ils parlaient plutôt d'un « choix de vie ». Il s'agirait donc d'abandonner une façon de vivre pour en adopter une autre, plus simple, plus pauvre, bien ordonnée, hors de toute recherche, soumise à des rituels précis. Ne pas confondre avec nos moines, qui fuient ce qu'ils appellent « le monde ». Ces deux nouveaux serviteurs indiens resteront au contact de leurs semblables et même, les jours de fête, de la foule.

Ils affirmaient aussi qu'ils ne poursuivraient pas leurs recherches. Ils y renonçaient à jamais. De toute manière, cette activité leur sera désormais inaccessible. Bientôt, ils ne recevront plus de journaux scientifiques, leurs anciens collègues les oublieront et la science ira sans eux. Ils balayeront le temple, nettoieront les statues, dormiront sur la pierre et attendront la mort.

L'un d'eux disait : « *I want to be myself* [je veux être moi-même]. » Et nous touchons ici, peut-être, au paradoxe impénétrable, comme si le savoir était un moule, une activité uniforme, monotone, à la portée de tous, tandis que la croyance pourrait, à l'intérieur même d'un système ancien, répétitif, obéissant et organisé, nous offrir une place particulière, qui nous attendait depuis longtemps et qui sera désormais la nôtre ; comme si, par mon adhésion, j'étais déchargé de toute interrogation, de toute réflexion, de toute hypothèse, de toute expérience ; comme si je ne pouvais « être moi-même » qu'en me confondant avec les autres, qu'en n'étant plus.

La dernière illusion ?

Ainsi, notre esprit n'était peut-être pas fait pour l'exacte connaissance du monde. Trop simplifié, trop simplifiant. Pas à la hauteur, trop présomptueux, trop sûr de lui, trop occupé à décortiquer ce qui lui paraît être le réel. Nous commençons à nous en rendre compte ; à nous poser la question, en tout cas. Mais, là encore, quelle question ? Qui peut nous indiquer la bonne question ? Et dire même ce qu'est une question ? Et surtout, à qui la poser ?

Pascal, toujours à l'abri d'une belle phrase, s'en sortait à l'aise quand il écrivait que, quand l'univers l'écraserait, « l'homme serait encore plus noble que ce qui le tue, parce qu'il sait qu'il meurt, et l'avantage que l'univers a sur lui, l'univers n'en sait rien ».

Maigre consolation, à vrai dire. Et formule facile. Qu'est-ce que l'univers pourrait « savoir » de notre pensée, de notre noblesse ? Comment nous comparer à l'illimité, à l'impénétrable ? En quoi pourrions-nous intéresser les milliards de milliards d'étoiles ? Comment établir un dialogue, une comparaison avec tant de mondes cachés, et tant de dimensions secrètes qui nous demeurent, et pour longtemps, insaisissables ?

Comment même ces mondes pourraient-ils connaître notre existence ? Et s'y intéresser ?

Comment parler d'un « avantage » dans le fait que « nous nous savons » mortels ? Que veulent dire, pour d'autres que nous, pour un animal, pour une planète, pour un atome ou une galaxie, le verbe « savoir », l'adjectif « noble » ?

Il semblerait qu'il y ait l'homme d'un côté, l'univers de l'autre côté, en une sorte de rivalité, soumis aux mêmes adjectifs humains, ce qui n'offre aucun sens. Nous ne pouvons évidemment pas les mettre en parallèle, ou sur les deux plateaux d'une même balance. Ce temps est dépassé, et ne reviendra plus. Aujourd'hui, la phrase de Pascal n'est qu'une petite phrase d'homme. De l'univers, qu'il juge ignorant, il ignore tout.

Si nous en croyons quelques observateurs plus modestes, mais peut-être plus attentifs, conscience et intelligence, nos vieilles et fidèles compagnes, seraient désormais de lourdes valises presque inutiles, un excédent, des leurres. Ainsi, par voie de conséquence, s'il n'y a rien à connaître, la connaissance par l'esprit serait la dernière des illusions ; un exercice vide, une connaissance de rien.

Étonnement. Depuis l'origine de nos recherches, comme un séducteur séduit par lui-même, nous nous serions pris à nos propres masques. Nos miroirs ne refléteraient que nos désirs ou que nos ombres. Nos bibliothèques immenses n'offriraient, dans leurs catalogues, que de la poussière et du vent, ou pour mieux dire les suppositions anxieuses d'une époque, ou d'une autre. Nous aurions confondu l'alentour avec l'infini, l'infime partie avec le grand tout, et même l'objet du savoir avec le savoir. Nous nous serions décorés du grand ordre de la connaissance universelle, mais il s'agirait simplement d'une prétention, d'une imposture.

Que l'espèce humaine, pratiquement imperceptible dans le monde immense, ait décidé de ramener la « réalité » tout entière dans ses filets fins et fragiles, que nous devons réparer sans cesse, quelle ambition absurde, quelle démesure, quelle folie.

La connaissance comme folie. Nous y voici enfin, bel et bien.

Après les fastes bourgeois du scientisme d'avant-hier, qui, par la voix autorisée de Marcellin Berthelot, déclarait l'univers « désormais sans mystère » et nous promettait une suprématie sans faille sur la matière (et bientôt, sans doute, sur nous-mêmes), nous dûmes vite, à partir des années 1910-1920, revoir à la hâte notre copie. Relativité générale, mécanique quantique, fragilité tremblante des concepts, exploration difficile et controversée de l'inconscient, tout était beaucoup plus compliqué, et surtout plus ambigu, que nous ne le pensions jusque-là.

Nous allions du précis vers le flou. Nous pratiquions d'immenses avancées dans la dissection de notre corps, et même de nos sentiments, de nos décisions, nous analysions les matières qui nous entourent – minérales, végétales – avec une précision presque sans faille, mais la physique, toujours en tête de course, ne cessait d'agiter son drapeau pour nous prévenir, pour nous dire que la matière pouvait être trompeuse et que tout n'était pas aussi clair, peut-être, aussi structuré que nous le désirions, que nous le pensions.

Une aventure frénétique s'ouvrit alors à l'esprit humain, la plus vertigineuse sans doute qu'il ait jamais connue. Les contraires ne s'éliminaient pas forcément, ailleurs pouvait être ici, une particule insécable – un photon – pouvait passer par deux trous à la fois, hier et aujourd'hui ne se distinguaient plus, le plein était vide, le vide était plein, l'univers se révélait multiple, le temps lui-même connaissait des contractions, des soubresauts, et notre espace mesurable ne nous tenait plus prisonniers.

Toute notre antique logique, tout notre rapport aux choses et aux êtres (moi et le monde, que nous séparions allègrement), et même notre regard sur nous-mêmes, sur notre conscience et sur nos illusions, tout chancelait, tout oscillait. Par la force nucléaire, que nous « libérions » (toujours cette obsession humaine de la prise de liberté, comme si la force se trouvait prisonnière de la matière et cherchait à s'en échapper, encore un leurre), nous pouvions envisager de nous éliminer nous-mêmes de la terre, mais nous pouvions aussi nous demander si nous existions en réalité.

Et si nous n'existons pas, comment nous connaître ? Et comment en finir avec nous ?

Une conscience sans science ?

Ces vertiges de l'esprit, que les chercheurs chagrins repoussaient avec aigreur mais que d'autres accueillaient avec gourmandise, ne nous occupèrent qu'un temps, un peu plus d'un demi-siècle. Malgré la tourmente incessante des idées, les prérogatives publiques – et aussi quelques directeurs ou administrateurs autoritaires – se maintenaient en place, au nom de principes qui s'envolaient. Dans ces cas-là, par moments, la science s'administrait encore comme une potion miracle. Les vérités immuables s'inscrivaient dans nos livres en lettres dorées. Nous n'étions pas très loin du dogme. Dans le domaine de la recherche, qui par définition devait demeurer grand ouvert (à quoi bon chercher ce qu'on sait déjà ?), apparemment nous savions tout.

Les ivresses se sont apaisées et les privilèges, lentement, difficilement, s'effacent. Nous arrivons maintenant – ce sont les scientifiques qui le disent – dans les territoires de l'indicible, au bord d'un espace ondulant, tremblotant, vibrant, d'un gouffre que nous ne soupçonnions pas, et dont le fond est indistinct, à se demander encore s'il y a un fond. Même la dernière théorie physique, celle des cordes et des supercordes, si elle a ouvert des pistes nouvelles, piétine quelque peu, semble-t-il, et s'essouffle. Elle ne nous montre que des morceaux fugitifs du réel, ici ou là, en nous cachant encore ce qui réunit ces fragments, et qu'elle ne peut pas déceler.

Que faire ? Que dire ? Faudrait-il convenir d'un constat d'échec provisoire, et nous contenter de quelques évidences élémentaires ? Nous sommes-nous, pendant si longtemps, creusé la tête pour rien ? Devons-nous admettre les limites étroites de notre esprit, les pièges de notre méthode, et nous arrêter là ?

Arriverons-nous, demain, après-demain, à distinguer la réalité du regard que nous portons sur elle, et qui, sans aucun doute, à chaque instant, la modifie ?

Devons-nous admettre que notre « pensée » n'est pas à la hauteur des conclusions qu'elle s'était promis de formuler ? Après tant de succès, tant de certitudes successives, n'atteindrons-nous jamais « le fond des choses » ?

Réponses pour le moment très clairsemées, très hasardeuses.

Et cela explique sans doute, ne serait-ce qu'en partie, le renoncement des deux scientifiques indiens et la désaffection que notre jeunesse éprouve à l'égard des chemins, anciens et surtout nouveaux, de la connaissance. S'y ajoute, évidemment, la perspective d'une vie décevante et d'un travail la plupart du temps mal rémunéré. Après de longues et difficiles études, en France, un chercheur ne peut pas espérer, avec son salaire, à 30 ans, fonder et entretenir une famille. Il est moins bien rémunéré – chez nous en tout cas – que n'importe quel fonctionnaire.

Mal payée, obscure, peu attirante, la science se sent superflue, négligeable. C'est pourquoi sans doute elle nous quitte, pour transporter ailleurs ses hypothèses. Nos gouvernements réduisent chaque année le nombre des chercheurs, et les crédits qui seraient indispensables à un avenir, quel qu'il soit. Nous semblons résignés à ne plus découvrir, à nous en tenir là.

L'ignorance est à nos pieds, couchée près de nous, apparemment ensommeillée. Elle attend son heure. La voici qui vient.

Nous disions naguère que la science sans conscience n'est que ruine de l'âme ; un fait admis, une vérité de manuel. Mais la conscience sans science ? Une conscience ignorante ? Une conscience revendiquant son ignorance ? À quelles ruines nous prépare-t-elle ?

Une conscience qui nous chuchoterait : abandonnez vos rêves démesurés, vous voyez bien que tous vos efforts, anciens et modernes, vous conduisent à une sombre impasse, arrêtez-vous, ça suffit comme ça, faites quelques pas en arrière, allez, fermez les yeux, retrouvez votre famille d'analphabètes calmes et joyeux, la douceur du foyer tranquille, les vieilles berceuses de l'Éternel.

Elles ont été écrites par vous, pour vous. Pourquoi les rejeter ? Pourquoi les remettre en question ?

La vérité que vous cherchez est une ingrate. Elle a desséché vos jours et vos nuits, elle a blanchi les cheveux qui vous restent, et tout cela pour rien, pour presque rien. Pas de récompense, à la fin. Une petite décoration peut-être, et encore.

Vous avez assez donné. D'autres se casseront la tête pour vous, pendant quelque temps en tout cas, avant de comprendre que la science, au moins chez nous, a pour compagnes la pauvreté, la désillusion et sans doute aussi la tristesse, à certains moments. Admettez que vous avez fait fausse route. Allons, venez, asseyez-vous à la table familiale. Respirez calmement, souriez et tendez l'oreille. Il y aura toujours quelqu'un pour vous raconter une belle et rassurante histoire, une histoire qui vous dira tout, depuis le début du monde jusqu'à la fin ; tout ce que vous avez le désir de savoir.

Au lieu d'aller vous perdre vainement dans les chemins ténébreux des suppositions, écoutez comment tel ou tel dieu, ou tel archange, ou tel prophète, est descendu parmi nous, sur notre planète petite et bleue, choisie par lui parmi des centaines de milliards d'autres, et comment il nous a parlé, et ce qu'il nous a révélé.

Et comment il va bientôt revenir, sous telle ou telle forme, pour nous emporter avec lui dans le vrai monde.

Suivez ses conseils et ses directives, que ses disciples nous ont fidèlement transmis. Ne luttez plus contre l'insaisissable, contre l'inatteignable, laissez-vous aller à ce charme-là. Il peut être doux d'obéir, et délicieux de ne pas comprendre. L'objet de vos rêveries, le merveilleux que vous avez en tête mais qui vous fait défaut, ce n'est pas dans cette vie terrestre que vous l'atteindrez. Vous devez regarder ailleurs.

Admettez que vous êtes infimes, que vous avez peur, et que l'au-delà, plus que l'ici-bas, est votre besoin.

Opulence de la croyance

Cependant, si la science s'interroge, la croyance avance. Elle progresse, même, à mesure que l'espèce humaine s'étend dans des proportions imprévues. Du côté de la crédulité, tout va bien. Et nous voyons proliférer, sous nos yeux souvent éberlués (en tout cas les miens), une multitude de groupes, de sectes, de gourous aux yeux vagues, de disciples conquis, d'annonciateurs pathétiques, d'illuminés de la porte à côté, qui tous proclament une certitude, laquelle n'est jamais celle de leur voisin, ni la nôtre.

Car la croyance est une certitude qui ne peut jamais être vérifiée. Elle est même, et d'abord, contrairement à la science, irréfutable.

Dans notre entourage, nous en connaissons tous des exemples, qui peuvent paraître aberrants. Ainsi, une dame jusque-là fort raisonnable rencontre, en Inde, un mystificateur notoire, et revient convaincue que, dans une autre vie, elle était la mère de son mari, ce qui, on l'imagine, ne va pas tarder à bouleverser leurs relations.

Inutile d'essayer de la détromper. Elle est comme soudée à cette révélation. Elle s'est enfin trouvée (dit-elle). Tout est devenu clair. Rien ne la fera renoncer à ce qui désormais n'appartient qu'à elle.

Le prédicateur venant à mourir, elle persiste à dire qu'il lui envoie encore des « ondes ». D'ailleurs, il devrait se réincarner, dans peu de temps. Elle attend un signe. Son mari n'a qu'à bien se tenir. Je crois, d'ailleurs, qu'il n'est plus son mari.

Toujours en Inde – un exemple entre tant –, un homme a épousé une trentaine de femmes et leur a fait quelques dizaines d'enfants, auxquels il promet, car son sperme a ce pouvoir-là (il est cette « liqueur d'immortalité » qui traverse les légendes hindouistes), qu'ils ne mourront jamais.

Et ils le croient. Pour le moment. De même, aux États-Unis, quinze millions de mormons continuent d'affirmer que le célèbre et vénéré Joseph Smith fut visité par un ange, lequel lui confia – pour un temps seulement – des tablettes en or rédigées, en pseudo-égyptien, par un prophète juif qui avait vécu en Amérique.

Dans l'Europe de l'Ouest, et en particulier en France, mais aussi en Allemagne et ailleurs, des jeunes gens récemment convertis à l'islam, et peu habitués aux armes à feu, se plongent dans le Coran, qu'ils lisent mal, y adhèrent à l'aveuglette, puis ils s'en vont pour se battre en Syrie, ou en Irak, au désespoir de leurs familles, avec la quasi-certitude d'être tués. Certains se proposent comme suicidés volontaires. Ils se disent appelés par Dieu (pour cent euros par jour) et, sur les photos qu'ils nous envoient, ils montrent le ciel de leur index. Il leur arrive d'écrire à leurs parents que, si ceux-ci se convertissent à l'islam, ils se retrouveront tous en famille, un jour prochain, au paradis.

Des enrôleurs leur affirment même que, par leur seul engagement, et surtout s'ils perdent la vie, ils garantissent l'entrée dans ce même paradis (pas dans un autre) à soixante-dix personnes de leur entourage.

Et ils le croient. Au moins l'affirment-ils. Cette conversion leur offre-t-elle une simple occasion de saisir une arme et de tuer, tout en se sentant justifiés ? C'est possible, de même qu'il est plus facile d'égorger un homme si nous sommes persuadés qu'il ne s'agit pas d'un homme mais d'un animal d'un rang déclaré inférieur, d'un mouton, d'un porc.

Enfin, je peux tuer. Enfin, j'ai le droit de tuer un homme. J'en serai même, en certains lieux, félicité, récompensé, et mon image fera le tour de la planète.

Tous les degrés peuvent se rencontrer dans la conviction, de la violence folle à l'hypocrisie la plus basse. Mais nous ne pouvons pas en être sûrs, et de toute façon il nous est rigoureusement impossible d'accepter ces gestes. Quel juge accepterait de relâcher un criminel parce que celui-ci lui dirait : « Dieu m'a ordonné de tuer, je Lui ai obéi ? »

Survivre

Aux États-Unis, mais pas seulement là, en Chine aussi, des associations de « survivalistes », sachant que la fin du monde est prochaine – et le souhaitant peut-être, en grand secret –, s'entraînent, avec leurs enfants, à y survivre.

Ils consacrent leur temps et leurs économies à tout prévoir pour se défendre contre la catastrophe qu'ils savent désormais inévitable ; abris souterrains bétonnés, placards bourrés, armes chargées, et une fois par semaine un exercice de marche et de bivouac, dans la forêt, au cas où leur maison serait brutalement détruite (tsunami, tremblement de terre ou toute autre forme de la colère divine).

Ainsi perdent-ils leur vie à essayer de la sauver, et cela depuis plusieurs générations, déjà.

Il faut ajouter que, dans ce cas particulier de panique quotidienne, des intérêts commerciaux précis, comme il est habituel, se cachent derrière cette hantise. Tout le matériel, spécialement conçu et fabriqué pour « après le cataclysme », est à acheter, et à renouveler, car certains produits se gâtent, ou se démodent. La survie est plus ou moins chère – moins chère en Chine, par exemple, où nous pouvons nous fournir, si nous le désirons. À crédit ? Je ne me suis pas renseigné.

Mais de toute manière, après la fin du monde, une activité paraît assurée : les affaires continueront.

Cette menace de mort imminente, de fin du monde (de notre monde), si obsessive, si fréquemment brandie par l'apôtre Paul et tant d'autres, si chère aussi aux déviants, fut – pour ne prendre que cet exemple assez récent – le discours majeur de la secte Aum, au Japon, qui provoqua en 1995 la mort d'une vingtaine de personnes, asphyxiées au gaz sarin dans les couloirs du métro de Tokyo.

Pourquoi ce massacre ? Nous ne l'avons jamais su. Ce gourou aveugle et gras, que promettait-il ? S'agissait-il d'ouvrir, en assassinant des inconnus, un passage obligé dans un autre monde ? Peut-être. En ce qui le concernait, il ne se trompait pas. Il fut emprisonné, jugé et condamné à mort, mais cette condamnation, aujourd'hui, en 2015, n'a toujours pas été suivie d'effet. Il paraîtrait que de sa prison il donne toujours des ordres et que ses disciples sont prêts à tuer, encore et encore, s'il le leur demande.

Quant à la catastrophe annoncée, nous l'attendons d'un jour à l'autre. Toute catastrophe est par définition imminente, et cela depuis longtemps.

Tandis que les évangélistes américains, de leur côté, armés de paroles et de dollars, se lancent à la conquête de la planète (et jusqu'en Inde !), une autre secte contemporaine, moins connue – pour n'en prendre qu'une parmi des milliers – s'est établie un peu partout, celle des esséniens. Ils attendent eux aussi la fin de toutes choses en chantant des hymnes, en écoutant les discours incohérents de leur chef barbu (toujours ce besoin d'un chef, nécessairement infaillible et toujours fumeux), et en se réclamant d'une secte juive, préchristique, sur laquelle nous savons peu de chose, tout en pratiquant un « yoga essénien ».

Au moins sont-ils innocents, en apparence – même si Adolf Hitler figure sur la liste de leurs « grands initiés ». Sont-ils animés d'un esprit de conquête ? Ils le taisent. Mais la vague nostalgie d'un pouvoir, même limité, et des moyens de l'acquérir, se cache souvent derrière les exercices de douceur, d'humilité et de paix de l'âme.

À ce propos, pour le dire en passant, il existait en Europe, jusque dans les années 1980, une secte de « néo-esséniens », lesquels affirmaient avec force que Jeanne d'Arc était le véritable Messie, anxieusement attendu depuis la faute originelle. Le supplice fondateur n'était pas la crucifixion de Jésus, comme on le raconte faussement un peu partout, mais la mort de Jeanne sur le bûcher, à Rouen. Le rachat de nos péchés ne viendrait que d'elle.

La croyance peut aller jusque-là. Les pécheurs anglais étaient-ils eux aussi rachetés par le sacrifice de Jeanne ? Je n'en sais rien. Je ne sais même pas si ce groupe se réunit encore.

Au mois de décembre 2012, rappelons-nous (car ces choses-là s'oublient vite, comme toutes les prophéties), le monde devait en finir avec lui-même, dans la nuit du 21 au 22 exactement, parce que les calculs astronomiques des Mayas s'arrêtaient, pensions-nous, à cette date-là. En réalité, leur conception du temps, au contraire de la nôtre, était cyclique, et, de toute manière, comme leur empire s'est effondré depuis huit ou neuf siècles, ils ne jouissaient d'aucun privilège céleste pour être prévenus si longtemps avant nous – eux qui n'avaient pas su prédire leur disparition.

Des centaines, peut-être des milliers de prédictions de ce genre, pour ne parler que de la fin du monde (confondue avec la fin de la Terre, ce qui dit beaucoup de nos prétentions), se sont succédé depuis les débuts de l'espèce. Comme si nous n'avions aucune bonne raison de vivre, comme si nous étions sur cette terre par erreur, par méprise, en tout cas en sursis, nous sommes terrifiés depuis nos origines. Notre fin est liée à notre commencement, pour des raisons que nous ignorons. Notre vie étonnée est porteuse de peur, d'un sauve-qui-peut incessant, elle est une attente de mort, un besoin d'anxiété toujours renouvelé. La destruction est notre seul futur, et presque notre seule espérance.

Peut-être ne méritions-nous pas d'être créés.

Faire peur

Nous jouons sans cesse avec notre peur ; notre peur permanente, inexplicable, originelle, à laquelle nous sommes plus ou moins soumis, et même enchaînés. Nous sommes nés et nous vivons dans la peur ; peur de la maladie, des infections, de la mort, mais aussi de la colère divine, des accidents, des fureurs soudaines de la nature, de la fragilité de notre condition, peur de demain, peur de la pauvreté, peur de la solitude et de la multitude, peur de tous les autres vivants et peur, bien entendu – même si nous nous efforçons, les uns et les autres, de le cacher –, de nous-mêmes.

Pour lutter contre cette peur constitutive, qui peut aller jusqu'à l'obsession, jusqu'à la névrose – comme si, dans le fond, nous n'étions sur cette terre que des usurpateurs de passage, très justement punis –, le savoir n'est qu'une distraction, une consolation passagère, presque de surface, et nous n'avons que la croyance à notre secours. Elle est notre bouclier et notre abri contre l'orage. Sans elle, dirait-on, nous serions sans cesse exposés, tremblants, en première ligne. Car les menaces qui nous enveloppent sont réelles ; la maladie et la mort, par exemple, sont fréquentes, et même quotidiennes, comme la dépression nerveuse, le dérèglement de l'esprit, le cancer, comme l'inondation et l'injustice, comme l'accident et le tremblement de terre, comme la toujours menaçante pauvreté, comme le rejet social – même si l'apocalypse révélatrice tombant du ciel est moins assurée.

Nous sommes des créatures apeurées, que les sources de cette peur soient indiscutables ou imaginées.

Nous devons donc en prendre conscience – premier mouvement – et adhérer dès que possible au groupe, à la secte qui nous délivrera de cette hantise. Nous ne pouvons pas rester seuls avec notre peur. Très rares sont ceux qui y parviennent.

En viendrions-nous à l'oublier, ils sont si nombreux ceux qui nous la rappellent, qui brandissent tel ou tel danger, qui nous adressent des « signes forts », et qui en même temps nous rassurent, et qui nous appellent à leurs côtés, en levant les bras au ciel, en se tordant de tristesse impuissante. Si nombreux. Concert mondial et assourdissant de menaces. Comme le disait Cioran, dans son langage, « partout des larves qui prêchent ».

Nombreux furent les individus, et multiples les sectes, de tout temps, en tout lieu, qui s'affirmèrent capables de tenir tête à l'ange exterminateur et qui, à cette fin, réunirent des « élus », c'est-à-dire des adeptes, avec rituels et cotisations. Et nombreux furent ceux qui, quelque temps avant la fin, prirent leurs précautions élémentaires, qui cessèrent de se nourrir, de se laver, de se raser, de se vêtir, et aussi de se reproduire. Ils savaient qu'ils vivaient la dernière année de ce monde, ils en étaient absolument certains. Les plus radins s'abstinrent d'acheter des cadeaux pour Noël, une fête qu'on ne devait plus revoir. Pessimistes, mais pas dépensiers.

Et tout cela, déjà évaporé, oublié. Et d'autres groupes crépusculaires ont pris le relais. La peur se transmet, comme un témoin dans une course de relais, cette fois à l'abîme. Une course dont nous ne voyons pas la fin.

Au XVIIIe et surtout au XIXe siècle, à plusieurs reprises, des communautés humaines, qui avaient soigneusement calculé la date finale, montèrent au sommet d'une colline, un soir, sous la conduite de leur meneur. Là, ils se déshabillèrent et attendirent l'aube fatale en grelottant et en chantant des hymnes. Le jour se leva, chaque fois, un jour comme les autres, et ce n'était pas le dernier jour. Vers dix ou onze heures du matin, il fallut l'admettre. Les membres du groupe se rhabillèrent, écoutèrent quelque rapide explication (il faudra revoir les calculs, dit le chef) et redescendirent de la colline. En bas, évidemment, des sarcasmes les attendaient.

Mais cela recommençait, avec constance, à intervalles irréguliers, ici ou là, avec ce groupe – qui n'avait nullement perdu confiance – ou avec un autre. Et cela dure encore. À chaque génération qui se lève, sa promesse de calamité, comme celle qui nous est venue des Mayas. Cette promesse menaçante nous est sans doute indispensable. Car nous communions, nous prions, nous nous serrons les uns contre les autres dans cette panique.

Après quoi le temps passe, indifférent à toutes nos craintes, nous vieillissons, nous mourons, et rien n'est arrivé. Il n'importe. L'urgence se prolonge. La menace terrible reste, le désastre et le salut seront pour une autre fois.

Parmi les « larves » de Cioran, certaines peuvent être pittoresques, et même divertissantes. Ainsi, aujourd'hui, un Portoricain qui se nomme Jose Luis de Miranda – 45 ans, adipeux, les cheveux teints, suant beaucoup – se présente comme le descendant en ligne directe de la femme de Jésus. Celui-ci, en effet, était marié, comme chacun sait, et son épouse enceinte, après la crucifixion, émigra vers l'ouest, traversa l'Europe, la France, le Groenland, et atteignit enfin Porto Rico, où elle fit souche. De nos jours, plus de cent mille personnes vénèrent ce grotesque personnage comme le descendant légitime du Christ. Jose Luis de Miranda annonce bien entendu la fin du monde (sauf pour lui-même et ses amis). Il raconte avoir reçu la visite de deux anges, venus lui confirmer son origine et l'imminence du danger. Ses fidèles extasiés chantent ses louanges et le font vivre – assez largement, semble-t-il.

Quant aux chrétiens ultraconservateurs, aux États-Unis, qui se disent fils et disciples de Christophe Colomb, ils chantent à tue-tête les bienfaits de la venue des Blancs dans le Nouveau Monde tout en s'affirmant, il fallait s'y attendre, adversaires impitoyables du divorce, de l'homosexualité et des familles recomposées – attitude indispensable si nous voulons survivre au désastre.

Nous connaissons aussi – le catalogue n'en finirait pas – un *cannabis ministery* à Amsterdam, autrement dit un prêtre aux cheveux longs qui dirige une communion à la marijuana, affirmant que les plus hautes réalités spirituelles peuvent être atteintes dans ces fumées-là. Mais je ne suis pas sûr que cette secte – car c'en est une – annonce une catastrophe imminente. Il suffit à ses membres de se détacher du monde, de l'ignorer. La fin du monde, si elle survient, les trouvera bien préparés, dans la mélancolie transmissible du joint.

Le retour de l'imam caché

En Iran, le président Ahmadinejad, au cours de ses deux mandats successifs (ils prirent fin en 2013), annonçait périodiquement le retour très attendu du douzième imam, de l'« imam caché », personnage fabuleux du chiisme qui disparut de la vue des hommes à l'âge de 9 ans et se dissimula dans un puits. Cela se passait à la fin du VIIIe siècle de notre ère, et nombreux sont ceux qui ont attendu, qui ont espéré ce retour. L'ayatollah Khomeyni l'annonçait déjà. L'imam miraculeux doit ressortir de sa cachette, au jour dit, pour tout arranger, tout sauver (là aussi, il faut que les choses de ce monde soient au plus mal). À cet effet, les autorités iraniennes, qui proclamaient, depuis près de dix ans, ce retour comme imminent, firent nettoyer et fleurir l'avenue principale de Téhéran.

Où on l'attend encore.

Certains disaient même qu'il s'y promènerait bras dessus bras dessous avec Jésus-Christ. Un reportage à ne pas louper.

Au mois de juin 2014, à la télévision officielle, un religieux de service (barbe et turban), répondant à la question, probablement maligne, d'un spectateur, assura que ce personnage légendaire s'était probablement marié, depuis le temps, et qu'il avait eu des descendants. Il ajouta que, « à l'époque infecte du shah », un visionnaire réputé l'aperçut, et le reconnut, dans le bazar de Téhéran. Il le suivit jusqu'à une maison, y entra à sa suite. Là, il découvrit que le douzième imam – c'était bien lui – avait épousé une fille très pieuse et excellente musulmane ; mais musulmane chiite. « Que les wahhabites d'Arabie soient maudits ! », s'écria le religieux, à la télévision. Pourquoi ? Parce qu'un Arabe, de la famille même du Prophète, avait pris pour femme une chiite, une fille de Téhéran.

Sachons en tout cas que l'imam caché, le messie, le sauveur peut se montrer à tout instant. Ici ou là, de jour ou de nuit. Reconnaissable ou masqué. Seul, ou avec son épouse. Ouvrons l'œil.

Nous devons toujours rester dans l'attente. Nous vivons peut-être, enveloppés dans cette angoisse, non seulement notre dernière heure, mais notre dernière seconde. La fin de chacun de nous peut survenir à chaque instant, nous le savons, et il en est de même du monde. C'est à croire, par moments, que nous devons mettre tout en œuvre pour souhaiter, pour favoriser, pour précipiter le désastre. Au moins, nous l'avons annoncé, nous l'avons pressenti.

S'il nous évitait, ou nous épargnait, de quoi aurions-nous l'air ?

J'ajoute, au passage, qu'en 2010 un ayatollah iranien de haute renommée annonçait, là encore officiellement (radio, télévision), avec toutes les apparences de la certitude, que la fréquence des rapports sexuels illégitimes peut provoquer des tremblements de terre. Comme la France est protégée, depuis longtemps, des excès de ces phénomènes telluriques, je suppose que notre vie sexuelle irrégulière laisse à désirer – contrairement à la légende.

Prières au néant

Cette correspondance entre les périls de notre comportement et les destinées du monde est à l'origine, nous le savons tous, d'une multitude de superstitions, de racontars et de folies. Des millions de fantômes et de monstres se sont glissés parmi nous. Dans l'Antiquité romaine, les âmes simples attribuaient les explosions volcaniques aux colères des Cyclopes, tapis quelque part sous la terre. Ailleurs, on y soupçonnait des monstres enchaînés. En Palestine, jusqu'au XVe siècle, des guides amenaient les visiteurs devant une masse rocheuse aux formes vagues. Ils attestaient qu'il s'agissait de la femme de Loth transformée en statue de sel, et que chaque mois, régulièrement, un peu de sang sortait de son ventre de pierre.

Et ainsi de suite.

L'univers comme un immense entrelacs de légendes, comme une métamorphose infatigable.

Pour lutter, peut-être, contre cette peur qui nous harcèle, contre ce sentiment très intime d'un danger, d'une proximité de déchirure, d'explosion, de désastre, de la fragilité extrême du cosmos (qui peut mourir subitement, comme le moindre d'entre nous), des milliards de prières, de gestes et de sacrifices sont adressés chaque jour au néant. Il ne nous répond jamais – et pour cause, car le néant n'a ni oreilles ni voix, le néant n'a rien –, mais nous insistons, nous persévérons. Nous enseignons le rien à nos enfants, nous recrutons même des apôtres, des commentateurs, des adeptes du rien.

En Indonésie, dans un village, les habitants ont décidé d'adorer un gros lézard, de l'espèce varan, qu'ils nourrissent et chouchoutent. Ils lui apportent des offrandes, l'entourent de couvertures quand la nuit est fraîche, l'encensent, le grattent, lui adressent des prières quotidiennes, et affirment qu'il les guérit, de temps en temps, de leurs maladies.

C'est ainsi, encore aujourd'hui, dans le siècle déjà bien entamé qui est le nôtre. Pendant cinq ou six millénaires, pour lutter contre leurs peurs, leurs regrets et leurs espérances toujours déçues, pour se consoler d'être vivants – ce qu'ils n'ont pas souhaité – et de devoir mourir un jour – ce qu'ils ne souhaitent pas davantage, sauf exceptions –, les hommes ont inventé des milliers de dieux (plus de quarante-cinq mille en ce moment, paraît-il, sur notre seule planète), tous dessinés à leur image, tous doués des pouvoirs qu'ils rêvaient de posséder et d'exercer : omniprésence, omnipuissance, omniscience, éternité.

Jamais un seul de ces dieux ne s'est manifesté, cela va de soi, mais chaque adorateur a prétendu, souvent avec force et même véhémence, que seul son dieu était le vrai, et que tous les autres étaient des « faux dieux ». Comme tous les dieux sont « faux », c'est-à-dire imaginés, fabriqués, produits de toutes nos fictions, terreurs et pulsions, l'affirmation ne manque pas d'audace, et même d'effronterie. Par malheur, aujourd'hui comme hier, elle se conclut souvent, faute de preuves et d'arguments, dans le sang versé. Dans les quarante dernières années – un accord se fait là-dessus – les guerres les plus cruelles que nous avons connues ont été des guerres de religion. Et ce sera peut-être le cas demain encore.

Tous ceux qui affirmaient, au cours des siècles précédents, que la foi et la prière apportent la paix entre les hommes, et que sans Dieu nous nous égorgerions sans pitié, que nous disent-ils aujourd'hui ? Sans doute concèdent-ils qu'il faut choisir son dieu, et que les autres sont néfastes.

Perplexité. D'ailleurs, il n'importe. Quel que soit le vainqueur, dans ces guerres féroces entre croyances, les uns et les autres continuent à croire en leurs dieux, en leurs dieux seuls, et à les implorer avec obstination. Des légendes s'inventent encore, des bouches les transmettent et des oreilles les accueillent. Un des phénomènes les plus troublants, les plus obscurs, dans la longue marche de notre esprit, est cette force qui le pousse à croire à la réalité des chimères qu'il a lui-même imaginées.

Une trop longue enfance

Il est impossible de ne pas apercevoir aussitôt, dans ce fatras d'extravagances, quelque chose de nos enfances perdues. Nombreux sont ceux qui l'ont remarqué. Cela vient du temps où nous croyions tout ce qu'on nous disait, du nez de Pinocchio qui s'allonge quand il ment aux sorcières volantes et aux pouvoirs des génies (appelés de nos jours « super-héros »). Lorsque nos sens se sont ouverts, nous avons commencé par croire. Avant même de pouvoir marcher, nous acceptions comme vraies les histoires qu'on nous contait.

Pour l'enfant, pendant quelque temps, tout est vrai – même si ses croyances, comme des psychologues l'ont montré, remontent à des sources diverses, même si le mot « vrai » n'a pas encore de sens précis pour lui, et même si souvent il fait semblant de croire.

Nombreux sont ceux qui, plus tard, malgré leur âge, leurs cravates et leurs hautes fonctions sociales, sont restés des enfants, souvent sans le savoir. Selon des recherches très récentes, liées à une discipline qu'on appelle *néoténie,* nous garderions toute notre vie dans notre cerveau, nous les humains, une part enfantine, qui jamais ne peut devenir véritablement adulte, qui se plaît sans cesse à divers jeux et qui, de ce fait, nous rapproche des chiens et des chats.

Les psychologues s'attachent aussi, souvent, sans fouiller nécessairement dans les neurones, à retrouver, chez tel ou tel patient, les traces de la féerie que lui apportait, chaque soir, la voix douce et lente de sa grand-mère. Il est possible que, dès l'enfance, cette merveille quotidienne crée un besoin, dont il ne sera plus possible, en grandissant, de se délivrer, surtout si une partie de notre cerveau le protège. Ainsi, toutes les croyances, toutes les religions, sont riches – sous d'autres appellations – de princes vaillants, de reines avides, d'ogres, d'apparitions, de trésors cachés, de diableries, de sauveteurs et de sorcières. Et c'est pourquoi, sans doute, toute messe, toute cérémonie, toute séance d'initiation ou de culte, ressemble à une leçon donnée à de très jeunes écoliers qui n'attendaient, l'âge venu, que cet enseignement merveilleux, harmonieux, apaisant, et qui sont prêts à payer pour accueillir n'importe quelle fantaisie, n'importe quel jeu.

Faut-il d'ailleurs modifier notre cerveau, nous délivrer de ces restes d'enfance ? Ce n'est pas certain ; en tout cas ce n'est pas certain pour tout le monde.

Quant aux moyens de nous en libérer, nous les cherchons encore.

La langue du paradis

Presque tous les peuples ont vécu selon « les paroles de Dieu », ou d'un dieu, ou de quelque oracle, prophète ou génie. Paroles généralement obscures, aux origines vagues, qui ont toujours besoin de traduction, en tout cas d'interprétation. Autrement dit, Dieu a besoin des hommes ; au moins pour parler et se faire entendre. Bien connu. Certains auteurs (comme Sam Harris dans *The End of Faith. Religion, Terror, and the Future of Reason*, 2004) ont même fait remarquer que, si Dieu est véritablement l'auteur de certains livres sacrés, alors, à coup sûr, il a beaucoup moins de talent que Shakespeare.

Ces paroles originelles ont été prononcées en sanscrit, en hébreu, en arabe, en araméen, en grec aussi, en égyptien ancien, en vieux perse, en nahuatl et quoi encore. Dans toutes les langues, peut-être, qui éclatèrent après la destruction de la tour de Babel. Et Dieu les connaissait toutes, évidemment. Elles sommeillaient en lui depuis le commencement des temps.

Et il parlait aussi le langage des animaux ; assez pour les condamner au massacre.

Dans quelle langue s'adressait-il à Adam et Ève, au bon vieux temps du paradis ? La question a été sérieusement posée, et nombreux furent ceux qui s'efforcèrent d'y répondre. En hébreu, naturellement, soutinrent des commentateurs juifs. Mais tous les « linguistes » n'étaient pas d'accord là-dessus. En grec, affirmaient d'autres, ou en araméen (la langue de Jésus). Certains – des textes le prouvent – allèrent jusqu'à soutenir qu'il s'exprimait en flamand ; d'autres, en bas-breton, en irlandais. Le nationalisme se glisse partout. Il existait même avant les nations.

Une chose est sûre : pour le croyant, quelle que soit la langue dans laquelle Dieu s'exprime, il marche à mes côtés. Dieu est avec nous.

Il n'est jamais avec les autres.

Crédulité électorale

Ces querelles puériles (encore un souvenir des années d'école primaire, de Flash Gordon et de Spiderman ?) ne semblent pas nuire à la pérennité de nos croyances. On dirait même qu'elles les encouragent, qu'elles les fortifient. Ces croyances, que nous appelons aussi superstitions, racontars, fables ou fariboles, ne sont pas, comme nous l'avons cru longtemps, « d'un autre âge ». Elles sont bel et bien de maintenant, même si cela nous étonne. Solidement vissées, ancrées, tenaces, loin d'être dissipées dans le brouillard des siècles.

De notre temps. Présentes.

En apparence, comme chacun le voit et le dit, nous vivons dans une société hautement technique (et fière de l'être), informée et même informatisée, où nous pouvons à chaque instant tout savoir du monde et entrer en contact avec n'importe qui ; et, cependant, à ne considérer que notre crédulité – qui procurait à Nietzsche un étonnement considérable –, nous sommes encore des enfants tapis dans les grottes de la préhistoire.

Peut-être même sommes-nous plus attardés et plus « imbéciles », plus faibles et plus démunis, que nos ancêtres ne l'étaient. Nous affirmons que nous vivrons après la mort, que tel ou tel dieu – ou déesse, ou imam, ou démon, ou lézard – nous sauvera, que des anges bienveillants nous ont choisis et visités, que les peuples à la peau sombre sont venus d'autres planètes, desquelles ils ont été bannis pour cause de médiocrité, qu'un dieu est né sur la terre d'une mère vierge et s'est laissé clouer sur une croix pour y mourir, que les nuées célestes vont bientôt s'ouvrir à notre prière et faire que descendent sur les autres la catastrophe, sur nous la vérité et la joie.

Et, hors de toute comédie, nous le croyons.

En 2012, au cours de la campagne pour les élections du président américain, nous avons pu voir, à la télévision, plusieurs messieurs cravatés en costume sombre, décorés, assis derrière un bureau de chêne verni, une main posée sur un livre saint – un d'entre eux était un sénateur –, nous expliquer gravement que, la fin du monde approchant (toujours les Mayas, mais autre chose en plus), et cela à n'en pas douter, la seule façon de nous préserver, d'assurer notre survie et celle de notre famille était de payer une cotisation exceptionnelle et de voter républicain.

Il est vrai que nombreux sont les hommes d'État américains à se référer sans cesse à la parole de Dieu, aux dix Commandements, à une vie entièrement dictée par la Bible – un livre où l'Amérique, alors inconnue, ne figure pas. Les lois civiles en arrivent même, aujourd'hui, dans certains États américains, à ne pas distinguer le crime du péché. Ainsi, la fellation et la sodomie y sont interdites, même en privé, même entre adultes consentants. Et il en est de même de l'homosexualité, qui est déclarée illégale et peut conduire à la prison (elle était autrefois, un peu partout dans le monde, punie de mort, au nom d'un dieu).

Du même coup, les créationnistes américains, qui ne cessent de progresser, paraît-il, dans l'opinion de la *middle class,* rejettent carrément toute idée d'une évolution des formes humaines de vie. À la rigueur – admettent certains d'entre eux, mais pas tous –, cela pourrait se concevoir pour les végétaux et les animaux, car il faut bien expliquer les fossiles. Mais à leurs yeux il ne fait pas de doute – en dépit de toutes les évidences du contraire, qui s'accumulent d'année en année – que l'histoire de la Terre obéit à un *intelligent design,* et que l'homme, et l'homme seul, même s'il n'a pas été réussi du premier coup, a été créé par Dieu, et à l'image de Dieu.

Il suffit de nous regarder dans une glace pour nous en convaincre. Nous sommes le chef-d'œuvre de la création, non pas terrestre, mais universelle.

Si certains hommes descendent des singes, il ne peut s'agir que des métis et des Noirs, comme le président Obama, ou bien de ceux dont les ancêtres ont été jadis chassés d'autres mondes. De toute manière, ils ont été désignés, marqués par Dieu d'une couleur sombre, pour être placés à notre service, à notre disposition.

Les Blancs ont été créés à part, sur la terre, par quelque dieu à la peau claire.

Tout cela se dit encore aujourd'hui et parfois s'enseigne. Près de la moitié de la population américaine – la plus riche du monde en prix Nobel – se fierait encore à la Bible pour le récit de la création du monde. Ainsi, d'étranges musées peuvent se visiter aux États-Unis, un peu partout. L'évolution des espèces, bien entendu, y est simplement niée, et souvent bafouée : des pétitions virulentes circulent pour en interdire l'exposé, autrement dit pour imposer dans les écoles un enseignement de l'erreur.

Dans ces « musées », on raconte et on joue la création selon la Bible, référence exclusive. Des acteurs – de second ordre, forcément – y tiennent les rôles principaux, en pauvres costumes de péplum. Ils chantent, en anglais, et ils dansent aussi, tant bien que mal. Les saintes femmes sanglotent et se tamponnent les yeux avec des mouchoirs jetables. Un Christ à la barbe blonde, barbouillé d'hémoglobine, qui gémit, tombe et souffre, arrache quelques larmes – et quelques dollars – aux touristes.

On peut rappeler, à ce propos, car tout s'oublie vite, que le commandant en chef des SS allemandes, Himmler, un des hommes les plus puissants et les plus impitoyables du IIIe Reich, affirmait que les « Aryens » (un peuple mythique, parfaitement imaginaire, situé dans les territoires du nord de l'Europe) ne descendaient en aucune façon des singes, ou d'un ancêtre commun d'origine africaine, mais qu'ils étaient venus du ciel, où une force surnaturelle les conservait dans des blocs de glace depuis l'origine des temps. Et leur descente sur notre terre signalait que la cloche de la fin du monde venait de tinter, au moins pour la partie maudite de l'humanité, et d'abord pour les juifs, en attendant les Tziganes, les homosexuels (là encore), les handicapés mentaux et les infirmes.

La grande purification venait de se mettre en marche. Elle se termina dans les morts et les ruines.

Les Témoins de Jéhovah (c'est-à-dire les témoins de personne, de rien) affirment de leur côté que la terre va prochainement s'entrouvrir – la fin du monde est toujours proche, elle est pour demain, pour ce soir peut-être. Il faut constamment faire peur, il faut toujours entretenir une urgence grave à se convertir – car nous serons tous engloutis dans cette fente énorme, nous tous, les mécréants, les affreux pécheurs, à l'exception des membres de cette secte, qui verront leurs compagnons décédés ressurgir du sol ouvert, tout souriants, en très bonne santé, tous âgés d'une trentaine d'années.

Et le plus extraordinaire, pour un observateur calme et attentif, est de voir que des êtres humains apparemment normaux avalent ces discours ineptes, lèvent les mains au ciel et chantent tous en chœur leur reconnaissance préalable.

Quant à l'*intelligent design*, cette expression américaine montre, une fois de plus, que nous ramenons tout à notre « intelligence », comme si celle-ci pouvait embrasser et résoudre tous les problèmes du monde, comme si rien ne lui échappait, comme si l'univers était parfaitement « intelligible » et dirigé, pareil à un travail d'hommes, de main de maître. Nous avons placé notre « intelligence » au sommet de la pyramide, tout près de Dieu – au point même de le définir, de le nommer, de l'analyser et d'imaginer, à notre manière, ses desseins et ses réactions.

L'*intelligent design* n'est en aucune façon l'indication d'une intervention directive dans l'histoire du monde (dans quelle direction, d'ailleurs, dans quel but ?). Ces deux mots sont, au contraire, la démonstration la plus claire de nos limites, de nos œillères, de l'intime précarité de notre pensée. Le monde, affirmons-nous, est fait pour être compris par nous, et par nous seulement. En conséquence, nous estimons que tout ce qui n'entre pas dans le cadre de notre perception, de notre raison, de notre entendement (appelons cela comme on voudra), n'existe pas.

Hors de notre intelligence, rien. Ce rien immense, impénétrable, avec lequel nous nous confondons.

Un château fort imprenable

Si ces gens-là croient ces balivernes, me dis-je après un moment d'étonnement, je pourrais sans doute les croire, moi aussi. Il ne suffit donc pas de les taxer de sottises, de prendre nos voisins de palier pour des fous, pour des égarés. Je ne suis pas différent des autres, je suis fait de la même chair, de la même pensée fragile et chahutée. Et je m'interroge quelquefois, moi aussi, sur cette notion indispensable de menace, de danger. Je comprends – ce fut le cas pour l'apôtre Paul – que l'approche de la fin du monde est un argument de grand poids. Si elle est vraiment là, imminente, inévitable, si tous les signes l'annoncent pour demain (mais qu'est-ce qu'un signe, et d'où vient-il ?), si le ciel va bientôt nous tomber sur la tête, si le jugement divin nous attend et si notre vie éternelle est en jeu (mais pourquoi Dieu mettrait-il soudain un terme à son œuvre ?), j'ai intérêt à rejoindre au plus tôt le petit, le très petit nombre des élus. Même si je dois, comme le fit saint Paul, offrir ma tête au bourreau.

La menace – insistons – est une des conditions indispensables de la croyance. Épouvanter, pour racoler, et rassurer. Ne pas mourir dans l'erreur, surtout. S'inscrire à temps sur la bonne liste, pour échapper à l'enfer qui nous guette. La très grande majorité des sectes américaines répète que les derniers temps sont venus, et que nous devons nous préparer, c'est-à-dire nous inscrire chez elles.

S'inscrire dans la loge voisine serait une erreur funeste, qui saccagerait notre éternité.

Dans le cas des Témoins de Jéhovah, cette menace, chaque jour « confirmée » (encore et toujours par des « signes »), s'accompagne de règles de vie que nous pouvons sans doute appeler criminelles. S'appuyant sur une interprétation aberrante de trois mots de la Bible, on sait que les « témoins » interdisent à leurs adeptes toute transfusion de sang. De jeunes enfants en sont morts, devenant aussitôt des martyrs. Et gare à celui qui oserait préférer sa famille, ou sa nation, ou parfois même sa propre vie, à l'enseignement de la secte. Gare à celui qui oserait en sortir, en la critiquant, en la dénonçant – sur ce point précis de la transfusion par exemple. Il serait aussitôt persécuté, assailli, assigné. Tout esprit critique est un ennemi déclaré. Partout la croyance, même pernicieuse, même néfaste, est intransigeante. Elle sépare avec netteté le dedans et le dehors, les membres affiliés et ceux qui ne le sont pas. La police interne est sévère et n'accepte aucune compromission.

La croyance, religieuse aussi bien que superstitieuse, ou sectaire, devant laquelle nous restons bouche bée tant elle nous apparaît élémentaire, délirante et souvent cruelle, dissimule une attitude de l'esprit à laquelle, sans doute, nous sommes tous plus ou moins rattachés, et soumis ; et c'est en ce sens, surtout, qu'elle nous touche de près, qu'elle nous attire, qu'elle nous intéresse tous, ou presque tous. Comme l'a écrit Clément Rosset (dans le troisième et dernier appendice de son essai *Le Principe de cruauté,* 1988, et reprenant une image qui rappelle le « donjon » d'Alain), la croyance est un « château fort imprenable, capable de déjouer toute possibilité d'attaque ».

Nous le voyons en effet chaque jour, rien n'y fait. Tous les assauts s'y sont brisés.

Pourquoi ? Parce que, comme le suggérait Rosset, la croyance ne tire pas sa force de son objet même, de ce en quoi je crois, mais du sujet, du fait que c'est moi, et pas un autre, qui crois. « Je crois » est essentiel. Ce qui suit n'est qu'un accessoire.

En affirmant ceci ou cela, c'est moi que j'affirme. Ma foi me constitue. Je crois, donc je suis.

Les théologiens distinguaient autrefois, dans l'acte de foi, le *credo* et le *creditum*, autrement dit le sujet et l'objet de la foi. Il est clair que le *credo* l'a emporté et que le *creditum* ne nous intéresse plus guère. On disait autrefois que le *credo* « qualifiait » le *creditum,* en d'autres termes que la foi portait en elle-même, nécessairement, son objet. Le dogme étendait alors son ombre sur les croyants et s'imposait jusque dans les détails. Je crois, donc je crois ceci. Suivait une énumération dogmatique.

Nous dirions aujourd'hui le contraire, ou presque. L'objet de notre foi dépend de plus en plus de nous, et même de chacun de nous. Nous nous efforçons souvent, lorsque nous croyons, de déchiffrer, de préciser, le sens caché d'un texte lointain, obscur, que nous interrogeons, que nous mettons à notre sauce ; et, en fin de compte, nous décidons de ce que nous croyons. De là, sans doute, la prolifération des croyances contemporaines, de plus en plus vagues, jusqu'au morcellement sans limite visible. Une liste des sectes, aujourd'hui, serait-elle rédigée en petits caractères, s'étendrait jusqu'à l'horizon. Peut-être connaîtrons-nous un jour une croyance – et donc une secte – par individu.

Pour le dire autrement, la foi n'a plus besoin d'un objet. Elle est presque un sentiment, parfois même une impression, une sensation : il y a quelque chose d'autre, je ne peux pas dire ce que c'est, mais j'y crois. La croyance peut ainsi devenir un simple état d'esprit, une disposition, presque une humeur. Elle nous aide à lutter contre notre insuffisance, notre faiblesse, et un destin que nous hésitons sans cesse à affronter.

Même si, presque en permanence, nous nous efforçons de l'oublier, nous sommes tous les enfants du néant, d'où nous venons, et où nous retournons. Obligés de naître et, cette fois encore malgré nous, de mourir. De cela, au moins, nous sommes assurés, nous le voyons chaque jour autour de nous. Nous n'étions pas, nous sommes et nous ne serons plus. Mais rien n'est plus difficile à accepter, et même simplement à penser, que le néant.

Le néant comme seule origine et comme seul destin. Aussi le peuplons-nous, selon notre caprice. Dans les moments de l'histoire où, pour des raisons souvent politiques, aucune variation n'est tolérée dans les croyances qui nous sont imposées, nous assassinons nos semblables au nom de ce noir, de ce rien.

Nous sommes les passagers, les enfants, mais aussi les prêtres, et parfois les bourreaux du néant.

Je n'irai pas plus loin

J'ajouterai une seule remarque aux quelques pages de Clément Rosset, sans le contredire – au contraire. Nous naissons tous avec un sexe, un corps, une famille, un milieu, une langue, que nous n'avons pas choisis. Tous ces éléments nous sont imposés avant même notre naissance, et en grandissant nous les découvrirons peu à peu, au risque de ne pas les apprécier et de vouloir parfois les rejeter, les détruire, ou tout simplement les remplacer. Très rares seront ceux qui se déclareront entièrement satisfaits du lot particulier reçu à leur naissance. La plupart s'en plaindront. Un grand nombre de mythes reposent sur le rejet d'une naissance.

Or s'affilier à une secte, adopter tel ou tel credo, c'est choisir soi-même sa voie. Je n'ai pas pu décider de mes qualités, ou de mes défauts, qui sont héréditaires, je n'ai pas choisi la couleur de ma peau, l'endroit de ma venue au monde, la forme de mon crâne ou la qualité de mes cheveux, mais je peux décider de ma route, de ma vie, et d'abord de ce que je crois. J'ai enfin la pensée ouverte, je suis libre de mes jugements, de mes choix. Je vois devant moi, comme si je me promenais dans un très vaste marché à ciel ouvert, tout un étalage mirobolant de croyances, de dogmes, d'étiquettes. Et je peux choisir. À un certain moment, à un certain endroit, je peux fermer l'oreille aux mille sollicitations des autres baratineurs et dire : voilà, c'est ici, j'ai trouvé, je me suis trouvé, je m'arrête, je n'irai pas plus loin.

Non seulement je peux choisir telle ou telle croyance préfabriquée, et la déclarer mienne, mais je peux prendre des éléments de ceci, de cela, et bricoler, dans mon coin, ma vérité à moi. Cela se pratique de plus en plus, et les réseaux sociaux contemporains y contribuent. Je peux marier Shiva à la Vierge Marie, ou réciter le *Pater noster* devant une image de Zoroastre. Je peux convaincre mes amis, mes voisins (certains, si je suis persuasif, me suivront), que le vrai chemin est celui-là, et celui-là seulement ; un chemin de traverse, une croyance buissonnière. Nous connaissons même des *jubus*, qui ont accompli une synthèse inattendue entre judaïsme et bouddhisme. Jésus lui-même, en Inde, a été parfois tenu pour un des avatars de Vishnu.

Et que dire des « grands initiés », qui se seraient transmis des secrets cachés, et cela depuis le commencement de l'histoire ? Comment Hermès, Paracelse, Jacob Boehm, Pythagore et Cagliostro (tous des hommes, c'est à noter) se seraient-ils connus, d'un siècle à l'autre ? Pour se dire ou pour se cacher quoi ? Et pourquoi nous auraient-ils tenus, depuis si longtemps, dans l'ignorance où nous sommes encore ? Et qui sont aujourd'hui leurs véritables héritiers ?

Manipulations acrobatiques qui confirment ce qu'écrivait Clément Rosset. En affirmant ma foi, ce n'est pas une vérité universelle que je recherche, ni même une vérité locale, particulière, c'est moi. Et moi seul.

Que le vrai dieu soit celui-ci ou celui-là, en réalité je m'en balance. Ce qui importe, au fond, ce n'est pas ce que je crois, c'est que je crois.

Le groupe humain qui me reçoit peut être large ou minuscule, accueillant ou fermé, peu importe. Il est dorénavant le mien, et il le restera. Vous m'accusez de m'être asservi en m'inscrivant dans une secte ? D'avoir perdu ma liberté de pensée, mon indépendance ? Vous vous méprenez du tout au tout. Je ne suis pas asservi, au contraire, je me suis libéré, je suis libre, je suis enfin libre. J'ai moi-même choisi mes chaînes, qui par conséquent ne sont plus des chaînes. Je me suis affranchi de toutes les entraves qui depuis ma naissance paralysaient mon existence et qui me définissaient, malgré moi, selon vos coutumes et vos critères.

Ne me plaignez pas, surtout. Et ne m'attaquez pas. Gardez vos avocats pour de meilleures causes. Je n'ai que faire de votre compassion, de votre aide, de vos démarches, de vos exhortations, encore moins de vos insultes. J'y suis sourd et aveugle. Hermétiquement clos. Même si cela ne vous plaît pas, même si vous trouvez mes postures inexplicables, ridicules et dangereuses, sachez que je suis bien où je suis, car je suis chez moi.

Je ne parle même pas du réconfort que j'éprouve à vivre au contact d'individus qui partagent ma certitude. Au moins, ici, nous sommes tous d'accord. C'en est fini des discussions à impasses, des pour et des contre, des altercations, des menaces, des sécessions, des coups et blessures parfois. Le doute a disparu, pareil à la brume devant le soleil. Inutile de demander à mon voisin ce qu'il pense, ce qu'il ressent ; il fait tout comme moi, et son esprit est le miroir du mien.

Quelle tranquillité.

Vous me dites que je me suis aliéné – c'est le mot que vous avez choisi –, vous me répétez que cette liberté que je revendique est un leurre et que, sitôt inscrit, je devrai renoncer à toute initiative, et même à toute opinion personnelle. Vous me dites qu'au nom de la liberté je renonce à ma liberté. Oui, je l'admets, c'est possible, mais au moins ce choix est le mien. Cette aliénation, qui est pour moi un accomplissement, je m'y suis longtemps préparé. Le moment est enfin venu.

Quelquefois même, dans mon groupe de croyants, je suis seul. Et alors ? Il me suffit de dire « je crois », et soudain je suis.

Où était-elle depuis ma naissance, et jusqu'à maintenant, ma liberté de penser et d'agir ? En quoi consistait-elle ? Quelles idées étais-je véritablement « libre » d'accueillir, d'exprimer ? Quels gestes d'accomplir ?

Qui peut me le dire ?

On m'apprenait de force, dès l'enfance, des éléments d'histoire et de géographie que je ne pouvais pas vérifier, une langue, une autre langue (parfois morte), des théorèmes, des textes de loi, on me forçait à lire tel ou tel livre et à admirer sans réserve tel ou tel peintre du passé, ou tel conquérant sanguinaire, souvent même des maîtres m'inculquaient un catéchisme, des sacrements, une « morale », plus tard on me donnait de temps à temps, à intervalles fixes, un droit de vote, pour que je me prononce sur des sujets dont j'ignorais tout. J'avais le choix entre des noms et des visages que je ne connaissais pas, qui tous m'assuraient suivre la raison, connaître le cœur des problèmes, qui tous sollicitaient mon suffrage et me promettaient une vie meilleure.

Cependant, lorsque je votais, je voyais que cela ne changeait en rien ma condition, ni celle de ceux qui étaient alors mes semblables, et qui, maintenant, par la grâce de ma transformation, ne le sont plus.

Ici, au moins, personne ne me demande mon avis. Ici je n'ai plus d'avis. Ici, je n'ai plus à dire oui ou non, je n'ai plus à choisir, à peser le pour et le contre, je n'ai plus à voter. Personne autour de moi ne vote. Ici, je suis moi et je suis chez moi. Je suis enfin chez moi. Mon esprit est apaisé, ma voie m'apparaît clairement tracée. Des deux côtés de mon chemin, les broussailles ont été éclaircies. Ce que je dois croire, penser et dire, on me le dit, on me le garantit. Jusqu'à ce jour je ne vivais que chez les autres, chez mes parents, mes amis, mes éducateurs, mes compatriotes, mes collègues, ma femme, mes ancêtres, mes amis, mes chefs et quoi encore. Eh bien, c'est terminé. J'ai choisi ma place dans le système solaire et je m'y tiens. Que le monde s'achève demain ou survive encore à ses erreurs et à ses terreurs, cela m'est égal. Je me suis assis dans le cosmos, je n'en bouge plus.

Une croyance qui n'attendait que moi

Cette déclaration d'indépendance, que nous entendons ici ou là sous diverses formes, de la plus innocente à la plus forcenée, est (à nos yeux ouverts, en tout cas) une éclatante illusion. Je me proclame libre, ou libéré, je ne suis en réalité qu'un adhérent. Je rejoins un groupe, je m'inscris dans une croyance qui existait telle quelle avant moi, dont tous les articles ont été définis avant mon arrivée – quelquefois même des siècles auparavant. Je n'y ai rien changé, je n'y apporte pas la plus petite pierre, même si je rassemble quelquefois diverses sources, surgies ailleurs. Je ne suis qu'un minuscule coquillage qui vient se coller à un rocher où d'autres, déjà, au milieu des eaux, ont trouvé refuge. Ma participation personnelle au dogme est nulle.

Et pourtant, assez vite, ce dogme devient mon œuvre. Phénomène troublant, j'entre dans une pièce toute meublée et je me retrouve chez moi. Les meubles, les couleurs, la hauteur des plafonds, les images sur les murs, c'est exactement ce que je voulais. Je n'ai rien à changer. J'ai tout choisi moi-même dans cet endroit préfabriqué.

Je vais même, dans la plupart des cas, devenir l'ardent promoteur de la croyance toute faite à laquelle je viens d'adhérer. Je dirai bientôt qu'elle est mienne, que j'en ai reçu révélation, que j'en suis l'auteur. Peut-être même, un jour, en exigerai-je le monopole, la découverte. Cela s'est vu.

Le faux et le vrai, l'actif et le passif, le reçu et le donné, tout s'enchevêtre en moi, et je deviens confus, parfois. Bien sûr, je ne suis pas l'apôtre Paul, je n'ai pas sa verve, son zèle, sa hargne. Il ne m'a pas été donné de prêcher et d'organiser une religion nouvelle à partir de quelques données imprécises, aussi vagues que les faits et dires de Jésus – que Paul n'a pas connu. Il n'empêche. Je me persuaderai assez vite que j'ai inventé ce que j'ai reçu, ou en tout cas que la combinaison que j'ai trouvée entre divers héritages est mon bien, mon seul bien. J'en rédigerai le dogme, et je l'imposerai.

Ainsi, j'échapperai enfin à la confusion qui était la mienne et qui est toujours la vôtre. Je me persuaderai que ma croyance avait besoin de moi.

Possession

Cet état, à première vue, rappelle à s'y méprendre les anciens cas de possession. Quelque chose s'est emparé de moi avec une force irrésistible et, littéralement, me possède. Je suis devenu la propriété, la chose de cette croyance qui, pareille aux démons d'autrefois, me dirige, me transforme, me donne des ordres, parle par ma bouche et fait de moi ce qu'elle veut.

Possédé. Avec cette différence qu'il ne s'agit plus d'un démon véritable et visqueux, vomi par l'enfer, comme on le disait autrefois, mais d'une certitude qui est venue à ma rencontre et qui, soudain, m'a envahi, en m'ôtant toute résistance, même indirecte. Celui qui a pris possession de moi m'a révélé à moi-même, entendons-nous dire, avec telle ou telle formulation. Il m'a apporté la lumière qui me manquait, il a fait de moi ce croyant que je suis.

En apparence, cette certitude illuminée est plus calme que les convulsions baveuses qui tourmentaient naguère les « possédés » sataniques – sauf lorsqu'elle conduit un jeune Irakien à se faire sauter dans un endroit public, jetant la mort et le sang autour de lui – action aujourd'hui banale, presque quotidienne. Satan rôde toujours parmi nous, il a choisi d'autres masques, mais il lui est impossible de se faire oublier. Le mal est plus fort que lui. Sur la terre, il apporte toujours l'enfer ; c'est tout ce qu'il peut nous offrir, c'est tout ce qu'il a dans son sac.

Il remplit son rôle. Si les possédés du Moyen Âge avaient connu les explosifs, sans doute les auraient-ils utilisés, eux aussi – pour se détruire, détruire les autres, et anéantir du même coup le démon qui les torturait.

Entre doute et certitude

Je peux m'interroger longuement, et sans résultat – d'ailleurs la pensée est-elle destinée à un « résultat » ? – sur l'aveuglement, l'extravagance, la naïveté, l'obstination et l'extrême brutalité, parfois, de ceux qui croient – et aussi sur le cynisme mercantile de ceux qui donnent à croire. La conviction des croyants est entière et inaltérable. Rien ne l'ébranle. Et ce qui paraît troublant, aujourd'hui, en mettant côte à côte la recherche scientifique et la croyance, c'est que la certitude a changé de camp. Le chercheur s'interroge sans cesse, le croyant ne doute jamais.

Il faut sans doute, au passage, distinguer le croyant du crédule. Celui-ci avale les yeux fermés toutes les mouches de passage. Il est naïf et un peu bête, une occasion, dans tous les pays du monde, de mille blagues. Il est amusant, nigaud, on lui fait croire tout ce qu'on veut. Il peut aller voir là-bas si j'y suis.

Le croyant, au contraire, s'est fixé sur une vérité précise, et il n'en démordra pas. Il ne croira, désormais, que ça.

Pourquoi ? Si nous lui posons la question, le croyant nous répond aussitôt : « Parce que ce que je crois est la vérité. » Et il ne va pas chercher plus loin. Comme cette réponse ne peut évidemment pas nous satisfaire – nous qui le voyons dans l'erreur, « aliéné » –, il nous faut regarder un peu plus loin, ou un peu plus bas. Dans cette tentative d'exploration, nous ne pouvons pas davantage nous satisfaire des paroles de saint Augustin, affirmant que nous persécutons les autres, ceux qui ne partagent pas notre foi, par « amour », pour leur apporter enfin la vérité dans cette vie, le bonheur éternel dans l'autre. Alors que, bien entendu, selon Augustin, les persécutions exercées par les païens à l'égard des chrétiens ne sont inspirées que par la haine, l'erreur et la cruauté. Deux fois, deux mesures.

Impossible, aujourd'hui, évidemment, dans le monde apparemment informé (ou qui se croit tel) où nous nous efforçons de vivre, de nous contenter de ces phrases-là. Nous ne pouvons pas admettre que l'autre – celui qui n'est pas de mon avis – s'appuie sur des arguments indiscutables quand il décide de nous envoyer, malgré nous, « dans un monde meilleur » où les délices du paradis, après notre mort, n'attendent que nous. Personne, d'ailleurs, parmi les païens ou les incroyants, ne s'y est jamais laissé prendre. Car le piège verbal est ici d'une simplicité qui côtoie le stupide. Et le stupide ne peut jamais s'expliquer en totalité, ni se comprendre, et encore moins s'imposer.

Partons de ceci : ce qui importe, c'est celui qui croit. Il n'est pas n'importe qui, celui qui dit « je crois ceci, ou cela », il est lui. Il est un individu ; et personne d'autre. Un individu qui, même s'il nous apparaît « possédé », ou « aliéné », ou « égaré », se croit en pleine maîtrise de sa vie, comme moi de la mienne, comme n'importe qui.

Cette croyance est sa décision. Ne pensons pas qu'elle lui soit imposée, elle lui appartient. Aucun démon ne l'a violé. Il se dit libre dans son choix, dans sa certitude, et il le croit. Il le croit profondément, totalement, dans l'intimité de toutes ses fibres. S'il prend la parole à la place ou à la suite d'un autre, même s'il dit ce qu'on lui a dit de dire – et rien d'autre –, cette parole – j'y reviens – est désormais sa découverte, sa voix, son invention. Elle est à lui, elle est lui. Y renoncer serait renoncer à lui-même ; une forme de suicide mental, d'annihilation du moi.

Il est totalement convaincu que l'« esprit » – un mot nébuleux, indéfinissable – existe en dehors de toute matière, que cet esprit est tout-puissant – au point de créer la matière à partir de rien – et que, par sa croyance, il participe lui-même à cet esprit.

Il est donc primordial – si je suis un croyant au milieu d'incroyants – que j'affirme ce que je crois, que je proclame sans relâche à la face du monde l'objet de ma foi, même si je ne connais pas très précisément l'origine et les antécédents de cette croyance transmise. D'ailleurs, est-ce que je désire véritablement les connaître, ces antécédents, et les étudier ? Cela en vaut-il la peine ? Je ne le pense pas. L'esprit n'a pas d'explication à donner. La vérité ne s'étudie pas, ne se prouve pas, puisqu'elle est la vérité. Quelles preuves irais-je chercher ? En réalité, il faut sans doute le répéter encore, c'est moi que j'affirme, ma personne, mon existence et ma présence.

De la même manière que je ne doute pas d'être vivant, je suis mon prophète, je suis le porteur et l'auteur de ma foi. Je n'ai pas à en connaître l'historique.

Elle est née avec moi.

Un cadeau sans rival

Le croyant est un individu qui croit. Simple à dire, mais pas si simple à comprendre, et encore moins à admettre. Lorsque quelqu'un me dit « je suis croyant », ou bien « j'ai la foi », sans préciser l'objet de cette foi, je sens très bien qu'il se présente, qu'il se définit du même coup, et que cette qualité privilégiée – le fait d'avoir la foi – le distingue des autres mieux que ne le feraient sa situation financière, sa famille, sa profession, son aspect physique, son caractère ou même son œuvre. Il est celui qui a la foi, et, même, souvent celui « qui a reçu » la foi, ce cadeau sans estimation ni rival. Si je lui dis que je n'ai pas la foi (peu importe en qui, ou en quoi), je me situe aussitôt, à ses yeux, en position d'étrangeté, et même d'infériorité. Il a quelque chose que je n'ai pas, et c'est un motif de fierté.

Quelquefois même, je lui inspire, après un passage par le dédain, de la pitié ; peut-être même une pitié sincère.

Cela explique, au moins en partie, l'aspect indiscutable, intraitable, de la croyance. C'est ainsi. Ce que je crois, et qui me vient de la source même de la vérité, ne peut en aucun cas être mis en doute, et par conséquent n'a pas besoin d'attestations vulgaires. Je m'avançais sur un chemin tortueux, la vérité est venue à ma rencontre. Je l'ai reconnue aussitôt, quand elle m'a fait signe en s'approchant. J'ai vu que c'était elle, elle m'a pénétré, elle m'a illuminé, j'ai su qu'elle m'avait repéré et choisi. Elle m'a pris dans ses bras et ne me relâchera plus.

Je suis moi-même, vivant, parlant, agissant, la preuve de ce que je crois. Je ne peux croire qu'en la vérité, qu'en ma vérité. Je la porte en moi. Nous sommes désormais inséparables. Si par malheur cette croyance s'effondrait, si par exemple – événement des plus improbables – le dieu que je proclame venait me dire à l'oreille qu'il n'existe pas, avant de se taire et de s'effacer, je n'aurais qu'à disparaître aussitôt, moi aussi. Pas d'autre issue. Je n'aurais plus aucune raison d'être, je ne pourrais que m'évanouir comme un spectre au matin, et cesser d'être.

Ma croyance est la seule garantie de mon existence. Elle en est même – vrai sens du mot « martyr » – le témoin. Si je ne croyais pas, et si l'objet de ma croyance n'était pas justement celui-ci, où serait ma place sur cette terre ?

Le cas des convertis

Cette relation intime, que rien ne peut briser à moins de supprimer un corps vivant, se montre particulièrement aiguë dans le cas des convertis. Se convertir, changer subitement de croyance, de certitude sans preuves, c'est admettre que je m'étais trompé (ou que d'autres m'avaient trompé), que la croyance à laquelle je renonce – et que désormais je bannis, je déteste – était fausse, et que, par conséquent, *ce n'était pas moi* qui croyais.

J'étais alors, dans mon erreur, un autre. L'esprit qui m'animait n'était qu'une illusion. Je n'étais pas moi, je n'étais pas *encore* moi. De là cette sensation, cette affirmation d'une « seconde naissance », qui me transporte, par un simple geste d'adhésion, de l'obscurité à la lumière, de l'erreur à la vérité. Bouleversement qui est souvent pris pour un miracle, comme si la nouvelle croyance – tout aussi dépourvue de preuves que la précédente – m'avait appelé, du fond du puits de mon erreur, vers cette lumière-là. À présent, je suis dans le vrai, toutes mes hésitations sont dissoutes, et, même si mes anciens compagnons me traitent d'apostat ou de renégat, je ne fais qu'un avec la vérité. Et j'irai demain tuer des inconnus, en Irak, en Syrie, au Nigeria ou ailleurs, si quelqu'un me le demande au nom de ma foi nouvelle.

Les *djihadistes,* français ou autres, sont la plupart du temps des convertis de fraîche date.

Comment est-il possible, alors que la vérité se trouvait là, très proche, à ma portée, que je sois resté si longtemps dans l'erreur ? Il faut qu'une force mauvaise, qu'en général nous appelons « diable » ou « démon », m'y ait entraîné et maintenu. J'admets donc que j'ai été, pour un temps, perverti, possédé, que j'ai été la victime du mal ; de ce mal invisible et silencieux qui nous guette à chaque mouvement de notre vie, dont nous sommes la proie désignée, ce mal aux mille visages et aux mille voix qui tente, avec persévérance, et quelquefois avec succès, de nous écarter du vrai chemin.

De là une haine véritable – sensible chez saint Augustin à l'égard des manichéens, car il avait été un des leurs, et aussi chez Mme de Maintenon, ancienne calviniste, qui poussa Louis XIV à la lamentable révocation de l'édit de Nantes –, une haine s'attachant à celui que j'étais, et que je ne suis plus. Je hais maintenant, par-dessus tout, ce que j'ai été avant d'être moi. Les convertis – et pas seulement en matière de religion – se montrent toujours les plus féroces persécuteurs de ceux qui sont restés dans l'état misérable d'où ils sont eux-mêmes sortis.

Ils sont sans pitié pour ce qu'ils ont été. Machiavel notait déjà, dans un terrain politique, que les plus féroces adversaires, s'ils se ralliaient, devenaient aussitôt les partisans les plus résolus. Phénomène qui se retrouve même dans l'histoire de l'art. Ainsi, lorsque le peintre Nicolas de Staël, après une période dite abstraite, entreprit de réintroduire dans son œuvre des éléments vaguement figuratifs, il se fit insulter par d'autres peintres cramponnés à l'abstrait. Ils ne pouvaient pas accepter ce qu'ils considéraient comme une trahison ; et peut-être le peintre, ainsi remis au rang de renégat, y perçut-il, parmi d'autres raisons, les premiers appels de son suicide.

C'est par amour que je vous tue

Avant de se convertir, les nouveaux croyants s'étaient égarés en chemin, car ils n'étaient pas encore eux-mêmes. En adhérant à la vraie vérité, ils font un geste de liberté, ils deviennent enfin leurs propres créateurs.

Nous pourrions nous demander : comment se fait-il que ces hommes et femmes aient adhéré, avec la même force et le même enthousiasme, à deux croyances diverses, et même parfois opposées, férocement irréductibles ? La question, pour eux, ne se pose pas. En effet, leur déviance n'était pas leur faute. De mauvais guides les avaient attirés, séduits, trompés, et ils suivaient la voie perverse. Car toute croyance, il est bon de le rappeler, repose avant tout sur la certitude que le bien et le mal existent dans ce monde, et qu'ils sont constamment en guerre.

Le mal, ce principe puissant qui s'est répandu parmi les humains, on ne sait trop pourquoi ni comment, depuis l'origine, longtemps appelé faute de mieux (chez nous en tout cas) le diable, habile à repérer un esprit de haute qualité, avait donc choisi Augustin – première possession – pour le plonger dans les rangs affreux des manichéens, où il pouvait déjà briller par sa parole et son esprit. Par bonheur, Dieu, qui a l'oreille fine, l'a repéré à son tour et l'a appelé vers la vérité. Son intelligence appliquée, son « zèle » – que nous appelons fureur ou fanatisme quand il s'exerce contre nous – se retourne alors contre ses anciens compagnons de prière, et, s'ils refusent de le suivre dans sa croyance nouvelle, il les envoie, sans hésitation, au bûcher.

Sans doute Dieu ajouterait-il, comme Augustin : c'est par amour que je vous jette dans les flammes, pour conduire votre âme, maintenant purifiée (car le mal qui vous habite brûle avec votre corps), dans mon paradis. La charité chrétienne passait dans ce cas-là par les flammes.

Avec, cependant, une différence assez surprenante. Alors que, dans le cas des martyrs chrétiens, leur mort acceptée est la confirmation de la vérité de leur foi, la mort des mécréants, ou des hérétiques – même lorsqu'elle est très ardemment souhaitée par eux, comme ce fut le cas pour certains manichéens, donatistes ou protestants –, prouve au contraire leur déviation, leur aveuglement. Leur être est totalement perverti, empoisonné. Nous les voyons « entêtés dans leur erreur », « endurcis », et cela jusqu'à en mourir.

Cette vision des autres, des égarés, des pervertis, provient, chez les convertis, d'un sentiment absolu de certitude. Je m'étais trompé une fois, par la faute de tentations, de mauvaises influences, j'étais jeune, j'étais naïf (mille raisons). Cette fois, ma conversion est ma décision, elle ne peut être que bonne.

Et tant pis pour les autres, qui brûlent pour n'avoir pas renoncé à l'erreur. Ce bûcher où ils expirent, ils l'ont voulu, ils l'ont même cherché. Ils n'ont pas saisi la main que je leur tendais.

En d'autres mots, le feu ne prouve rien. Sauf si je l'allume moi-même.

Une seconde naissance

S'y ajoute, dans le cas particulier des convertis, un jeu secret avec le temps. Au départ, toute croyance – au contraire de la science, qui se définit comme changeante et évolutive – s'affirme intangible, éternelle. Aucune « variation », comme aurait dit Bossuet en parlant des Églises protestantes, ne saurait l'atteindre. Elle est stable et sereine, elle résiste au temps, à tous les mouvements des idées et des lois, elle est établie pour toujours.

Si donc le croyant se convertit, s'il change de croyance en cours de route (pour le dire autrement, s'il change d'éternité), il s'affirme maître du temps, qui doit se soumettre à la vérité nouvelle, devant laquelle le croyant lui-même s'est incliné. Et c'est pourquoi la seconde naissance, plus lucide et plus réfléchie, est la vraie. Le temps, vainqueur du temps, apparaît désormais invincible.

Le *new born* américain est nettement plus intraitable que l'adepte de la première heure. Peut-être faut-il regarder sous cet angle les conversions spectaculaires – plus visibles que d'autres – de tel sportif illustre ou d'un rappeur milliardaire comme Snoop Dogg (désormais membre actif du *rastafarisme* jamaïcain, qui hisse le dernier empereur d'Éthiopie, Haïlé Sélassié, au rang des divinités incarnées) ou d'un autre rappeur, Shyne, étoile sombre de Brooklyn, qui se nomme aujourd'hui Moses Levi, nouvel adepte du judaïsme le plus strict.

À propos des *new born*, la chose n'est pas nouvelle. Elle date, chez nous, des premiers temps du christianisme. Pascal lui-même nous dit qu'il a été donné aux chrétiens, et à eux seulement, d'« être faits enfants de Dieu en tant que re-nés du Saint-Esprit par la volonté de Dieu ».

Malheur à ceux qui ne connurent qu'une seule naissance.

L'histoire des idées est ainsi faite. Des idées en général ; à croire que nous n'avons rien inventé de plus féroce que les idées. Car, même si l'acuité et la brutalité sont particulièrement sensibles, et visibles, dans l'histoire des religions, elles existent également, tout aussi rigides et impitoyables, en politique – les anciens communistes devenaient les anticommunistes les plus féroces (Machiavel, toujours) –, ou même, quelquefois, comme pour Nicolas de Staël, dans l'histoire de l'art ou de la pensée.

Ne nous y trompons pas. Nous sommes ainsi.

Un converti est né dans une certaine croyance, qu'il a longtemps partagée, de laquelle il s'est nourri. Il la tient de son milieu, de sa famille, parfois même de la nation où le hasard l'a fait naître. Serait-il né quelques kilomètres plus loin, de l'autre côté d'un fleuve, ou d'une frontière politique, il croirait tout autre chose.

S'il se renie, s'il change volontairement de croyance, autrement dit s'il se « convertit », il se détourne, il renonce à la tradition dans laquelle il est né, ou dans laquelle on l'a parqué. Et il ne peut que tenir rancune à cette tradition et la détester, puisqu'elle l'a maintenu dans l'erreur jusque-là. Toute conversion est ainsi une rébellion, qui peut être parfois violente, voire assassine, voire suicidaire. Il s'agit d'un acte affirmé d'indépendance, de révolte contre tout un système imposé – acte que la plupart des convertis ont jugé hautement louable et tout à fait digne du paradis (le sang, même versé, de ceux qui s'obstinent dans l'erreur est loin de valoir celui de ceux qui ont adhéré à la vérité).

Ce geste de refus – *rebel with a cause* – confirme l'intuition de Clément Rosset, selon laquelle la croyance nous constitue, et par conséquent nous rassure, nous fortifie, nous justifie. Nous n'existons que grâce à elle. Et, s'il est vrai qu'une impression presque toujours positive s'attache – au moins chez nous – à la notion même de « révolte », et cela dans tous les domaines, alors nous devons accorder ce point aux convertis, même si, à leur tour, ils imposent de nouvelles croyances à leurs descendants ou à leurs sujets – croyances qui mèneront forcément, un jour ou l'autre, à d'autres conversions, à d'autres révoltes, soulevées cette fois contre eux.

Oui, un jour viendra où cette croyance des convertis, solidement établie et organisée par un pouvoir temporel, et par conséquent autoritaire et indiscutable, entendra des voix exaltées se lever contre elle, pour la rejeter et pour la nier, avec un enthousiasme allant jusqu'à la mort.

Toute révolte se dresse contre un « ordre établi », et c'est ainsi qu'elle devient audacieuse, et même souvent admirable ; car l'ordre établi est mauvais en soi, et ne demande qu'à être renversé, sentiment que nous partageons tous, à des degrés divers, mais dans presque tous les domaines (politique, vie sociale, esthétique). Cependant, le dogme de toute croyance, si farouchement défendu par les grands pontifes, constitue l'ordre établi par excellence. Il est l'immobilité fondamentale, il ne saurait varier d'un iota. Deux exemples entre mille : la torture, si rudement utilisée par l'Inquisition, n'a été condamnée par le pape Pie VII qu'en 1816 ; et la condamnation prononcée contre Galilée n'a été levée, par Jean-Paul II, qu'en 1992.

Ainsi, se révolter contre tel ou tel dogme, comme le fait par exemple un *new born,* un « re-né » (écrirait Pascal), est un acte incompréhensible, au moins sur le moment. Contradiction profonde, assez peu souvent notée : je rejette ce qui m'a fait. Je me lance dans une vie nouvelle, c'est-à-dire dans l'inconnu.

Toute révolte ? Ce n'est pas certain, car le diable lui-même est né d'une révolte. Il refusa, raconte-t-on – attitude particulièrement claire dans la tradition musulmane – d'admirer l'homme, la plus récente, et la plus aboutie, des créatures de Dieu. Celui-ci, irrité, le précipita dans les profondeurs, où il rampe encore.

Enfin, car la conversion peut quelquefois se révéler opportuniste, une simple déclaration de circonstance, sachons, s'il faut en croire l'*Hindoustan Times,* que depuis que le Premier ministre indien, Narendra Modi, se présente comme un hindouiste rigoureux, on enregistre, en Inde, des conversions de groupes, de musulmans et surtout de chrétiens. Une cinquantaine d'entre eux se sont ralliés à l'hindouisme, au mois de décembre 2014, dans l'État du Kerala, et un autre groupe dans l'Uttar Pradesh – sous promesse, il est vrai, dans ce dernier cas, de la guérison de toute maladie.

Les prédicateurs sont à mettre, il me semble, tout près des convertis, car ils ont eux aussi reçu en cadeau le « mystère de la foi », l'illumination fatale qui les a lancés, maigres et nus, sur toutes les routes du monde. Souvent, ils ont abandonné la passivité et le silence, et ils sont tous, toujours, des convertis. L'ardeur de prêcher les envahit et les possède. Ils sont désormais dans l'impossibilité de se taire, ils doivent parler, témoigner, ils brûlent de dire. Ils doivent aussi désigner clairement l'ennemi, ils doivent appeler à la prière, à la croisade, à l'incendie, à l'hécatombe. L'intolérance se dresse à leur côté. Ils doivent convaincre à toute force, ils doivent entraîner derrière eux ceux à qui ils s'adressent.

Au risque de leur vie, ils s'acharnent à remplacer un fantôme par un autre fantôme.

Dans les temps anciens, sans doute étaient-ils obligés de s'égosiller devant les foules à convaincre. Aujourd'hui, ils ont des micros, et, dans certains pays, comme aux USA, des chaînes de télévision (payantes) leur sont ouvertes. Le cinéaste Werner Herzog, dès 1981, consacra un film – *Croyances* – à un de ces prédicateurs américains, qui songeait peut-être à son salut dans l'au-delà, mais avant tout à sa fortune sur la terre.

Sans courir aucun risque physique, ces beaux parleurs se répandent aussi sur Internet, assez souvent avec agilité, se situant parfois à la frontière de l'éructation, de l'hystérie. Aucun espace, public ou privé, ne peut aujourd'hui leur échapper. Mais leur discours n'a pas changé. Ils désignent à la fois la vérité et les ennemis de la vérité. Ils brandissent la menace et ils font entrevoir le salut. Avant de faire la quête.

Des amis m'ont assuré – je le dis entre parenthèses – que le nombre des chaînes religieuses, aux USA, équivaut à celui des chaînes pornographiques. Je n'ai pas pris le temps de vérifier.

La foi perdue

À l'opposé des convertis, très proches dans les temps modernes de ce qu'ils étaient autrefois, apparaissent ceux qui ont « perdu la foi ». C'est ainsi qu'ils s'expriment. Ils ont perdu la foi comme ils auraient perdu leur direction, leur portefeuille, leur mémoire ou leur raison (nous pourrions établir une longue liste de ce que nous sommes tous en danger de perdre, à commencer par l'enfance et la vie).

Ceux qui ont perdu la foi se divisent en deux groupes, d'abord ceux qui s'en moquent, et qui en parlent comme d'un bon débarras. Les voilà débarrassés de cette surcharge encombrante, et parfois même paralysante, angoissante aussi certains jours, qui leur a fait dilapider un long moment de leur existence – et aussi, souvent, de l'argent. Ils sont maintenant libérés de contraintes multiples, leur démon a été chassé, ils ont l'esprit neuf et léger, ils peuvent « décider de leur vie », ils oublieront vite.

Le second groupe est tout différent. Celles et ceux qui le composent avouent qu'ils ont perdu la foi comme malgré eux, non sans une sorte de tristesse, de mélancolie secrète. Bien sûr, ils sont eux aussi dégagés, allégés, mais il leur manque désormais quelque chose, cette évasion surnaturelle vers d'autres mondes, et cette solidarité rituelle qui les unissait à d'autres croyants ; un certain apaisement, peut-être, devant l'avancée de la mort ; et aussi l'attirance secrète, rarement exprimée, que nous pouvions éprouver non pas pour notre ange, mais pour notre démon gardien, appelé dans ce cas « familier ».

Des regrets cachés, donc, et un voile de nostalgie – mais la perte de la foi est le plus souvent définitive. Sauf exception, on ne s'en remet pas. Pareils aux convertis – nouveau-nés, mais dans l'autre sens –, les désormais « incroyants » ne retournent que très rarement à la chimère qui vient de se dissoudre. On les surprend souvent à dire, quelquefois même publiquement : « Quel idiot j'ai été ! » La porte du surnaturel s'est fermée. Peut-être se lanceront-ils dans la politique, dans l'agriculture, ou dans toute autre activité ordinaire, où la crédulité n'a pas sa place (encore que…).

Ainsi, la croyance va et vient, souvent à notre insu, hors de notre commandement ; dans un sens comme dans l'autre, et nous ne pouvons jamais compter sur elle. Nous habitons l'invérifiable. Nous y resterons seuls avec notre foi, comme avec notre absence de foi.

Une ferveur assassine

Cet attachement personnel, décisif – je suis l'auteur de ma croyance, j'ai inventé le dieu que j'ai choisi et je m'attacherai à la parole de ce dieu, et de ce dieu seul, pour toujours –, explique en partie (en partie seulement car se manifestent sans doute d'autres raisons plus individuelles, locales, culturelles, commerciales, égoïstes) la ferveur assassine de certains groupes de croyants, de ceux que nous appelons justement les « fanatiques », persuadés, en nous servant de ce mot comme d'un bouclier, que nous avons éclairci une obscurité, alors que nous n'avons fait que l'assombrir encore.

Il est en effet essentiel, pour un croyant, de se montrer totalement fermé à tout argument qu'on lui oppose. La foi ne veut rien entendre, et c'est à cela qu'on la reconnaît. Elle n'est pas un objet de débat. Toute discussion, toute mise en doute, si raisonnable et si pondérée qu'elle soit, ne sert ni à apaiser ni à expliquer – et encore moins à persuader.

Inutile de préparer des arguments pour répondre aux questions qui pourraient se poser, et cela pour une bonne raison : il n'y a pas, ou plutôt il n'y a plus de question.

Le croyant contemporain est l'auteur et le propriétaire de la croyance qui le possède, et à laquelle il s'identifie pleinement, ce qui explique la brutalité avec laquelle il traite, souvent, celui qui est le plus proche de lui. « *Se odian como hermanos* », dit-on en espagnol, « ils se haïssent comme des frères ».

Comme des frères, en effet, qui se déchireraient à propos d'un morceau du même héritage. Les guerres européennes dites « de religion », entre catholiques et protestants, au XVIe siècle, en ont fourni les images les plus atroces, comme la guerre de Trente Ans au siècle suivant, comme, aujourd'hui, les batailles de rue entre sunnites et chiites en Syrie ou en Irak (nous avons vu des décapitations en série et même un homme, en pleine rue, arracher le cœur de sa victime et le manger).

Des atrocités nouvelles furent même inventées dans ces conflits qui se déroulaient au nom de fantômes réputés justes et bienveillants.

Et c'est pourquoi nous ne devons pas nous étonner de voir aujourd'hui des « croyants », les yeux tachés de sang, assassiner chrétiens et Kurdes en Irak (non sans s'approprier leurs biens), couper les mains des musiciens au Mali, égorger leurs voisins, manger leur chair, détruire leurs idoles ou leurs tombeaux (tout ce qui n'est pas de ma foi, tout ce qui n'est pas moi) et se déclarer prêts à mourir pour défendre leur croyance en ceci, en cela.

En Irak, au printemps 2014, à l'occasion de ces massacres, nous avons appris l'existence d'une religion jusque-là très discrète, celle des Yazidis (ou Yezidis), qui adorent un dieu ancien (personne ne sait très bien lequel, Mithra peut-être, doté d'un chef des anges sous la forme d'un paon), et qui, au moment même où nous les découvrons, se voient menacés d'extermination.

Leurs assassins, des « croyants », qui se disent fondateurs d'un État islamique, d'un « califat », ne sont pas les premiers à voir le bonheur dans le sang versé – ou dans des femmes violées – et s'inscrivent en cela dans une longue persévérance. L'horreur, quand elle s'exerce au nom de Dieu, est durable, tenace et imaginative. L'intolérance est très facilement transmissible. À l'intérieur de la même tradition musulmane, sunnites et chiites sont ainsi séparés par quatorze siècles de haine. Et, comme il n'y a pas de dieu, pas de juge suprême, comme aucune intervention céleste n'est à attendre dans ce cas comme dans un autre, cette horreur strictement humaine, qui se déplace sans répit d'un groupe à l'autre, ne connaîtra peut-être jamais de fin. En Syrie, toujours en 2014, des islamistes ont crucifié des chrétiens qui refusaient d'abandonner leur foi. Et depuis cette date les massacres, là-bas, dans l'antique « Croissant fertile », se succèdent à la chaîne, orchestrés par le longtemps fantomatique Al-Baghdadi, au nom d'Allah le miséricordieux.

Nous avons pu voir également, à la télévision, en 2013, un homme, un Syrien d'une trentaine d'années, un commerçant ordinaire, assis devant sa boutique, qui déclarait très franchement, face à la caméra, sans se cacher : « Les chiites, il faut les tuer. Il n'y a pas d'autre solution. Il faut les tuer. Moi, si je vois un chiite, je le tue. » Autre exemple de haine froide et féroce entre frères (même religion, même prophète, même Coran, mêmes prières, mêmes règles de vie). Et il est inutile de chercher une explication claire et véritable à ces paroles prononcées calmement. Même si nous pouvons imaginer que, pour des raisons politiques, cet homme était hostile à Bachar el-Assad, président alaouite, proche des chiites, d'un pays en majorité sunnite, il y a, évidemment, dans son attitude déterminée, plus grave et plus profond que cette motivation-là. Même en cherchant longtemps en nous-mêmes, nous ne trouverions jamais les vraies raisons de ces paroles. Elles ont été dites par un homme semblable à d'autres, et c'est tout.

Quelques semaines plus tard, en République centrafricaine, au début de l'année 2014, des chrétiens pourchassaient dans les rues de Bangui, pour les tuer, des musulmans (une photo largement répandue en témoigne). Et ces chrétiens disaient, à leur tour : « Les musulmans, il faut les tuer, il faut tous les tuer. » C'était la solution, la seule. Arracher les mauvaises herbes. Et ainsi de suite – situation qui s'est renversée quelques mois plus tard.

Au fond, les choses sont ainsi. Celui qui ne pense pas comme moi, celui qui ne croit pas ce que je crois, et que je ne peux pas réussir à convaincre, je le tue. C'est le meilleur, en tout cas le seul moyen que j'ai trouvé pour le faire taire. Mort, il ne blasphémera plus.

Mort, il sera de mon avis.

Autres temps, mêmes mœurs. Les siècles se succèdent, nous ne changeons pas. Certains disent même qu'il est plus noble de tuer pour des croyances – seraient-elles imaginaires – que pour des réalités matérielles, toujours sordides ; comme s'il existait des degrés dans l'ignominie du carnage.

Nous avons même inventé un mot, « éradiquer », arracher jusqu'à la racine, cette fameuse « racine du mal » que nous recherchons depuis si longtemps, sans jamais la trouver – sans doute parce que nous la cherchons toujours ailleurs, en dehors de nous. Même les bouddhistes, qui se disent depuis l'origine amis de la paix et sensibles à la compassion, semblent entrés en guerre de religion, en tout cas au Sri Lanka. Là, le groupe BBS (Bodu Bala Sena), depuis deux ou trois ans, y pourchasse et quelquefois assassine les musulmans, minoritaires dans le pays.

En fait, la violence meurtrière, par le biais de la personne qui frappe, s'identifie à l'individu ; au moins au moment de l'acte. Peut-être deviennent-ils ce qu'ils sont – des assassins – à l'instant précis où ils tuent. J'égorge, donc je suis. Si ces « fanatiques » renonçaient, si peu que ce soit, à tel ou tel aspect, même infime, de leur croyance, ils se nieraient, ils se détruiraient eux-mêmes.

Et, comme ils se détruisent souvent entre eux, nous pouvons peut-être dire – ce qui les étonnerait sans doute – qu'ils sont avant tout poussés vers le sang versé par la haine qu'ils ont d'eux-mêmes.

La foi et le sang

Une vieille alliance, que nous espérions rompue – entre religion et violence – revient en force, dans les dernières décennies, avec ces islamistes que nous appelons *djihadistes*, ou « radicaux » (ce n'est pas le mot juste, car la « racine » de l'islam n'est pas seulement la violence et le meurtre, même si le Coran propose plusieurs appels à l'élimination pure et simple des incroyants), et d'autres aussi, comme ces chrétiens de Bangui, ou encore des groupes d'action hindouistes, jusqu'à ces bouddhistes furieux du Sri Lanka.

Un épisode retentissant se déroula à Paris, où dix journalistes et dessinateurs, ainsi qu'une femme psychanalyste et un visiteur malheureux, furent mitraillés et assassinés, le 7 janvier 2015, au siège du magazine satirique *Charlie Hebdo,* où je comptais quelques amis. La liberté de la presse s'y voyait prise pour cible, sous prétexte de « venger le Prophète ». Contre l'encre de la liberté, le sang du carnage : mais le plus fort n'est jamais celui qui tue, car il fait d'un meurtre un sacrifice.

La vérité de la foudre

Comment se fait-il, lorsque nous voulons défendre une tradition, une religion ancienne, ou répandre une foi nouvelle – qui, comme toute foi, ne repose sur aucune preuve –, que nous utilisions aussitôt les méthodes les plus sanglantes ? Pourquoi la croyance, qui est un mouvement intime de l'esprit, appelle-t-elle le sang du corps ?

Les questions qui se posent à propos des martyrs, lesquels se laissent tuer, souvent, sans opposer la moindre résistance, sont les mêmes que celles qui viennent aux lèvres à propos des persécuteurs ordinaires.

Comment penser que tuer un protestant, ou un chiite, ou un chrétien, ou un musulman, ou un Yazidi, ou un humoriste, changera, en quoi que ce soit, le cours du monde ? Pourquoi recourir à la violence physique quand il ne s'agit que de nos pensées, de nos idées ?

Comment espérer – et cela dure depuis treize siècles – non seulement que les chrétiens puissent tuer tous les musulmans (ou *vice versa*), mais que la torture du corps puisse un jour soumettre, ou convaincre, l'esprit ?

La vie de l'un ne peut pas se concevoir sans la vie de l'autre. Ils sont inséparables, ils ne font qu'un. Si je tue un corps, un corps humain, je tue aussi un esprit. Et alors ? Mon intention n'était-elle pas de le convaincre de son erreur ? Mort, est-il convaincu ? Par ce geste, ai-je établi ma vérité ? N'ai-je pas davantage prouvé, en le supprimant, mon impuissance à le convaincre ?

Et, de fait, que mon voisin mette sa croyance en tel ou tel dieu, et moi en un autre dieu, ou en aucun dieu, qu'est-ce que cela peut nous faire, à lui comme à moi ? En quoi suis-je responsable des convictions intimes des autres ? En quoi cela me regarde-t-il ?

Pour tenter d'expliquer l'acharnement inutile des persécuteurs aussi bien que la résistance absurde des persécutés à la douleur qu'on leur inflige (et que quelquefois ils réclament), nous faisons habituellement appel à d'autres facteurs ; à une tentative de domination ou de suprématie psychologique, ou bien politique, à une jubilation simplement sadique, ou même à des facteurs matériels, à des revanches claniques, à des intérêts économiques localisés, à des biens accaparés, à des femmes violées et vendues, comme si la croyance imposée n'était que l'avant-garde d'une attaque plus large, comme si la torture préparait le chemin à d'autres invasions.

Afin de décrire, et parfois de justifier, l'usage de la force pour imposer une foi (ce qui s'appelle parfois travailler au salut des gens malgré eux), certains, nombreux, se contentent de cette explication de surface. Il m'a toujours semblé que ces motifs classiques, si souvent invoqués, nous obligent à chercher plus bas ; si profondément que jamais, peut-être, nous ne trouverons la réponse.

Voilà un de nos secrets les mieux gardés, au chaud de notre cœur profond. Et sans doute nous aveuglons-nous, sans cesse, nous-mêmes. Nous attribuons à la souffrance une force intime et irrésistible de persuasion, comme si celui qui brutalise et tue détenait, de ce fait, la seule vérité du monde. Nous retrouvons ici la vieille raison du plus fort. Je peux t'asservir (te coloniser par exemple), t'attacher, te fouetter, découper ta chair en lambeaux, te donner des ordres et s'il le faut te mettre à mort, donc j'ai raison.

La vérité – même abstraite et céleste – se trouve forcément du côté de la toute-puissance. N'oublions pas que le dieu unique de qui nous procédons en Occident n'hésitait pas – selon ce que nous avons raconté – à réduire des villes en poussière lorsqu'elles refusaient de l'adorer et de se soumettre à ses lois (un passage du Deutéronome biblique l'ordonne expressément). De la même manière, Jésus desséchait d'un geste un figuier parce qu'il ne portait pas de figues – alors que ce n'était pas la saison des figues.

Et il en est toujours ainsi. Lorsque le ciel se met à commander la terre, nous n'en retenons que la foudre.

Les mensonges extorqués

Pour vaincre les inévitables résistances, la diffusion d'une croyance s'accompagne presque toujours, à un moment ou à un autre, de persécution, de violence et d'une indicible cruauté. En Occident, les « travaux » de l'Inquisition nous offrent un exemple qui a pu, pendant longtemps, paraître inégalable. Jamais sans doute pareil raffinement de tortures n'avait été rassemblé pour guider les âmes perdues, à travers une chair ensanglantée, sur le chemin du repos éternel, auprès du vrai dieu compatissant.

La connaissance, apparemment, n'a besoin que de démonstration et de persuasion. Jamais – que je sache – un einsteinien n'a torturé un newtonien pour lui faire admettre la relativité générale. Jamais on n'a décapité celui-ci ou celui-là parce qu'il refusait de croire que la Terre tournait autour du Soleil. En revanche, nous avons connu très précisément le contraire. Giordano Bruno, un des premiers, en Occident, à avoir entrevu les dimensions de l'univers, a été brûlé parce qu'il refusait de soumettre sa connaissance, ou en tout cas son hypothèse, à la croyance dominante.

Et tant d'autres avec lui, ici ou là, partout ; et aujourd'hui encore.

Cette différence de méthode – d'un côté je démontre, je persuade, de l'autre j'impose et je contrains – est sans doute un point très précis de divergence. Peut-être même est-elle le meilleur indice qui nous permette de distinguer le faux du vrai. Car le faux hurle, menace, persiste et frappe. Pour le peu qu'on en sache, même Jésus – dont on a voulu faire, beaucoup plus tard, un modèle de douceur souriante – proclame par moments qu'il apporte sur la terre l'épée et le feu – si nous en croyons les Évangiles, qu'il n'a pas écrits.

À se demander si la violence – celle qui bâillonne, qui emprisonne et qui châtie, celle qui incendie, au Pakistan ou en Afghanistan, les écoles de filles, ou même qui égorge celles d'entre elles qui veulent courir le risque d'apprendre – n'est pas la preuve même de l'irréalité, de la fausseté d'un discours ; et même la seule preuve indiscutable, qu'il s'agisse des tourments infligés par les inquisiteurs chrétiens, des assassinats commis par les talibans ou des interrogatoires de la Gestapo. Nous pourrions presque le dire avec certitude : celui qui, pour amener l'autre à sa croyance, à sa théorie, à sa vision des choses, utilise force et douleur est nécessairement dans l'erreur.

Nous tenons là un critère qui ne souffre, peut-être, dans l'histoire de notre monde, aucune exception. Il n'est pas possible d'imposer une vérité par la souffrance, à plus forte raison d'établir « la » vérité malgré elle. Aucune technique de cruauté n'y a réussi, n'y réussira. Pour la raison très simple que toute vérité qu'on impose, par le fait même qu'on l'impose, n'est pas, ne peut pas être une vérité. La raison du plus fort serait ainsi la pire.

Et cependant nous nous acharnons à mépriser, à insulter, à emprisonner, à frapper et souvent à éliminer ceux qui ne partagent pas nos croyances. Cette cruauté est sans effet, nous le savons, en tout cas sans effet durable, et pourtant elle se perpétue de siècle en siècle, qu'elle soit verbale ou physique ; et elle se manifeste de préférence par des interdictions de toutes sortes, qui semblent n'avoir pour objet que de s'opposer, par tous les moyens, à notre libre arbitre et à notre bien-être.

En Iran, aujourd'hui – mais des règlements encore plus durs s'appliquent dans d'autres pays islamiques –, il reste interdit aux femmes de chanter seules en public, et à tous les habitants de boire, de danser, de publier en dehors d'une censure stricte – et cela au nom de la religion. Les femmes – sans que nous en connaissions les raisons – n'ont pas le droit d'assister aux matchs de football. Elles doivent être toujours couvertes, sans montrer leurs cheveux et les formes de leur corps, et les hommes – même dans les films – ne peuvent pas les toucher, sauf pour les gifler. Une comédienne iranienne, Leila Hatami, lors du festival de Cannes 2014, se fait-elle embrasser sur la joue par le directeur qui la reçoit, c'est toute une partie de la presse officielle, à Téhéran, qui crie au scandale. Et si des jeunes filles iraniennes, dans les rues, manifestent en sa faveur, elles sont aussitôt arrêtées par les flics, et conduites au poste, pour y être fouettées.

Et ainsi de suite. Tout ce qui pourrait contribuer, si peu que ce soit, à nos relations amicales, normales, détendues, à notre plaisir de vivre (si longuement chanté, jadis, par les poètes iraniens, la chaleur du vin par exemple) est aujourd'hui prohibé, au nom d'une étroite interprétation de la croyance dominante.

Même les chiens, réputés impurs, sont interdits.

Toute infraction à ces règles précipiterait la colère de Dieu, qui se déchaînerait sur nous ; toujours l'antique et paralysante menace. S'il y a tant de choses, ici-bas, que Dieu n'aime pas et qu'il interdit, qu'il pourchasse, pourquoi donc les a-t-il inventées ?

Pourquoi a-t-il créé les femmes et les chiens ?

Il est évident que ces interdictions – qui semble-t-il ont tendance à s'adoucir, au moins en Iran (mais elles se durcissent ailleurs) – reposent sur une peur souterraine et intense, entre autres, de la femme, de ce que pourraient être ses réactions, ou ses idées, ou ses désirs. Raison pour laquelle, paraît-il, les vrais croyants se laissent pousser la barbe : pour imiter le Prophète et pour bien montrer qu'ils sont des hommes.

Il n'empêche. Ces contraintes sociales sont à l'évidence une forme admise, une occasion, de cruauté secrète et qui se voudrait ainsi justifiée. À l'abri de préceptes prétendument religieux, c'est-à-dire édictés par Dieu pour nous faire marcher droit et nous éviter le désastre (dans telle ou telle langue, à tel ou tel moment), il est ainsi possible à quelques-uns de pourrir la vie de leurs semblables – et pas seulement de leurs femmes ou filles.

Pour une fois, je peux me le permettre, j'ai le droit, Dieu me donne le droit de faire souffrir quelqu'un dans sa chair. J'ai le droit de fouetter, de crever les yeux, d'arracher les langues, de couper un membre à la hache. Et cela peut être délicieux, avouons-le. Pour certains d'entre nous en tout cas. Car nous portons en nous, secrètement, une part de sadisme et sans doute aussi de masochisme. Peut-être sommes-nous tous, en secret, si peu que ce soit, et même si nous nous en défendons hautement, des inquisiteurs et des victimes. Il peut être agréable de dominer et de maltraiter son épouse, sa fille, son frère, son voisin, ou la femme de son voisin, surtout si nous agissons de la part de Dieu, qui ne viendra pas nous contredire. Il est souvent possible, et facile, de trouver du plaisir dans la destruction du plaisir que pourrait prendre un étranger, et même un proche – un plaisir que je ne peux pas partager.

Aussi bien, de l'autre côté, sous l'effet de l'exaltation de la croyance, il peut être plaisant, et même exaltant, de souffrir et d'« offrir sa souffrance au Seigneur », comme si ce vieux spectre pouvait s'en réjouir.

Cette double joie peut ici devenir objet de partage. Et chacun y trouve son compte. « Dis-moi, ô Seigneur, ce que je dois faire, et je suivrai tes ordres. » Supplique répétitive qui s'adresse au vide, au rien. À quoi les prêtres répondent, depuis des millénaires : « Tu feras ce que je te dirai, parce que Dieu m'a dit de te le dire. Sinon, tu seras battu, emprisonné et je confisquerai tes biens. »

Et cela sans parler de communautés comme celle des Amish, aux États-Unis, qui ont choisi de vivre comme au XVIIe siècle (libre à eux, certes) mais qui, avec leurs croyances bibliques, imposent cette existence rurale et austère à tous leurs enfants, avant même que ceux-ci soient en âge de la choisir. Une vie confisquée dès la naissance, et qui repose là aussi sur une peur intense du péché, de la faute, des erreurs du reste du monde.

Folle entreprise, qui défie l'avancée du temps. Je me dis en effet, parfois, que ce n'est pas contre la menace d'une fin prochaine que nous essayons de nous protéger. C'est au temps lui-même, maître des mondes, que nous nous attaquons, dans notre petite charrette, tirée par des mules à clochettes.

Au moins, dans le cas des Amish, ne pouvons-nous pas les soupçonner de tirer grand profit de leur attitude, ce qui est loin d'être toujours le cas. Car, si la croyance est un outil, elle est aussi, nous le savons, une source de revenus et un bon prétexte à confiscations.

Elle est même un argument de vente, et un commerce, aux bénéfices parfois considérables. Toutes les religions ont hautement proclamé leur unique toute-puissance pour, d'abord, réduire les peuples au silence, au point de les intoxiquer, avant de les asservir et de les spolier.

Souvent, la croyance dominante a mis en place des réseaux très serrés, comme un filet aux mailles étroites, duquel on ne peut s'échapper. Il faut occuper le terrain, au point que dans les campagnes françaises, jusqu'à une date récente, nous trouvions un signe, une marque déposée de la religion catholique tous les cinq cents mètres environ (église, chapelle, calvaire, tombe isolée, pierre votive, station de procession, clocher dans le lointain). Terrain conquis, terrain étiqueté.

Très vite, officialisée, la croyance se voit détournée au profit des puissants (les empereurs romains, dans le cas du christianisme, puis les papes, puis les rois, puis les financiers), et aussi de leurs amis, de leurs proches. Les filles et nièces d'ayatollahs, en Iran, roulent en Porsche ou en Maserati, se font toutes refaire le nez et ouvrent des comptes en banque dans l'Occident qu'il faut maudire.

Nous devons dire aussi que les islamistes ne sont pas les seuls, aujourd'hui comme hier, à brandir l'épée tranchante de la vérité, car cette violence est contagieuse. Elle se transmet de siècle en siècle et de terre en terre. En Inde, au mois d'août 2013, le docteur Narendra Dabholkar, penseur rationaliste et modéré, qui luttait contre toutes les superstitions – nombreuses autour de lui, allant jusqu'à des sacrifices humains – et contre toute forme d'intransigeance religieuse, a été abattu par deux tueurs à moto. Il était accusé d'être « anti-hindou ». Des intégristes hindouistes ont commandité sa mort.

Ainsi, Dieu est obligé, quelquefois, d'engager des tueurs à gages pour se maintenir au pouvoir.

Et ceux qui ont assassiné cet homme de tolérance et de justice prouvaient, du même coup, qu'il était dans le vrai.

Lucrèce l'écrivait déjà, il y a longtemps : « Rien ne ressemble à soi-même en ce monde où rien n'est stable. Il n'y a de stable qu'une violence secrète qui bouleverse toute chose. »

Avant nous, le déluge

Un écrivain français contemporain, que j'ai rencontré à plusieurs reprises, est un catholique intégriste. Pourquoi pas ? Sa croyance personnelle est étroitement liée au dogme romain et ne connaît, depuis l'enfance, aucun fléchissement. Pour lui, la Bible, les Évangiles et les Actes des Apôtres ont dit vrai, de la première à la dernière ligne, et les livres sacrés des autres traditions, de quelque source qu'ils nous viennent, ont été rédigés par des menteurs ou des attardés.

Sur ce point, aucune discussion n'est, avec lui, possible. Quand on lui fait remarquer que le récit du déluge (pour ne prendre que cet exemple) se trouve six ou sept siècles plus tôt dans un grand poème assyrien, *L'Épopée de Gilgamesh*, il dit avec fermeté : « Non, ce n'est pas vrai. »

Or c'est vrai. Aucun doute ne peut être conservé là-dessus. Les deux textes sont datés, le poème assyrien, retrouvé par des archéologues, a été plusieurs fois traduit et commenté (en France par l'excellent Jean Bottéro), et les textes racontant le déluge, à des siècles de distance, sont identiques, ou presque. Que l'un soit largement antérieur à l'autre est strictement assuré. Prouvé, indiscutable. Il existerait même un récit de déluge plus vieux de plusieurs siècles.

De pareils intégristes, mis devant l'évidence d'un texte largement antérieur, disent : « Oui, *Gilgamesh*, bien sûr, mais il existait un récit juif du déluge, plus ancien encore, qui a été perdu. » La croyance, une fois de plus, ferme les yeux et les oreilles. Elle tend un voile sombre devant le savoir.

Pour le déluge, et l'arche de Noé, ce n'est d'ailleurs pas le seul problème. En fait, lorsque nous faisons appel à notre très embarrassante « raison » (et à son « murmure tentateur »), ces problèmes, pour le croyant intégriste, sont ici multiples : si j'embarque un couple de lions pour quarante jours – au moins, car je ne sais pas combien de temps ce déluge va durer, un an peut-être –, combien me faut-il de moutons pour les nourrir pendant tout ce temps-là ? Et combien de foin et de luzerne pour nourrir les moutons ? Quelles étaient donc les dimensions de l'arche ? D'autant plus qu'il en va de même pour les tigres, les chacals, les panthères, les hyènes, les loups, les rats, les renards, les putois…

Pour les jaguars ? C'est moins assuré. Noé a-t-il traversé l'Atlantique pour recueillir les animaux d'un continent alors inconnu ? Cela n'est pas dit dans le récit traditionnel. Alors, comment les a-t-il fait venir ? Et les anacondas, et les pumas, et les perroquets ? Et les serpents à sonnette ? Cela ne nous est pas dit non plus. Peut-être l'Amérique a-t-elle été épargnée par le déluge ? Mais pour quelle raison ?

Et les poissons ? Étaient-ils d'eau salée ou d'eau douce ?

Que d'incertitudes.

Pour rester dans cette tradition-là (mais cela vaudrait aussi pour toutes les autres), qu'en serait-il si nous venions à suggérer – ce qui est aujourd'hui admis par les historiens, à la simple étude comparée des textes – que Iahvé n'était, pour les anciens juifs, qu'un dieu parmi d'autres, probablement venu du Sud, qu'il ne s'est jamais affirmé, ni seulement présenté, et cela dans les textes conservés de la Bible elle-même, comme le dieu unique de tous les hommes, qu'il luttait sans cesse contre d'autres dieux (avérés eux aussi en leur temps, efficaces), que le monde n'a peut-être pas été créé par Dieu (« Eloi »), mais par « les dieux » (« Elohim », qui est aussi une forme plurielle), que Moïse et Abraham furent probablement des personnages de fiction et que les illustres royaumes de David et de Salomon, à ce que murmurent les chercheurs spécialisés et pour une fois dégagés de toute influence religieuse ou nationaliste, n'ont probablement jamais rayonné sur les terres de Palestine ?

Toutes ces lentes avancées dans la découverte de notre passé – encore fertile en mille surprises, car ce qui vaut pour la Bible vaut pour tout autre passé – sont le fruit d'un travail obscur, peu connu, peu récompensé. Cette recherche des historiens, des archéologues, des épigraphistes, des paléontologues, est prudente, ordonnée, très lente, scrupuleuse. Pour lutter contre la légende, ou contre les mensonges ethniques et politiques (qui sont vieux comme l'histoire), elle applique une méthode rigoureuse, que d'autres spécialistes, sans répit, sont invités à examiner et à contester. Les résultats en sont constamment vérifiés. Sachant qu'elle met en question, souvent, les certitudes et les prérogatives d'hier et même d'aujourd'hui, sachant qu'elle peut décevoir et désespérer, elle n'affirme rien qu'elle ne puisse certifier.

Elle nous fait entrer peu à peu dans notre connaissance du monde.

Tout le reste est à rejeter

Cependant, le croyant ne veut rien entendre. Il bannit les historiens et tous les autres chercheurs. Il s'obstine à nier l'évidence, à repousser de toutes ses forces cette tentative sérieuse de connaissance de notre passé, c'est-à-dire de notre matière. Il n'est ni idiot ni ignorant, loin de là. Il est même, comme beaucoup d'ignorants, très instruit. Il sait à peu près tout sur rien. Mais il ne peut pas renoncer à la moindre parcelle de sa croyance. Sous aucun prétexte. Ce serait renoncer à lui-même, à sa personne même, à ce nous appelons, d'un mot piégé, son identité. Sa croyance, inculquée sans doute dès l'enfance par les vertus du catéchisme qui fut placé près de son berceau, est devenue partie inséparable de son être. Autant parler à un rocher.

Non seulement le croyant refuse souvent, malgré l'évidence, l'idée même d'évolution du monde et des espèces vivantes (comme les créationnistes, encore eux, qui voudraient faire « corriger », c'est-à-dire fausser, l'enseignement de l'histoire ancienne dans les écoles publiques américaines), mais il rejette sèchement toute idée d'une évolution de la pensée, du savoir, de l'étude, de notre rapport au réel. Tout a été fixé une fois pour toutes, aussi bien dans les choses, dans le vivant, que dans la connaissance que nous en avons.

Les techniques nouvelles sont aussi suspectes que les connaissances nouvelles. Tout, ici, est à rejeter. Dans un monde changeant, seuls les dogmes demeurent fixes.

Toutes les croyances, religieuses ou autres, reposent sur l'affirmation que la « nature » et plus spécialement l'homme ont été créés, façonnés, *ex nihilo*. Il faut au départ une décision de création du monde et de l'homme dans une intention précise, selon un plan bien défini. Une création et un créateur. L'idée que nous sommes le fruit d'un très long travail des choses, d'un travail aveugle, qui s'est étendu sur des centaines de millions d'années, nous est interdite. Notre vie est trop brève, et notre esprit trop pressé, pour que nous puissions imaginer, et accepter, d'aussi longues périodes. Pour des mortels, le temps est impensable.

Si donc nous avons été créés, et créés tels que nous sommes, comment donc se fait-il que ces croyances, souvent anciennes et solidement établies, soutenues par des mythes constamment répétés, aient dû subir, ici et là, des accrocs, des corrections (Jésus par rapport à la tradition juive, par exemple, et d'autres après lui), nous pourrions presque dire des amendements ? Comment la vérité première peut-elle être interprétée différemment, modifiée, retraduite, soumise à une nouvelle écriture ? D'où vient ce besoin enfantin, si souvent burlesque, d'introduire à toute force, dans la composition et l'histoire du monde – si difficiles à pénétrer, aujourd'hui comme hier –, des éléments magiques, enfouis, qui ne seraient révélés qu'à une maigre poignée d'individus ?

Pour un esprit sans religion, comme le mien, ce fouillis de subterfuges, d'aménagements au dessein originel, et à la rédaction première, ces « lectures » toujours nouvelles sont très exactement la preuve que tout n'est que rêveries et élucubrations, d'abord instinctives puis calculées, qui ne nous éclairent en rien et exigent des recherches de plus en plus pointues dans la très longue histoire du « travail du hasard ».

Aux ordres des spectres

Autre voisinage étonnant : la croyance, qui est par définition immatérielle, et qui se passe très facilement de preuves, prétend cependant régir notre vie matérielle, quotidienne, notre vie réelle. Nous allons jusqu'à revendiquer d'être dirigés, dans nos gestes de tous les jours, par des apparitions, par des visions, des spectres. L'invisible nous mène par un anneau passé dans notre nez.

Hamlet le dit à merveille, après que l'ombre de son père lui a parlé :

De la table de ma mémoire, j'effacerai
tous les souvenirs ordinaires,
tous les dictons, toutes les formes,
toutes les impressions du passé
qu'attentive, jadis, ma jeunesse y avait copiées.

Ton commandement seul vivra
dans le livre, dans le volume de mon cerveau,
pur de toute matière vulgaire.

Adieu le souvenir, adieu l'éducation, adieu toute « forme » que des professeurs dévoués s'efforçaient d'imposer à mon jeune esprit et que, docile, je copiais dans mes cahiers d'école. Une vision suffit à dissiper celui que je me préparais à être.

L'immatériel l'emporte. Le « commandement » de l'ombre a tout écrasé.

Il est vrai que Hamlet est assez sensible, et perplexe, et intelligent, pour ne pas s'en tenir là. La première émotion passée, et même si l'apparition du spectre de son père lui semble indubitable, il sera repris par ses doutes, par ses atermoiements.

Il dira même, dans un illustre monologue, que « la conscience, de nous tous, fait des lâches », et que « la chaude couleur de la résolution se dilue dans la teinte pâle de la pensée ».

C'est ainsi, nos ardeurs initiales pâlissent. Quelquefois même, mises à la rude épreuve de notre pensée, de notre conscience, elles s'effacent, elles s'éteignent. La réflexion, parfois, souvent même, annihile l'action. Et Hamlet se demandera – jusqu'à sa mort – non plus que penser, mais que faire.

Car le fait est là. Non seulement nos croyances nous disent ce que nous devons penser – de l'origine des choses et de la vie, de l'histoire, de la mort, des autres mondes, de la descente de la vérité sur la terre –, mais elles dirigent aussi nos actions, dans notre court passage avant l'apothéose. Elles accumulent les obligations et les interdits. Comme nous l'avons remarqué au passage, à propos des États-Unis, elles s'immiscent, par le moyen des lois, jusque dans les moments les plus intimes de nos existences de chaque jour. Elles imposent une morale, une conduite.

Ce que les philosophes et les législateurs ont eu tant de peine à mettre en place – nos règles de vie –, les croyances les édictent avec une précision arbitraire, et presque maniaque, qui ne se réclame que de ses propres principes. C'est une morale qui dit à ceux et à celles qui l'acceptent : vous devez agir ainsi parce que c'est ainsi qu'il faut agir. Point final. D'autres ont pensé et ont décidé pour vous. Ralliez-vous, cela suffit. En général, pour être admis dans le groupe des « élus », il faut même prêter une sorte de serment public, à la vue de tous (et souvent se défaire d'une grande partie de ses biens).

Jurez et ne discutez pas.

Ce qu'exige ce serment est toujours une obéissance stricte – ce que demande à Hamlet le spectre errant de son père – et aussi, le plus souvent, le secret. Surtout ne pas dévoiler le contenu des dogmes et des règles de vie, ne rien dire. La « conscience », qui de nous tous « fait des lâches » (car la réflexion nous éloigne de l'action, surtout violente et audacieuse), peut amener quelques membres du groupe à hésiter, à abandonner Il est en effet très difficile, et pour certains impossible, d'étouffer en nous toute raison, toute interrogation.

Dans ces cas-là, ceux qui faiblissent, ceux qui vacillent, sont déclarés traîtres et leur vie peut être menacée. Ils deviennent des infidèles, des renégats, du même coup ils sont un danger pour la cohérence de la communauté, tout comme les convertis. Ils sont guettés par la calomnie mais aussi par l'élimination, et la plupart du temps ils le savent. Aussi les défections sont-elles rares. Par prudence, je reste avec les miens, même si par moments je ne me reconnais plus dans le miroir étroit qu'ils me tendent.

Vive la mort

Je reviens un instant sur les martyrs, qui sont un phénomène durable, une constante de la foi. Au temps des persécutions ordonnées par l'empereur romain Commode, qui passait pour un homme cruel, des chrétiens se précipitaient par centaines au-devant de la mort, au point que le pouvoir devait refuser des victimes. Ne pouvant les sacrifier toutes (manque d'égorgeurs), les autorités les envoyaient travailler dans des mines, dans des marais salants, ce que les chrétiens refusaient, préférant la mort, seul salut.

Le monde romain a connu, en ce temps-là – même si les historiens chrétiens en ont exagéré le nombre –, des hommes et des femmes exaltés qui accouraient d'Égypte ou de Syrie jusqu'à Rome, à pied, en réclamant à tue-tête les dents des fauves, ces dents qui devaient, en les saignant, en les déchirant, les transporter dans une autre vie, dans la vraie vie, bienheureuse, annoncée éternelle, avec vue sur Dieu lui-même, assis tout près de là dans la lumière.

Ce Dieu qui avait besoin des fauves.

Les uns et les autres, les persécutés et les persécuteurs, partageaient le même goût pour la cruauté, pour le sang, pour les cris, pour la mort. À cela s'ajoutait le fait que cette mort se présentait alors comme une fête, un spectacle public, très couru. Nous avons connu, à diverses périodes de notre histoire, un enthousiasme de la mise à mort, qui nous appartient, qui fait partie de nos secrets. Mourir serait alors le plus beau de nos gestes. Et pourtant nous nous étonnons quand nous voyons des « terroristes » islamistes, aujourd'hui, interrompre une partie de golf pour aller se faire sauter à la dynamite dans les rues de Londres, ou mitrailler un groupe paisible de journalistes, à Paris.

Nous sommes les mêmes. Si les chrétiens avaient connu les explosifs, sans doute eussent-ils agi de même, dans les rues de Rome. La frénésie du martyr, sous des couleurs diverses, traverse les siècles.

Lire *Polyeucte*

Corneille a magnifiquement formulé, dans la tragédie de *Polyeucte*, cet extraordinaire appel de la mort comme un ultime témoignage, comme une lumière ensanglantée, preuve ultime de vérité. Non seulement le héros, tout récemment converti au christianisme, court au supplice, alors que personne ne le lui demande, mais il veut y entraîner sa femme Pauline, qui n'est pas chrétienne. Polyeucte lui annonce qu'il veut aller dans le temple briser les idoles païennes, sachant qu'il en mourra.

Pourquoi cette décision ? Parce qu'il a été frappé par la certitude. Il ne partage pas les doutes de Hamlet.

Il est totalement assuré dans sa nouvelle croyance. Casser quelques statues ne servira à rien, il le sait. Aucun dieu n'en souffrira, puisque ces images sont mensongères et que ces dieux païens sont faux, sans pouvoir comme sans réalité. C'est le geste, c'est le sacrifice qui compte. Polyeucte remercie Dieu de lui avoir donné une occasion de mettre à l'épreuve sa foi et de mourir pour elle.

Il dit exactement à son ami Néarque :

... allons, aux yeux des hommes,
Braver l'idolâtrie, et montrer qui nous sommes.

C'est le « qui nous sommes » qu'il faut noter. Ce que je crois montrera qui je suis.

Quant à la mort, « plus elle est volontaire, et plus elle mérite ». Elle est « l'heureux trépas ». Pour plaire à Dieu, il faut négliger « et femme, et biens, et rang ». Ainsi le vrai chrétien est-il certain de connaître les « douceurs » éternelles, dans le « séjour de gloire et de lumière ». Entraîner la malheureuse Pauline dans la mort serait un acte de charité, un bienfait, à condition, bien entendu, de l'avoir au préalable convertie – ce qu'elle refuse.

Et ainsi de suite. La pièce de Corneille, où l'illusion écrase obstinément la réalité, où tant de phrases du personnage principal nous semblent insensées, pourrait constituer un modèle d'incitation au martyre, presque un guide, un manuel, aujourd'hui encore, et quelle que soit la cause à défendre. Combien de candidats à la mort religieuse ou politique, ici ou là, ont murmuré sans le savoir, dans une autre langue, des répliques de cette tragédie ?

Ici, la souffrance atroce, les corps déchirés, le sang et la mort apportent la preuve de la vérité. Pourquoi ? Par quelle mystérieuse alchimie ? Pourquoi ce volontariat obstiné, entêté ? On ne nous l'a jamais dit. Dieu lui-même, dans aucun des textes promulgués en son nom – et quel que soit le dieu –, ne le demande, ni même ne le souhaite.

D'où vient cette étrange relation entre la violence et la vérité – ce qui ne sera plus le cas, ne l'oublions pas, lorsque les chrétiens triomphants feront périr les hérétiques ? D'où vient que Polyeucte se persuade de la réalité, de la force, de la validité de sa croyance, par le fait de courir au poignard, au bûcher ?

Vieille question : qu'est-ce que prouve le sang ?

Le paradis n'explique pas tout

La croyance en la vie éternelle, la perspective assurée du salut et d'un séjour illimité parmi les délices du paradis, dans le cas des chrétiens comme des islamistes, si déraisonnable, si délirante qu'elle nous paraisse, joue certainement un rôle dans la vocation du supplice – qui s'affiche aujourd'hui dans les réseaux sociaux. Mais cette perspective bienheureuse, là encore, n'explique certainement pas tout. Loin de là. Il faut sans doute y chercher aussi des raisons ontologiques, le besoin inassouvi d'un vertige intime, d'une affirmation de soi et ce paradoxe frénétique qui allègue que l'existence véritable n'est acquise que dans la mort – ce qui est, à l'évidence, une manière de lutter contre notre peur de mourir.

C'est même une façon de placer cette peur au premier rang de nos alarmes.

Il faut aussi – comment faire autrement ? – y déceler une manifestation très claire de ce « dérèglement » de notre esprit qui semblait obséder Montaigne, chaque jour, dans le refuge où il écrivait avec calme, parmi ses livres. Ainsi, nous en venons assez souvent à penser – et nombreux sont les philosophes qui nous le disent ou qui nous le suggèrent, depuis Platon – que le monde où nous croyons vivre n'est pas le vrai monde. Nous ne serions, nous et les autres, comme tout ce que nous voyons et touchons (la planète comprise), que des reflets furtifs, les ombres, à la rigueur les doubles d'« essences », ou d'« idées », ces modèles parfaits mais inaccessibles, situés on ne sait où, créés on ne sait quand, ni comment, ni par qui, ni pourquoi.

Cette notion, souvent inavouée, de l'irréalité du monde où nous vivons – la matière n'est que mensonge –, et la certitude qu'il existe quelque part un autre monde auquel telle ou telle croyance peut nous donner accès – dans notre vie ou de préférence après notre mort –, est à la base même de toute foi organisée, de toute religion, de toute pensée métaphysique. Aucune croyance n'a jamais pu se passer de la promesse d'un autre monde. Dans les cas qu'il faut bien appeler d'hystérie collective – ainsi pour les foules de chrétiens, dans les cirques romains, se précipitant vers la mort joyeuse –, cette conviction du départ pour le vrai monde est le moteur même du martyre. Le monde que je quitte est faux, je m'en vais vers la vérité.

En d'autres termes, je me suis laissé convaincre que cette terre d'apparences – que pourtant je touche, que je respire, qui me nourrit – n'était pas faite pour moi, que je méritais mieux, que j'étais attendu ailleurs, que j'étais admis parmi les « élus ».

Et c'est pourquoi, quelle que soit la douleur que j'encours, je m'arrache au réel, auquel j'ai cessé de croire. Seule la mort est vraie.

Pour le dire d'une autre façon : je meurs en sachant que je ne meurs pas.

« Autre chose »

Nous pouvons sans doute y joindre d'autres motivations, sans doute plus ordinaires, notre insatisfaction terrestre, l'envie que nous ressentons tous, un jour ou l'autre, d'un « surnaturel », l'appel d'un ailleurs, d'un au-delà, d'un monde que les enfants appellent magique, ou merveilleux, la possibilité de sortir enfin de nous-mêmes, de nos limitations matérielles, de nos impuissances, de nos soucis étroits, de notre vieille condamnation à mort ; le sentiment, aussi, d'avoir été choisi par un œil impeccable, au service d'une volonté supérieure ; et aussi, avant la tentation du martyre, le réconfort d'être accueilli sur cette terre dans une communauté cohérente, de faire partie d'un groupe, de trouver enfin un remède contre l'antique solitude.

Dans notre vie insuffisante, il s'agit toujours de croire à *autre chose,* d'oublier ce que nos sens, notre intelligence et notre expérience nous proposent à chaque instant, d'affirmer que la vérité essentielle se situe au-delà du monde visible et tangible. Il s'agit de nier la réalité qui nous enveloppe, à laquelle le plus souvent nous nous heurtons, où nous nous sentons mal à l'aise, de la considérer comme un fantasme, comme un vestibule trompeur où quelqu'un tente de nous égarer, et ensuite de trouer la raison, de rejeter tous les freins, toutes les analyses, toutes les évidences, toutes les prudences, pour permettre enfin à notre esprit de saisir, en un instant, tout ce qu'il avait toujours rêvé, ne fût-ce qu'une fois, d'entrevoir.

Nous sortirons de l'absurdité, de l'insignifiance, de l'inutilité de notre vie. Nous serons admis dans le vrai royaume.

Polyeucte meurt, mais il meurt en extase, dans l'étonnement d'être chrétien. Il efface de lui-même sa vie, qui n'a plus de sens, ni d'attrait. Pourquoi persister à vivre dans une vie qui n'est pas la vie ? Dans une vie qui lui serait insupportable ? À la seconde où il rendra l'esprit, il n'aura même pas le temps d'être déçu. Il meurt dans la souffrance, mais dans la certitude.

Sans ce dernier geste, sans ce suicide, il n'eût pas été lui-même. Mais il devient lui-même à l'instant précis où il n'est plus.

Ainsi, moi le croyant, même si je dois en mourir (mais après tout que m'importe la mort, le moment même intensément douloureux de la mort, si elle est la seule clé pour le vrai bonheur dans le vrai royaume ?), je place mes rêves au-dessus de ce que les autres appellent le quotidien, le triste et décevant quotidien, et je vole au-dessus de la banalité du monde. J'en oublie toute la fausseté, toute la tromperie qui vous aveugle, vous les incroyants, ou les mécréants.

Vous mourez avec la conviction de rentrer pour toujours dans le néant, je meurs avec la certitude d'être accueilli par la lumière.

Mon esprit est plus fort que la douleur intense – mais passagère – de ma chair.

C'est ainsi qu'il faut regarder, et si possible analyser, les attentats islamistes qui se produisent ici ou là – récemment en France. Les auteurs de ces massacres, même s'ils ne l'avouent pas toujours, savent, au fond d'eux-mêmes, qu'ils vont mourir. Face aux polices organisées, ils n'ont aucune chance de s'en sortir.

Mais le candidat au crime et au martyre vit au-delà de ces évidences. Quand il tue, il est déjà mort et il nous le dit. Inutile, de toute manière, de discuter avec moi. La porte à toute espèce de doute et d'interrogation, je l'ai fermée. Cadenassée, même. Je l'ai clouée, verrouillée, je l'ai calée à l'aide de poutres bien épaisses. Contre elle, vous vous acharneriez en vain. La clé de cette porte est la souffrance, et je suis le seul à la posséder. Le vainqueur, c'est moi. Et, comme je suis mort de ma victoire, nous ne pourrons plus en parler. Mon cadavre ne vous avouera rien.

L'homme, ou la femme – mais plus souvent l'homme –, ainsi convaincu, s'est identifié à l'objet de son adhésion et ne peut plus s'en détacher. Il ne le peut pas et ne le veut pas.

Bien sûr, ce refus peut prendre des formes diverses selon les peuples, les époques et aussi les individus. L'intellectuel catholique parisien qui refuse de croire que le récit du déluge existait ailleurs, bien avant la Bible, n'ira pas jusqu'à m'assassiner pour m'en convaincre. Je ne l'en crois pas capable. Nos lois le lui interdisent fermement, de toute manière, et il sait très bien ce qu'il risquerait. De même, si je lui mets le couteau sous la gorge pour lui faire avouer qu'il se trompe, peut-être choisira-t-il de ne pas mourir. C'est même probable (mais le couteau sous la gorge, ce n'est pas mon genre).

Cependant, il n'en serait peut-être pas de même avec un musulman malien, ou pakistanais, ou irakien qui m'affirmerait avec force que sa foi est la seule véritable. Dans certains cas, si je refusais de l'approuver, de me convertir, à plus forte raison si je haussais les épaules et si je me moquais de lui, il pourrait aller jusqu'à me tuer. D'ailleurs il a déjà tué pour un refus de ce genre, et il tue encore, chaque jour, en Irak par exemple, ou en Afrique, ou en Syrie, dans l'hypothétique « califat » proclamé en 2014. Il y tue non seulement des mécréants comme moi, mais d'autres musulmans – des chiites, des Kurdes – ne partageant pas la même tendance. Et chaque fois il brandit le Coran pour justifier ses crimes. Et il n'oublie jamais de s'emparer des biens de ses victimes.

Irait-il jusqu'à mourir lui-même sous la menace ? Rechercherait-il ardemment la mort, comme Polyeucte, comme les premiers martyrs chrétiens ? Je ne sais pas. Je suppose que cela dépendrait des circonstances et des individus. Qui s'aventure à tuer s'expose à être tué. Ceux qui, recrutés sans doute au Pakistan, ont attaqué Mumbai en 2008, même si on leur avait promis une issue de secours (comme des journalistes l'ont raconté, sans preuves), n'étaient pas des fous. Guerriers expérimentés, entraînés, ils savaient qu'à la fin, forcément, ils allaient être tués. Impossible de résister à toute une armée.

Ils y sont allés quand même, comme ceux qui, armés de simples cutters, se sont emparés d'avions américains pour frapper le cœur commercial de l'Amérique, à Manhattan, en ce fameux 11 Septembre.

Ils savaient, eux aussi, qu'ils allaient mourir. Ils ont délibérément choisi cette mort-là. Comme les six talibans qui, le 16 décembre 2014, ont tué plus de cent quarante Pakistanais – dont cent trente-deux enfants – dans une école militaire de Peshawar.

Croyaient-ils, par leur geste meurtrier, les uns et les autres, conquérir le paradis promis par le Prophète ? Les fontaines de vin, de miel, les houris toujours disponibles et toujours vierges ? Nous l'entendons dire, souvent. Cela devient presque un leitmotiv, un cliché. Mais je doute de cette explication naïve – que la haine soit le chemin fleuri du paradis –, et cela depuis longtemps. Même quand il s'agit des jeunes *djihadistes* français qui affirment aller au-devant de la mort en Syrie (un d'eux, en 2014, y était parti avec son enfant, une fillette de 18 mois, que sa mère a pu récupérer), je trouve cette incitation *post mortem* trop facile et probablement insuffisante.

L'intelligence en fuite

Pourquoi ce doute chez les uns ? Et pourquoi cette certitude chez les autres ? Je ne sais toujours pas. Nous nous trouvons là devant un tel mur d'obstination stupide et cruelle – comme à l'intérieur de la tragédie de Corneille – que je recule devant l'obstacle. Mais la stupidité, à ce point d'indifférence et de cruauté, a-t-elle encore une voix, un visage ? Comment la distinguer, comment la reconnaître avec précision, avec sûreté ? Par moments, je me le demande. « Ô intelligence, disait encore Shakespeare, tu as fui vers les bêtes brutes, et les hommes ont perdu le jugement. »

Une phrase que toutes les générations auraient pu dire, une après l'autre. Mais, dans ces cas-là, quand l'obscurité aux choses de ce monde apparaît totale, l'intelligence n'a pas fui vers les bêtes, elle a fui, tout simplement.

Nous l'appelons, elle ne répond plus. Comme si elle s'était fatiguée de nous.

Je me rappelle, étudiant, lorsque je lisais *Polyeucte*, je me disais : c'est de l'histoire ancienne, l'acte insensé d'un délirant, d'un possédé, un écho lointain des temps obscurs. Des gestes aussi extrêmes seraient inconcevables aujourd'hui, au XXe siècle. Nous vivons dans des temps éclairés et modernes. Autour de moi – j'étais encore jeune –, toutes les voix me le garantissaient. Nous sommes toujours assurés, quel que soit notre siècle, de ne pas « retomber dans les erreurs d'autrefois ». Dans les années 1950, après les abominations de la guerre, nous nous redessinions un monde, dont nous ne doutions pas qu'il serait meilleur.

Et mes illusions d'étudiant se sont enfuies, une après l'autre. J'ai vu tomber les tours de Manhattan. J'ai vu un cameraman se faire sauter, avec son complice, pour assassiner le commandant Massoud, en Afghanistan. J'ai vu des attentats à Madrid, à Paris, à Londres, à Boston, à Gaza, à Mumbai, à Bagdad, à Alep, à Jérusalem, à Damas, à Beyrouth, à Tunis, à Paris encore, la tragédie au coin de chaque rue. Je sais qu'on fabrique, ici et là, des bombes portatives pour attentats-suicides, et qu'on les attache, parfois, à la ceinture des enfants, qu'il est ainsi possible de faire sauter à distance.

Je sais aussi qu'on ouvre parfois la cuisse d'un adolescent pour y introduire un explosif, et qu'on l'envoie marcher, en boitant, vers sa mort promise.

J'ai vu, l'année dernière encore, l'image de deux jeunes filles, dans l'État d'Uttar Pradesh, en Inde, pendues par une justice villageoise, parce qu'elles avaient été violées, ce qui les rendait impures aux yeux des hindouistes intransigeants. Double et horrible peine.

Et d'autres abominations, un peu partout. Nous sommes toujours autrefois.

Et, quoi qu'on nous dise, qu'on nous parle de traditions millénaires, de relativité culturelle et de religions normatives, nous ne pouvons plus l'accepter. Ce n'est pas parce que les Aztèques pratiquaient les sacrifices humains que nous allons les remettre en faveur dans les environs de Mexico.

Folie ?

Fragile, sans doute, est la clôture qui sépare la croyance de la folie. Car, à première vue, outre la bêtise et la cruauté, ils sont tous fous, aussi bien ceux qui adhèrent sérieusement à telle ou telle secte, à l'*Ordre des prophètes voilés*, au *Centre ésotérique rosicrucien de l'Himalaya*, aux *Omphalopsiques* (qui se vouent à la simple contemplation de leur nombril), au groupe des *Adorateurs de l'oignon*, entre mille autres, que ceux qui, aujourd'hui, ameutent les passants et pèlerins, près du Mur des lamentations, en se proclamant Jésus ressuscité, le roi David réincarné ou, plus modestement, un tout nouveau prophète.

Fous, oui, nous pouvons le penser, puisqu'un service leur est spécialement réservé, à l'hôpital Kfar Shaul, à Jérusalem, où ils sont amenés et soignés pour déficience mentale, passagère ou durable. Et il en est de même à Bénarès, et dans d'autres lieux saints, un peu partout. Le sacré attire les agités, sans les calmer.

Oui, sans aucun doute, Polyeucte est fou.

Mais de quelle folie s'agit-il ? Quel sens donner aujourd'hui à ce mot ? Nous ne pouvons pas nous mettre tous d'accord sur une définition précise. Comment distinguer un faux prophète d'un vrai ? Un prophète sain d'esprit d'un prophète fou ?

Ou doit-on dire que tous les prophètes sont fous ?

Depuis, sans doute, l'origine de la pensée furtive, des groupes d'« adeptes », un peu partout dans le monde, ont prétendu répondre aux grandes questions touchant aux rapports de l'esprit et de la matière, de Dieu, de l'âme, des étoiles, de notre vieux rêve d'éternité. Ces groupes se comptent par milliers. Depuis « la sagesse des mages chaldéens » jusqu'aux « arcanes ésotériques de la Kabbale », en passant par « les secrets enfouis des pyramides » et « le symbolisme hermétique du Grand Œuvre », les élucidations les plus rêveuses n'ont pas manqué, constituant, comme le dit Umberto Eco, « un discours sans cesse promis et toujours éludé ». Et vive est la tentation de faire un grand feu de tout ce fatras.

Mais peut-on dire de toute croyance qu'elle est folle ? Dans ce cas, entre un prêtre prononçant un sermon tranquille dans sa chaire, un dimanche, devant des fidèles recueillis, les massacreurs suicidaires de Mumbai et un énergumène déguisé lançant à la volée, à Jérusalem ou ailleurs, des phrases aussi disloquées que menaçantes, ne pourrions-nous déceler aucune différence nette, profonde ? Si, sans doute, au moins dans la forme, dans l'intention. Le ton, l'ambiance ne sont pas les mêmes.

Cependant, les similitudes s'arrêtent là. Pour généraliser le diagnostic – tous fous, tous à l'asile –, nous devrions admettre que nous jugeons du dehors, sans aucun critère accepté par tous, du haut de notre assurance, de nos connaissances d'aujourd'hui, qui sont éphémères, et de notre santé mentale, que nous ne mettons jamais en doute.

Et cela se discuterait. Tout se discute.

D'ailleurs, en 1866, un jésuite français, A. Lefebvre, publiait un livre révélateur, *De la folie en matière de religion*. Il y soutenait que les protestants, les juifs, les déistes, mais surtout les athées – ses bêtes noires –, étaient tout simplement des fous. La révélation lui avait été apportée par un éclat de lumière surnaturelle, qui ne pouvait venir que de Dieu.

Les athées étant des fous, il fallait donc les enfermer dans des asiles, le temps nécessaire, les doucher à l'eau froide deux fois par jour (l'auteur avait au préalable consulté les aliénistes français de son temps, Esquirol, Pinel, en leur demandant conseil, ce qui avait dû les surprendre) et leur imposer la lecture quotidienne de plusieurs pages de Bossuet. La guérison n'était pas garantie, mais probable.

Il est clair que ce jésuite visionnaire, malgré ses intentions généreuses, nous apparaît aujourd'hui comme un esprit très probablement illuminé. Que nous le voulions ou non, nous sommes toujours le fou de quelqu'un. Celui qui me semble hors de toute raison est précisément celui qui ne songe qu'à m'enfermer, à l'abri d'une camisole de force.

Nous sommes devenus prudents ; certains d'entre nous, en tout cas. Nous croyons savoir aujourd'hui que toute condamnation est dangereuse, que toute assimilation hâtive est discutable, et probablement fausse. Traiter quelqu'un de fou, en matière de croyances sans preuves, c'est facile et vite dit. Et toujours il nous retourne le compliment, souvent à juste titre, si nous y regardons bien. Car tout esprit est en équilibre rare, incertain, sujet au vertige, prêt à tomber d'un côté ou de l'autre.

Tout esprit. Le nôtre aussi.

Faudrait-il imaginer une cure pour terroristes en puissance ? Mais comment les détecter ? Et quel traitement leur prescrire ?

Ou bien alors un vaccin, qui serait obligatoire pour tous ? Un vaccin antiterroriste ?

Oui, mais quel dictateur oserait l'imposer ?

Le père Lefebvre se demandait, désolé : « Mais où se trouve donc la sagesse, et où habite-t-elle sur la terre ? » Il répondait, naturellement, que la sagesse réside dans la foi (catholique, exclusivement) et dans l'amour de Dieu. Il appréhendait, avec une sorte de terreur sacrée, la montée de l'incrédulité, qu'il constatait autour de lui ; un point sur lequel nous pourrions le rassurer : rien n'est perdu pour la croyance.

Cependant, dans les temps d'aujourd'hui, nous avons inventé l'expression « les fous de Dieu », et, dans l'hôpital de Jérusalem, la folie a changé de côté.

Entourés de signes

Est-il possible, avec ou sans torture, de forcer l'esprit récalcitrant, de l'obliger à croire ? De l'amener à oublier sa fonction première, qui est de penser, d'analyser, de réfléchir ? Je me le demande, là aussi. Je ne me suis jamais trouvé dans une situation où j'aurais dû mettre mon opinion sur un plateau, ma vie sur l'autre. Si le cas se présentait, au risque de me déjuger, je gage que je choisirais la vie. Je n'ai pas assez de courage pour défendre à tout prix mes croyances. D'ailleurs, je n'ai pas de croyances. Enfin, je le crois.

Qui peut en être vraiment sûr ?

Hommes et femmes peuvent accepter dans leurs croyances quotidiennes des éléments venus de toutes parts, de l'astrologie, de la numérologie, du spiritisme, de la magie noire ou blanche, des superstitions ordinaires, de la chiromancie, du chamanisme, des prophéties calamiteuses, des traditions campagnardes, des mensonges familiaux, d'un rêve inquiétant, d'une voyante, d'une salière renversée, d'un chat noir croisé un matin (ou un soir) dans la rue, d'une coïncidence, de lettres clairement distinguées dans le ciel, d'une guérison soudaine, d'une vision accidentelle, de voix murmurant dans l'ombre d'une chambre, d'une hallucination clinique sous morphine. N'importe quel signe, à tout moment, peut être interprété comme venant à nous d'un autre monde. Un signe qui ne serait envoyé qu'à notre intention. D'ailleurs, l'idée que « nous vivons entourés de signes » est assez répandue, même parmi les incrédules, et même parmi les intelligents.

Quels signes ? Disposés par qui ? À quel moment ? Pour nous dire quoi ? Motus là-dessus.

Et pourquoi serais-je visé ? Silence.

Vient aussi la rumeur, que nous sommes si nombreux à accepter, et à colporter, sans doute parce qu'elle répond à quelques-uns de nos désirs secrets ; des alligators aperçus dans les égouts de New York, les juifs volant le sang des enfants chrétiens car – les hommes juifs ayant leurs règles comme les femmes, et tous souffrant d'hémorroïdes pour les punir de la crucifixion de Jésus – ils avaient besoin de ce sang ; des « lâchers de vipères » dans les Cévennes, au cours des années 1960 (pour rétablir l'écologie locale menacée) ; d'autres serpents venimeux dissimulés, assassins clandestins, dans des régimes de bananes en provenance d'Indonésie ; l'âme humaine pesée à moins de vingt et un grammes, des complots de toutes sortes, des milliers de juifs (toujours eux) qui ne se seraient pas rendus à leur travail, dans les tours de Manhattan, au matin du 11 Septembre, Ronald Reagan contaminant, par le sida, la population homosexuelle de San Francisco, des extraterrestres malveillants implantant des receveurs d'un nouveau style dans nos cerveaux, et mille autres extravagances, qui ont été dites et répétées. Et même assez souvent imprimées.

Et tout ce qu'« on nous cache », sans cesse, et tant de complots obscurément ourdis, par les *Illuminati* ou par d'autres. Et nous y avons ajouté foi, souvent. Nous sommes une espèce crédule, fondamentalement crédule, et le chemin n'est sans doute pas très étiré entre la rumeur et la religion.

Nous avons même vu, en 2014, une comédienne américaine fort connue, Gwyneth Paltrow, raconter sur son blog Goop qu'un « scientifique » japonais, Masaru Emoto, dans les années 1990, ayant versé de l'eau pure dans des fioles portant, sur des étiquettes, des inscriptions comme « je te hais », ou tout simplement « peur », avait vu cette eau devenir grisâtre et se diviser en blocs difformes. Au contraire, si les étiquettes indiquaient « je t'aime » ou portaient un mot comme « paix », l'eau polluée devenait claire et scintillante. Ainsi, l'eau, disait la comédienne, semblait avoir une conscience, des sentiments et, avant tout, la possibilité de lire le japonais.

Mais peut-être – on l'espère – s'agissait-il, dans ce cas-là, d'une blague.

Récemment, en 2014, les membres d'une secte américaine qui s'appelle *Heaven's Gate* (la « Porte du Ciel ») se sont cotisés pour acheter un télescope. Ils s'en servirent pour guetter l'arrivée de la comète Hale-Bopp, qui devait les emmener dans un meilleur monde, voyage auquel ils s'étaient minutieusement préparés, depuis des années, avec équipements de survie. La comète ne s'étant pas manifestée, ils rendirent le télescope, l'accusant d'être défectueux, et exigèrent qu'il leur fût remboursé. Nous ne savons pas s'ils eurent gain de cause.

Dans nos hôpitaux, les départements de neurologie (il ne s'agit pas ici de maladies mentales, mais de commotions dues à un accident généralement vasculaire) nous montrent des individus qui ne sont pas « fous », mais qui entendent des sons que nous n'entendons pas, qui voient des choses que nous ne voyons pas, qui croient ceci, qui sont sûrs de cela. Un d'eux s'est persuadé qu'il se balance sans cesse au bord d'un toit, vacillant, prêt à tomber si on ne le retient pas, et menaçant d'ailleurs de se jeter. Un autre est incapable de prononcer le mot « non », et ne sait que dire que « oui », même quand il n'est pas d'accord, même quand il s'efforce de dire « non ». Un autre entend clairement des chansons qui ne sont fredonnées par personne, et qui viennent de son enfance. Un autre ne voit que la moitié droite, ou gauche, de son champ visuel, et pourtant ses deux yeux sont intacts.

Et ainsi de suite ; une diversité sans limites, difficile même à diviser, à classer. Instabilité de nos sens, fragilité de notre conscience, désaccord intime. Une hallucination nous guettant à chaque virage. Une intelligence en danger, errant parmi les embuscades.

Entrée des hérétiques

Mais c'est évidemment dans le domaine presque illimité des religions et des sectes que la croyance se manifeste avec le plus d'étrangeté, de logique aberrante, de persistance, d'infantilisme et assez souvent de fureur. Avec une première remarque : lorsque les dogmes se rencontrent au sommet (les représentants officiels des diverses religions, par exemple), les choses se passent en général assez calmement, plus paisiblement, en tout cas, qu'entre les hérésies, déviations et divergences.

Accord secret des dogmes, à condition de mettre de côté l'essentiel, qui est la parole de Dieu.

Batailles sans fin autour des déviances.

L'hérétique est un individu très dangereux, parce qu'il est un croyant qui s'est converti à lui-même. De ce fait, il est un croyant définitif, absolu, pour cette raison précise qu'il a choisi sa déchirure, la portion de croyance qu'il a déclarée sienne, et qui est lui, lui seul. Il se confond avec ce qu'il croit et n'existe que dans sa foi.

La plupart du temps, il a d'abord adhéré au dogme officiel, il le connaît, il l'accepte encore dans sa presque totalité, mais un jour il y décèle la faille, et dans cette faille la parcelle de vérité qui n'appartient qu'à lui, qu'il vient de découvrir, avec laquelle il s'identifiera. Ainsi, lors du concile de Nicée, en 325, le prêtre égyptien Arius, converti depuis des années au christianisme, se détache de la majorité conciliaire, et celle-ci le condamne sur un point précis (la nature exacte des trois personnes de la Trinité, élément du dogme récent, qui n'apparaît sous aucune forme dans les Évangiles).

Arius déclare que le Fils, Jésus, ne jouit pas de la même nature divine que le Père, qu'il se situe à un rang inférieur dans la hiérarchie des personnes divines. Il serait même une créature. Sur ce point précis, Arius se sépare du dogme naissant, avec ses partisans, et lance un large mouvement hérétique qui durera plus de deux siècles. Après la chute de Rome, les Ostrogoths, qui occupaient Ravenne, se réclamaient encore de lui. C'est pourquoi, peut-être, dans les célèbres mosaïques de la basilique, d'inspiration arienne, Jésus apparaît comme un jeune homme assez faible, à la chair rose, très « humain ».

Ainsi, après Arius, le chrétien Nestorius, originaire d'Antioche, soutient que la Vierge Marie ne peut pas être appelée « mère de Dieu » (*Theotokos*), parce que Dieu, qui est éternel, ne peut pas avoir de mère, et qu'il convient de l'appeler simplement « mère du Christ » (*Christotokos*). Ce faisant, condamné par un autre concile avec ses disciples, il provoque lui aussi un schisme énorme, qui pendant plusieurs siècles, jusqu'à l'invasion arabe, fera de l'Église perse une communauté chrétienne à part, coupée de Rome et appelée, du nom de son fondateur, nestorienne.

Cela pour une simple question de vocabulaire, qui témoigne d'affrontements de pensées qui furent sans doute considérables.

Il nous est aujourd'hui très difficile d'y pénétrer. Tout ce bruit, toutes ces querelles pour rien, sommes-nous tentés de dire. Que le Saint-Esprit « procède du père et du fils », comme le dit le dogme, ou uniquement du père, quel intérêt ? Que Jésus ne soit pas au même niveau que son père, dans l'affabulation dogmatique, qui s'en soucie ? Pourquoi lever des armées et s'entre-tuer pour cette nuance ? De même, dans l'histoire du déluge, la question de l'antériorité du texte assyrien nous paraît, au fond, dépourvue de la moindre importance. Que l'un des textes soit plus ancien que l'autre, qu'est-ce que cela prouve ?

La vraie question, la question raisonnable et intéressante, serait (en fait il s'agit de plusieurs questions) : est-ce qu'un déluge a eu lieu ? Est-ce que des inondations désastreuses se sont abattues, à un moment donné, sur cette partie de la terre, et pour quelle raison ? En trouve-t-on encore des traces ? Est-ce que ces inondations, si elles ont eu lieu, pourraient nous renseigner sur l'histoire des peuples, et des espèces animales, végétales, qui vivaient dans ces régions-là ?

Mais de cela le croyant ne se soucie pas. Ce n'est pas l'événement qui l'intéresse, ce n'est même pas l'identité de l'auteur qui l'a rapporté, c'est ce qu'il en croit, et ce qu'il en dit, lui-même. Il porte le déluge en lui, il le redoute, il s'en protège, et chaque jour il risque de se noyer, et chaque jour il est sauvé, avec les siens. Et chaque jour la colombe revient se poser sur sa main.

Avec ce symbole aquatique si souvent conté ou représenté, l'arche de Noé, préfiguration du repli sur soi, de la secte sauvée des eaux, de la petite famille d'élus.

De même pour Arius, Nestorius et tant d'autres. Le choix de l'appellation importe peu. Comme pour le déluge, nous aurions tendance à dire, sans réfléchir une minute, nous qui ne participons pas au concile : que Marie soit la mère de Dieu ou la mère de Jésus, si Jésus est Dieu (et à plus forte raison s'il ne l'est pas), qu'est-ce que cela change ? Et que pouvons-nous en déduire en ce qui concernait les rapports humains de père à fils ?

Mais dans ce cas nous irions trop vite à une conclusion, logique ou divagante. Nous ne percevrions pas toutes les résonances d'un parcours cérébral sinueux, collectif, subtil dans de nombreux méandres, original, en tout cas singulier. Sans doute nous est-il impossible, aujourd'hui, de penser que Dieu puisse avoir une mère (ou un fils), et de reconstituer les méandres énigmatiques d'une discussion qui dura des mois, tous les détours, les silences, toutes les allusions, et les pensées secrètes, et les enjeux cachés. Nous ne pouvons plus pénétrer, sinon à titre de chroniqueurs, de commentateurs, dans cette ancienne aventure de la pensée. Dieu n'est plus ce qu'il était, les arguments d'hier ne sont plus les nôtres, la raison aussi a une histoire.

Et sans doute sommes-nous incapables d'imaginer, au temps venu des transsexuels, des mères porteuses et du mariage pour tous, très loin du contexte d'une religion naissante, toute la force symbolique de l'image de cette vierge mère, et tout le poids des mots qui la nommaient alors.

Je dis « vierge mère », mais la virginité de Marie, après la naissance de Jésus, n'est mentionnée que dans les Évangiles selon Matthieu et Luc. Chez Marc et Jean, pas un mot. Ni dans saint Paul.

Là encore, on imagine les arguments et les disputes, avant que la virginité de la mère de Dieu ne soit proclamée par tous ces vieux messieurs.

Sans pitié

L'hérésie est grave. Thomas d'Aquin disait déjà (et d'autres l'ont repris) : « Les hérétiques méritent d'être retranchés du monde par la mort. » Phrase inadmissible, mais logique. Car l'hérétique connaît les secrets du dogme auquel il a, pour un temps, adhéré ; les secrets et sans doute aussi les compromissions, les brouillards, les faiblesses. Et c'est pour cela qu'il est dangereux, qu'il faut à tout prix l'abattre, le détruire. Car il a tenu la vérité entre ses mains et il l'a jetée aux ordures.

En plus, il est frappé d'une maladie contagieuse, qu'il peut répandre autour de lui comme une peste.

Certains théologiens, comme l'Espagnol Luis de Paramo, au XVIe siècle, sont allés jusqu'à soutenir que la chasse à l'hérésie avait pris naissance, dès l'origine, dans le paradis terrestre. Dieu lui-même fut obligé d'intenter à Adam et à Ève le premier procès de type inquisitorial, de les contraindre à l'aveu, et de les chasser. C'est dire que nous portons en nous, dès l'origine, dès la première faute et le premier exil, le poison de la déviance et l'assurance du châtiment. L'erreur était là dès le commencement, presque à l'insu de Dieu.

Et nous devons ajouter que, dans le Deutéronome, déjà cité, le dieu des juifs se montre particulièrement sévère à l'égard de ceux qui auraient choisi d'adorer d'autres dieux. Tout aussi sévère qu'Allah dans le Coran. Même s'ils appartiennent à votre famille, même s'ils sont de votre sang, même s'ils sont vos enfants, « vous devez les tuer ». C'est écrit. Et quelques extrémistes israéliens, aujourd'hui, se réclament eux aussi de ces paroles.

Les hommes ont mis entre les mains de Dieu le désir de tuer leurs semblables.

Le mal vient de loin. Au XVIIe siècle, un jésuite cette fois portugais, nommé Fagundez, a maintenu que les enfants peuvent « tuer sans péché » leurs parents, si ceux-ci veulent les obliger à abandonner leur foi. Et, en 1520, le pape Léon X a certifié, dans une bulle, que « c'est une hérésie d'enseigner ou de croire que brûler les hérétiques est contraire à la volonté du Saint-Esprit ».

Condamnation impitoyable, souvent réitérée. Le Saint-Esprit lui-même allume le brasier. Aucune mollesse, aucune indulgence.

L'ennemi véritable est là.

La preuve par l'impossible

Le passage par l'hérésie peut être, aujourd'hui encore, instructif, éclairant. L'hérétique est donc celui qui « choisit », qui se sépare, qui accepte d'abord le dogme – religieux, politique, esthétique, social – avant d'y ouvrir sa petite niche, son échappée, son jardin secret. Il a apporté sa pierre à l'édifice de la vérité, et pour cette pierre il est prêt à tuer et à mourir.

J'ai essayé autrefois, à l'occasion du film de Luis Buñuel *La Voie lactée*, de percevoir les raisons mêmes, ou en tout cas les prétextes, les occasions, de la naissance et de la persistance d'une hérésie. En me limitant à la religion catholique, qui constituait le sujet du film – tout au long d'un voyage dans le temps et l'espace qu'accomplissaient deux mendiants contemporains, de la région parisienne jusqu'à Saint-Jacques-de-Compostelle, en passant par le Moyen Âge et la Judée –, j'ai cru me rendre compte que l'hérésie naît toujours, ou presque toujours, de l'impossibilité pour l'esprit humain d'accepter la notion profonde, qui est une notion théologique, de « mystère ».

Le dogme est mystérieux par nature, et il doit l'être, par nécessité. Il est obscur, caché, il est même par moments impénétrable, car il est d'origine divine et dépasse les possibilités de tout esprit humain. Il défie toute tentative d'analyse. Là aussi, il est question d'un autre monde, dont les formes et les lois nous échappent. C'est pour cela que le dogme est dit quelquefois « absurde », ou en tout cas opaque, par ceux-là mêmes qui l'édictent et le proclament.

Comme il est, à n'en pas douter, la vérité révélée, suprême, affirmée par les Écritures et par les conciles (les représentants des Églises sont officiellement guidés par le Saint-Esprit), et qu'il est en même temps incompréhensible, il ne peut naître que de la parole de Dieu, laquelle dépasse la notion même de compréhension, de clarté, de logique et même de mystère.

Inutile d'y chercher un sens, une logique humaine. Le dogme est vrai parce qu'il est absurde, en effet, et c'est pour cette raison que je crois, « *credo quia absurdum* ». Je crois parce que ce qui est dit, ce qui est écrit, ce qui est affirmé, se situe au-delà de mon intelligence, je crois parce que je ne comprends pas – et que pourtant c'est vrai.

Je crois parce que la vérité se révèle et ne peut jamais se comprendre.

Il est même extrêmement difficile, sinon impossible, de la formuler. Inclinons-nous en silence devant ce que nous ne pouvons pas comprendre, et que pourtant nous avons autrefois formulé.

Nous sommes bien ici au centre vibrant de la question, même s'il est rarement évoqué par les autorités qui en ont la charge. La croyance se situe d'emblée au-dessus de l'intelligence, au-dessus de la raison et donc au-dessus de la connaissance. La vérité existe en tant que telle, et, si elle est indiscutable, inscrite à jamais dans un dogme, c'est bien par son extravagance même, par son « absurdité », qu'elle s'affirme vérité.

L'impossible comme preuve : cela paraît aller contre le sens commun car celui-ci se voit dans l'obligation, pour une fois, d'accepter l'inacceptable et de se renier lui-même. Un esprit aussi raffiné que celui de Pascal allait jusqu'à dire que, sans les miracles de Jésus, il ne pourrait pas être chrétien. Il reprenait en cela une phrase de saint Augustin, et nous ne pouvons qu'être étonnés de trouver un tel abaissement, un tel nivellement de la pensée, chez des auteurs de cette qualité. Il est vrai que l'impitoyable Augustin, affirmant que les juifs avaient tué le vrai dieu (alors que, sans le moindre doute, Jésus a été condamné et exécuté par les Romains, et non pas par les juifs), les condamnait à errer sans fin sur la terre ; une terre où ils n'avaient plus leur place.

Sans doute, plus tard, saint Augustin eût-il tenu fermement sa place dans les tribunaux de l'Inquisition.

L'impossibilité (et les miracles sont par définition « impossibles ») étant définie, par nous-mêmes, comme ce qui échappe au possible, comme ce que nous ne pouvons pas accepter comme vraisemblable, comme authentique, comme vrai, c'est donc l'impossibilité même de l'événement – et elle seule – qui est la preuve de sa véracité.

Dans toute croyance établie, sectaire ou autre (vision de soucoupes volantes, réapparitions de personnages morts, messages délivrés par des coups frappés dans les murs, statues qui saignent ou qui pleurent, voix tombées du ciel par soirées d'orage, signes laissés jadis par des extraterrestres, prédictions rêvées et tant d'autres), la « vérité » de ces événements, leur authenticité indiscutable, vient précisément du fait qu'ils ne peuvent pas se produire. Il est parfaitement inutile d'essayer de convaincre de son erreur quelqu'un qui a vu (ou qui croit avoir vu, ou à qui on a fait voir) une « soucoupe volante ». Il y croit parce que c'est impossible.

C'est d'abord cette impossibilité qui, aux yeux du crédule (lequel se trouve ainsi promu au rang de personnage exceptionnel, et même unique), confirme et prouve la réalité de la vision.

Il y a là, bien entendu, une fierté personnelle, qui m'aide à me distinguer des autres. La vérité n'a pas forcément été donnée aux grands de ce monde, aux puissants, aux riches ; non, c'est vers moi qu'elle est venue – comme la soucoupe volante. Elle m'a auréolé, elle a fait de moi ce que je suis, une lumière unique sur cette terre où j'ai été placé. Elle est mon cadeau et mon privilège.

À cela s'ajoute ce que nous pourrions appeler la force de l'éloignement, qui apparaît aussi comme un paradoxe. En effet, plus je me trouve loin du miracle, de la révélation surnaturelle, plus fermement j'y adhère. La chose ne s'est pas déroulée sous mes yeux, et c'est pour cela que j'y crois. La vérité est au lointain, là-bas. C'est miracle qu'elle soit venue jusqu'à moi. Ainsi, les chrétiens américains d'aujourd'hui, très éloignés dans l'espace et le temps de la Terre sainte d'autrefois, se montrent aujourd'hui, souvent, plus strictement attachés aux paroles des premières Écritures que les juifs qui connurent Jésus.

Je ne vois pas clairement comment on pourrait expliquer ce phénomène, mais je le constate.

L'embarras du choix

Cette suprématie de l'impossible ne date pas d'aujourd'hui. Elle est ancienne et acharnée.

Un exemple (que j'ai déjà cité, plus brièvement, dans un autre livre, *Le Réveil de Buñuel*, paru en 2012) : il est dit, dans le dogme, que Jésus est homme *et* Dieu. Pour l'exprimer en termes savants de l'époque, il s'agit d'une *union hypostatique* du Verbe divin avec la nature humaine. Le « Verbe » est une personne divine, consubstantielle au Père et au Saint-Esprit, unie non seulement à un corps humain, mais – et c'est très important – à une âme humaine. Le Verbe et l'homme sont deux natures en une seule personne.

Chaque mot, ici, a été soigneusement pesé, au cours de discussions qui durèrent des siècles. Nous n'y pouvons plus rien changer.

Notre esprit, qui est naturellement et seulement humain, rejette volontiers ce qu'il tient pour du galimatias et ne peut pas admettre cette double nature. Il lui faut choisir. Les contraires s'excluent, ici comme ailleurs. Ou bien Jésus est homme, ou bien il est Dieu. C'est l'un ou l'autre, notre raison l'exige.

S'il est Dieu, disent les esprits « intelligents », ou « rationnels », il ne peut pas naître d'une femme, il ne peut pas mourir sur une croix. Dieu est de toute éternité, Dieu ne naît pas, ne meurt pas, Dieu ne mange pas, ne boit pas (à commencer par le lait de sa mère), ne libère pas ses intestins, ne se laisse pas trahir, livrer aux soldats romains, et ainsi de suite.

S'il a accompli tous ces gestes, s'il a mangé, s'il est né, s'il a souffert et s'il est mort, c'est qu'il était un homme, certes très doué, inspiré, visité par Dieu, mais un homme.

Si j'affirme cette vérité de bon sens – Jésus est un homme, seulement un homme –, et si je la défends devant les juges dogmatiques, je suis tombé dans l'erreur, je suis un hérétique déclaré et me voici vite menacé, si je ne me rétracte pas, des flammes du bûcher. Ce fut le cas des ariens, des frères de Moravie, de Photin, de Théodore de Byzance, qui tous tenaient Jésus pour une créature, et aussi de Paul de Samosate. Celui-ci, pour convertir à la religion nouvelle Zénobie, la reine de Palmyre, lui expliqua que le Christ n'était pas vraiment Dieu, mais un homme auquel la sagesse divine était communiquée d'une manière extraordinaire. À force de le dire, Paul finit par le croire lui-même et pour cela fut condamné.

Ni ceci ni cela

À l'inverse, si je dis que Jésus était Dieu, à coup sûr, comme il est dit dans des textes largement postérieurs aux Évangiles, mais qu'il n'était pas vraiment un homme, je dois admettre, dans l'étroite logique de mon petit esprit, qu'il ne mangeait pas vraiment mais qu'il faisait semblant (au cours de la dernière cène, par exemple), qu'il était doté d'un corps « aérien et fantastique », comme le soutenait Marcion, qu'il ne souffrait pas vraiment dans sa chair et que sa mort ne fut qu'apparente. Selon un certain Basilide, vers la fin de son ministère il prit l'apparence de Simon de Cyrène, qui fut crucifié à sa place. Jésus, perdu dans la foule, assistait au supplice sans être reconnu.

Pour les gnostiques, de même, le Verbe divin ne s'est pas incarné en Jésus. Celui-ci n'était qu'une apparence, une sorte de fantôme ambulant, inspiré. Une femme a cru lui laver les pieds, mais ce n'était là qu'une illusion.

Autre problème : si Jésus était Dieu – ce qui fut établi, répétons-le, par les conciles, donc par des hommes –, comment le temps divin, qui est intense et infini, a-t-il pu se contracter en un temps humain ?

Par quelle anomalie Jésus a-t-il pu grandir, vieillir ? Comment a-t-il pu parler du passé et de l'avenir, lui qui existe hors du temps ? Comment les deux temps se sont-ils pénétrés ?

Plus encore : Jésus avait-il une âme humaine ou divine ? Sur ce point, les discussions furent très serrées, et elles durèrent plusieurs siècles. Selon Théodore de Mopsueste, qui fut un théoricien très réputé, et son disciple Nestorius (déjà cité), le Christ jouissait d'une âme humaine, à n'en pas douter, semblable à la nôtre, sensible, mais elle restait séparée du Verbe. Celui-ci, qui était Dieu, habitait dans le corps de Jésus « comme dans un temple ». La divinité ne pouvant en aucun cas être soumise aux faiblesses de la condition humaine – le temps est une de ces faiblesses –, les deux natures ne pouvaient pas se confondre et former une seule substance. Deux personnes coexistaient donc en Jésus-Christ.

Pour les monophysites au contraire, dont le plus connu se nommait Eutychès, adversaire entêté de Nestorius (interminables, arides controverses), la nature humaine de Jésus avait été « absorbée » par sa nature divine. Ne subsistait donc qu'une seule nature, proclamation là aussi hérétique, immédiatement condamnable.

Apollinaire, à la fin du IVe siècle, alors que le dogme se cherchait encore à travers les subtilités des conciles, soutenait que le Christ n'avait que faire d'une âme humaine. Elle lui était en quelque sorte superflue. De l'homme, il n'avait pris que l'apparence corporelle et l'âme dite sensitive (qui lui aurait permis de s'apitoyer sur les malheureux), laissant de côté l'âme intelligente et raisonnable, dont il n'avait évidemment nul besoin.

Ainsi, d'un côté comme de l'autre, dès que notre esprit se mêle de vouloir expliciter le dogme, et de ramener le mystère à nos étroites catégories, nous nous trompons, et le bûcher nous guette. Nous devons accepter le dogme aveuglément, même (et surtout) si nous ne comprenons pas : deux natures en une seule personne.

Étrangetés

Je pourrais multiplier les exemples de ces tourbillons de la pensée, et je ne peux pas m'empêcher de citer ici, pour montrer jusqu'à quelles perplexités notre esprit peut s'effondrer, quelques interrogations surprenantes.

Question posée : le corps du Christ, qui est sorti du tombeau au troisième jour, était-il corruptible, comme le nôtre ? Certains ont répondu affirmativement. Oui, son corps était corruptible, sans aucun doute, puisqu'il était un homme, sinon il n'aurait pas pu souffrir, mourir, et son supplice (imaginaire, dans ce cas, presque une comédie) ne servirait à rien. Sa chair était exactement semblable à la nôtre. Son corps, à la sortie du tombeau, devait donc commencer à sentir. On appelle ces hérétiques les *corrupticoles*.

À l'opposé, les *incorrupticoles* – eux aussi déclarés hérétiques – affirmaient que le Christ mangeait et buvait sans besoin, et que son corps apparent n'était pas constitué d'une substance véritablement humaine. Il ne pouvait donc pas se dessécher et se décomposer. Impossible d'imaginer un dieu sentant le cadavre.

Mais, dans ce cas, leur opposait-on, ce corps « apparent » que vous supposez, descendu au tombeau, était-il vraiment mort ? Mort comme un homme mort est mort ? Et, s'il n'était pas vraiment mort, s'il n'était mort qu'en « apparence », s'il ne s'agissait que d'une feinte, la rédemption de nos péchés s'est-elle réellement opérée ? Et la résurrection peut-elle être tenue pour un miracle ?

D'ailleurs, Jésus est-il véritablement sorti du tombeau ? Le dogme l'atteste, mais dans ce cas comment se fait-il que des hommes et des femmes qui le connaissaient bien ne l'aient pas immédiatement reconnu, en le voyant de près ? Avait-il changé d'apparence dans la tombe ? Pourquoi, après la résurrection, tant de variations dans les témoignages ?

Là aussi, discussions, arguties sans nombre, qui n'aboutirent à aucun consensus. Nous sommes tous des pèlerins d'Emmaüs. Après quelques jours d'absence, nous ne reconnaissons plus nos compagnons de voyage, et nous sommes pris par l'oubli. Notre pauvre raison, notre maigre logique se heurtent, papillons égarés, à la lumière du mystère.

Au XVIIIe siècle, un auteur français, soucieux de toutes choses, est allé jusqu'à prétendre que le Christ se trouvait tellement occupé, du matin au soir (guérisons, prêches, miracles, déplacements, que sais-je ?), qu'il n'avait pas le temps de satisfaire aux besoins de la nature. Heureusement pour cet auteur, à son époque, au « siècle des Lumières », on ne brûlait plus pour de pareilles idées.

Que devient l'hostie ?

Autre incertitude, à ce propos : Jésus digérait-il ses aliments ? Ce point a été vivement discuté. Les hérétiques appelés *stercoranistes* ont soutenu qu'il digérait et évacuait, comme tout un chacun, car il était un homme, un vrai. Tout, en lui, était humain.

D'autres ont soutenu que sa nourriture s'arrêtait, grâce à un petit miracle quotidien, au niveau de l'estomac, et disparaissait on ne sait où. Impossible, pour certains esprits délicats, d'imaginer un dieu allant au cabinet, même discrètement.

À ce propos, lorsque nous digérons l'hostie, qui est un aliment comme un autre, digérons-nous également le corps du Christ, le corps du Messie, du Fils de Dieu, de Dieu lui-même ? L'assimilons-nous ? Le rejetons-nous ?

Et que signifie exactement le « corps de Dieu » ?

Un prélat prudent, hésitant à imaginer que le corps de Jésus, lorsque nous communions, puisse se soumettre aux opérations successives de la digestion et se transformer à la fin en excrément, a préféré dire : « Il n'y a que Dieu qui sache ce qui arrive à l'Eucharistie une fois que nous l'avons reçue. »

Mystère, là encore. Mystère sur mystère. Le fait de manger Dieu, de manger « le corps de Dieu », l'extraordinaire *théophagie* qui est au centre de la tradition catholique (reste probable de croyances, et de pratiques, plus anciennes), plane sur un gouffre d'obscurité, devant lequel notre vieille raison recule.

Comment pouvons-nous manger Dieu ?

Une vraie difficulté fut soulevée par ceux qu'on appela les *agnoètes*. Ceux-ci osèrent soutenir que Jésus n'était pas Dieu, puisqu'il ne savait pas tout. En effet, il est dit dans l'Évangile selon saint Jean – le seul à rapporter ce miracle – que Jésus ignorait le lieu où était enseveli son ami Lazare (il fallut l'y conduire) et, surtout, qu'il ne connaissait pas la date du Jugement dernier. Seul le Père, selon eux, était au courant de ces choses-là.

Si Jésus était Fils de Dieu, et Dieu lui-même, comment pouvait-il ignorer ce que savait son père ? Celui-ci le lui cachait-il ?

Et si oui, pourquoi ?

On voit à quel point, si nous nous interrogeons jusque dans le détail, il est difficile d'être « croyant ». Je crois, certes, mais en quoi ? Qui peut me le dire ?

Existait-il une barrière secrète entre le Père et le Fils, ces deux personnes, ces deux formes d'un même Dieu ? L'autorité traditionnelle du « Père » se manifestait-elle encore, à ce niveau-là ?

Et le Saint-Esprit, qui était-il exactement ? Un parent proche ? Une sorte de fantôme, un pur esprit ? Mais, dans ce cas, par quelle étrange « opération » a-t-il engrossé la Vierge Marie ? Était-il un magicien des espaces ? Ou alors un autre dieu, sans aucune possibilité d'incarnation ?

Est-il acceptable de le représenter sous la forme d'une colombe ?

À quoi servait-il ?

Et que savait-il exactement ? Que lui disait-on du jour du Jugement ? Savait-il tout de toutes nos actions ? Était-il admis dans la confidence ?

Ou laissé de côté, comme certains n'ont pas hésité à le suggérer ?

Les Pères de l'Église n'ont jamais répondu de façon très satisfaisante à cette série d'objections, aujourd'hui laissées de côté.

Longues batailles sous un ciel muet

Ce que j'ai essayé de rappeler, brièvement, en ce qui concerne le mystère de la double nature du Christ, peut s'étendre aux autres cinq grands mystères, qui sont les piliers de la religion catholique. Ainsi, lorsque nous en venons à celui de la Sainte Trinité – lui aussi décidé tardivement par les conciles –, nous devons admettre que Dieu est Un et Trois, ou plutôt qu'il est « un seul dieu en trois personnes », le Père, le Fils et le Saint-Esprit, ce que notre intelligence peine à concevoir.

Pour l'Eucharistie, qui est le sacrement de la communion, nous devons accepter le fait – des plus étranges – que le corps du Christ se trouve *réellement*, et non pas symboliquement, dans chaque hostie consacrée que nous avalons, par le phénomène inhabituel dit de « transsubstantiation » – établi tardivement, là encore, par le quatrième concile du Latran, en 1245. En prononçant les formules rituelles, chaque prêtre, chaque jour, où qu'il se trouve dans le monde, transforme véritablement l'hostie en corps du Christ. Nous ne mangeons pas l'image, le symbole, la représentation de Dieu, nous mangeons Dieu lui-même, les paroles du concile nous l'affirment, si extravagant que cela paraisse.

Et nous le mangeons sans jamais le consommer, sans le détruire.

Et sans jamais l'assimiler, sans jamais devenir Dieu nous-mêmes.

Pour l'origine du mal dans notre monde, autre mystère fondamental, les discussions furent également serrées. Dieu étant infiniment bon (selon notre définition, car nous nous acharnons à définir l'inexistant), comment a-t-il pu laisser le mal s'installer et sévir dans son œuvre ? Comment le diable s'est-il introduit au paradis, pour y tenter Ève ? Dieu l'avait-il créé, lui aussi, sans que cela nous soit dit dans les textes ? Créé avant l'homme, bien que cela ne soit pas écrit dans la Bible ? Créé pour proposer à Ève de goûter au fruit défendu ? Savait-il, lui qui sait tout, qu'elle succomberait ?

Autrement dit : Dieu serait-il à l'origine même de la tentation et de la faute ? Une sorte d'instigateur ? Savait-il, à l'instant même de la création de l'homme, qu'il devrait un jour envoyer parmi nous son fils unique – lequel, apparemment, n'existait pas encore, ce qui soulève des questions sur la date de sa naissance – pour racheter, par sa souffrance et par sa mort, cette faute-là ?

Connaissait-il, d'avance, toutes les tentations, toutes les surprises des hommes ?

Nous a-t-il créés pécheurs ? Criminels ?

Pas de réponse claire à ces questions obscures. Il en fut de même pour la liberté d'agir accordée à l'homme, alors que Dieu sait d'avance quelle décision chacun de nous va prendre, à chaque tournant de sa vie. Comment concilier la liberté humaine et le déterminisme divin ? Sommes-nous libres de choisir ce qui est déjà fixé par Dieu, ou en tout cas connu de lui ?

Sommes-nous prédestinés, ou maîtres de notre salut ? Comment comprendre le phénomène de la « grâce » ? Ou de la prédestination ?

Et ainsi de suite, le sixième mystère étant constitué de toutes les interrogations qui concernent la Vierge Marie, et que nous appelons « mystères mariaux ».

À l'occasion de chaque mystère, des hérésies d'origine chrétienne, portées par des prédicateurs ardents, ont surgi et se sont développées, comme poussées par une contagion irrésistible, tout autour du Bassin méditerranéen, et vers l'est, jusqu'en Iran. Jamais sans doute l'espèce humaine ne connut une telle explosion de croyances surprenantes. La religion gréco-romaine comme la religion égyptienne s'effondraient. Mages, prophètes, illuminés et imprécateurs pullulaient sur cette dépouille. C'est en Iran que Mani, un peintre boiteux, au IIIe siècle de notre ère, lança l'idée que Dieu ne pouvait pas avoir créé le mal (ou le diable), et que par conséquent une autre puissance, dite des ténèbres, un autre « principe » (existant *a principio*, depuis le début), avait exercé son action perfide et maléfique dès l'origine des êtres.

De là vient le terme « manichéen », que nous employons aujourd'hui à tout bout de champ, et à contresens, car Mani se gardait de diviser le monde en bien et en mal, et les hommes en bons et en méchants. Il affirmait au contraire que nous sommes tous un composé de lumière – divine – et de ténèbres, autrement dit de mal, lequel naquit un jour de la matière ; ce mal que nous devons éliminer.

De quelle force obscure jaillit le mal ? Existait-il déjà, sous une forme potentielle, avant l'apparition de la vie ? Avant même la création ? Nous attendait-il sur la

Terre ? Autrement dit : le mal était-il déjà présent avant que Dieu ne créât ceux qui pouvaient commettre le mal ?

Questions complexes, discours interminables, légendes et mythes divers, racontars, disputes, longs siècles d'exclusions et de malédictions. Le mal, à n'en pas douter, était présent dans les conciles.

Mani le mal compris

Mani, qui s'opposa clairement à la religion traditionnelle alors dominante en Perse, le zoroastrisme (ou mazdéisme), fut écouté et suivi par des foules. Il regrettait que Jésus n'ait pas lui-même écrit un livre indiscutable et que tant d'interprétations diverses aient été données – déjà – de sa parole. Mani prêcha sa doctrine jusqu'en Asie centrale (où elle devait se répandre plus tard, à partir du VIIe siècle et de l'invasion arabe). Des cohortes de disciples le suivaient. Il finit crucifié, et son corps, coupé en deux, fut exposé sur les deux battants de la porte de Gondishapour, alors la capitale de l'Empire iranien. Son œuvre picturale a entièrement disparu.

Quant à l'hérésie qui portait son nom, très grave et durable – sans doute parce qu'elle touchait à cette interrogation profonde, à laquelle tant d'esprits inquiets d'autrefois se sont affrontés (d'où vient le mal, si Dieu est bon ?) –, elle se répandit jusqu'en Chine. Plus tard, nous en trouvons des échos un peu partout, chez les pauliciens, chez le Galicien Priscillien, qui fut évêque d'Avila, en Espagne, au IVe siècle, avant d'être exécuté, plus tard encore chez les bogomiles et jusque chez les albigeois, peut-être.

Cette intuition d'un principe primordial du mal, tentateur, mystérieusement infusé en chacun de nous, et contre lequel nous devons lutter, persistait à hanter les esprits. Et il est vrai que, pour un croyant sincère, convaincu que Dieu a créé le monde où nous vivons, la présence du mal « ici-bas » reste une énigme harcelante, aujourd'hui encore. Ce « mal » serait-il une de nos dimensions, une de nos composantes profondes, naturelles ? Mais, dans ce cas, pourquoi Dieu nous en a-t-il gratifiés ?

Comme la plupart des croyances, le manichéisme, bien que condamné par les autorités religieuses, qui ne devaient pas tarder à se confondre avec le pouvoir politique, suscita des vocations enflammées, que nous appellerions aujourd'hui fanatiques, ou extrémistes, ou irréductibles (encore et toujours cette flamme ardente des convertis). Lorsque, à la fin du IVe siècle de notre ère, à la suite de l'édit de l'empereur Théodose, le christianisme devint la religion officielle, obligatoire et unique de l'Empire romain (sous peine de mort pour ceux qui refuseraient de recevoir le baptême chrétien), l'hérésie manichéenne commençait à se répandre tout autour du Bassin méditerranéen. Chaque jour, dans le cirque de Byzance, les soldats amenaient des groupes d'hérétiques enchaînés, hommes, femmes et enfants. Ils les plaçaient devant un grand trou où flambait un bûcher. En face se dressait une croix catholique.

Les manichéens pouvaient choisir, ou s'agenouiller devant la croix, c'est-à-dire renoncer à leur croyance déviante, accepter le dogme chrétien tout entier, tel qu'il était proclamé par le dernier concile –, ou se jeter d'eux-mêmes dans les flammes. D'après les ouvrages des chroniqueurs chrétiens eux-mêmes, c'est par centaines de milliers que les « hérétiques » se jetèrent dans les bûchers, en chantant des hymnes manichéens. Le nombre peut paraître excessif ; c'est celui qui nous a été transmis.

Nous retrouvons ici, non sans étonnement, le fol enthousiasme de tuer, et aussi celui de mourir, l'étrange appétit du martyre. Une foi luttait sauvagement contre une autre foi, une croyance contre une autre croyance. Sans aucune espèce de crainte d'un côté, et sans la moindre trace de pitié de l'autre, alors que ces deux certitudes, qui s'opposaient jusqu'à la mort, se trouvaient en réalité, à l'origine, très voisines. Elles procédaient d'un même tronc commun, les paroles rapportées de Jésus, lequel était désormais le nouveau dieu reconnu, officiel, proclamé par l'empereur de Rome, c'est-à-dire par la plus haute autorité terrestre de ces temps-là. Mais les deux croyances divergeaient sur quelques points de dogme, au point d'amener les uns à choisir une mort atroce, et les autres à la leur donner.

Ainsi, pour avoir refusé la théorie chrétienne du mal (Lucifer, l'ange révolté et déchu, cherchant à se venger de Dieu en sabotant son œuvre majeure et en inventant le péché pour y faire succomber les hommes), les manichéens tombaient dans le pire des malheurs, qui était, hier comme aujourd'hui, sans doute, la perte de cette vie fragile.

Comme d'habitude – comme hier encore, et comme aujourd'hui –, le ciel restait muet. Même si Constantin, avant une bataille décisive, prétendit avoir aperçu une croix dans le ciel, et entendu quelques paroles encourageantes, ce qui le décida (après la victoire, et peu de temps avant sa mort) à se déclarer chrétien, aucun signe éclatant ne venait des espaces. Les présages romains – entrailles des bœufs, vol des oiseaux sacrés, paroles des sibylles – n'avaient plus cours depuis longtemps. Et ils n'avaient pas été remplacés, ni renouvelés, depuis le temps où Cicéron, déjà, se demandait comment deux augures pouvaient se regarder sans rire.

Tout restait à l'identique, sur la terre comme dans le ciel que nous pouvons voir. Les saisons se succédaient comme autrefois, le soleil se levait chaque matin, les froids venaient avec l'hiver et les fleurs avec le printemps. Les animaux, les plantes, naissaient et mouraient comme nous. La planète ne connaissait aucun signe, aucun frémissement divin. Ni la foudre, ni les vents, ni les eaux ne se dérangeaient pour désigner, une fois pour toutes, le vrai dieu. Ici-bas, des humains continuaient à se déchirer au nom d'un fantôme dont ils se disputaient férocement l'héritage, sous l'indifférence définitive des étoiles.

Ces « extirpations » de l'hérésie n'ont pas disparu. Nous pouvons même les retrouver, au XXe siècle, dans certaines purges politiques, staliniennes, impitoyables. Et nous avons vu récemment un homme sombre, barbu, l'œil noir, vêtu de gris, représentant sans doute quelque autorité du sunnisme irakien, dire, en parlant des chrétiens, et d'autres communautés vivant (depuis longtemps) sur le même sol que lui : « S'ils refusent de se convertir à l'islam, nous n'aurons pas d'autre choix que de les tuer. »

Pas d'autre choix. La mort des autres comme seule solution, car nous ne pouvons ni les convaincre ni les corrompre. Nous devons donc les tuer. L'idée même de vivre en paix avec des voisins, avec d'autres croyants, de partager les mêmes fruits de la terre, de marier leurs enfants et les nôtres, de s'entraider, de travailler ensemble, tout se trouvait soumis, sacrifié, à l'autorité d'un fantôme.

Et ce fantôme exigeait d'être seul dans son royaume d'ombres. Aucun spectre étranger ne pouvait y être admis.

Troubles dans les Cévennes

La dernière hérésie sanglante que nous connûmes en France est celle que nous appelons des *camisards*. Nous parlons aussi de la « guerre des Cévennes ». Elle se déroula sous le règne vieillissant de Louis XIV, de 1702 à 1704, avec des séquelles jusqu'en 1716.

Les hérétiques étaient des protestants, plus exactement des calvinistes. Depuis plus d'un siècle, depuis qu'Henri IV, lui-même converti de fraîche date au catholicisme, leur avait accordé, en 1598, par l'édit de Nantes (confirmé par Mazarin), la liberté de conscience et de culte, les protestants français jouissaient en principe de tous leurs droits, civils et religieux. Mais le pouvoir royal, officiellement catholique et s'exerçant « de droit divin » (comme si Dieu avait pris soin d'établir un code juridique à l'usage de certains souverains choisis), ne cessait de les harceler, leur refusant des emplois publics, fermant ici leurs temples, là leurs écoles, interdisant les mariages mixtes, l'exercice de la médecine, de l'enseignement, l'accès au notariat, l'administration des communes.

Peu à peu, tout au long du XVIIe siècle, une tentative d'étouffement, d'épuisement systématique du protestantisme, s'étendait sur tout le royaume. Le pouvoir royal alla jusqu'à obliger les « prétendus réformés » à déplacer leurs cimetières, car les ossements de leurs morts auraient pu contaminer ceux des bons chrétiens.

Cette attitude – un roi, une foi – est ancienne et tenace. Nombreux ont été les souverains, dans l'histoire que nous pouvons connaître, qui ont affirmé tenir leur pouvoir du ciel, c'est-à-dire d'un dieu – comme si le surnaturel, l'inconnu, l'indicible, l'imaginaire, pouvaient justifier quelque autorité sur la terre, comme si la croyance exerçait l'autorité suprême, comme si l'irréel commandait au réel.

Affirmation commode, évidemment invérifiable, qui s'appuie sans vergogne sur la crédulité des peuples et qui autorise aux détenteurs du pouvoir – « oints » au nom du Seigneur – toute espèce de spoliation, de brutalité, d'éviction, d'exécution. Cette alliance, chaque fois qu'elle a été mise en place, s'est montrée fatale à la justice et au bien public. En France, nous avons appelé ce système, naguère, « l'alliance du sabre et du goupillon », expression tardive qui a fait fortune et dont nous espérons qu'elle est enfin caduque, au moins chez nous. D'ailleurs le sabre et le goupillon, souvent alliés, s'opposaient aussi, parfois, et même violemment. Les régimes islamiques sont aujourd'hui, et pour le malheur de leurs sujets, les derniers exemples de cette formule tristement durable.

Ainsi, en 1685, persuadé, sans doute sur la foi de rapports trop flatteurs, que la plupart des protestants s'étaient enfin convertis à la « vraie religion », le roi Louis XIV signa la très regrettable – mais très populaire parmi les catholiques, et très applaudie – révocation de l'édit de Nantes, une des dates noires de l'histoire de France. L'hérésie calviniste se voyait désormais interdite *de facto*. Les lieux de culte, les temples, devaient être détruits. Tout habitant de la France devait se soumettre aux sacrements ordinaires, officiels, catholiques romains, à commencer par le baptême.

Cet acte eut pour premier résultat de chasser hors du royaume environ deux mille cinq cents hommes et femmes, artisans, commerçants, bourgeois, parmi les plus aisés, les plus entreprenants. Refusant de répudier leur croyance, ils allèrent s'installer un peu partout en Europe, surtout en Suisse, en Allemagne, en Hollande et en Angleterre, et ils y furent généralement bien reçus. Les paysans, attachés par force à leurs terres – leur seule ressource –, choisissaient plus difficilement l'exil.

Pour lutter contre ce mouvement, d'autres ordonnances suivirent, interdisant à tous les protestants de quitter la France, et aussi de vendre leurs biens. S'ils continuaient à refuser les sacrements, qu'ils tenaient en horreur, ils étaient bastonnés, envoyés aux galères, et même roués vifs.

La venue de l'Esprit

Mais la croyance, même déviante, même réprimée, ne s'était pas éteinte. Là aussi, elle se montrait plus forte que toutes les prédications et persécutions, que tous les dangers de l'exil. Dans les années qui suivirent, elle se manifesta soudain, dans le Dauphiné et dans les Cévennes, par d'étranges séances de prophétisme juvénile, que les médecins du temps eurent du mal à expliquer. De très jeunes filles, et des jeunes garçons, s'éveillaient et parlaient, assez souvent au milieu de la nuit, les yeux clos, apparemment illuminés. Ils invoquaient la Bible, annonçaient la venue prochaine de l'Esprit de Dieu et la chute de Babylone la corrompue, l'abominable, c'est-à-dire de l'Église de Rome.

Ils tremblaient, ils suaient, ils roulaient sur le sol, ils s'exprimaient parfois dans des langues qu'ils n'avaient jamais apprises (a-t-on dit).

La seule qu'ils ignoraient – délibérément, peut-être – était le latin, la langue de l'Église détestée.

Quant aux protestants convaincus, chassés de leurs temples, ils se réunissaient secrètement « au désert », dans des endroits isolés de la montagne, en pleine nuit, pour écouter dévotement ces jeunes « prédicants », qui avaient reçu de l'Esprit-Saint – affirmait-on autour d'eux – le don de la parole et de la prophétie. Ces enfants, ou adolescents, garçons et filles, s'appelaient Gabriel Astier, Isabeau Vincent. Les anges leur parlaient. On en compta plusieurs centaines, des milliers peut-être. Des adultes, parfois illettrés, prirent aussi la parole, avec la même flamme. Ils affirmaient, comme les enfants, qu'il suffisait de s'avancer vers l'ennemi en répétant le mot « *tartara* » – dont nous ignorons l'origine –, et la victoire serait assurée.

Quant au désert, il évoquait, pour eux, l'épisode biblique où Dieu, au sortir de l'Égypte, conduisit les juifs, d'une main ferme, vers la Terre promise. Ceux qui écoutaient ces inspirés s'assimilaient ainsi aux anciens Hébreux et risquaient, si on les arrêtait, leur vie.

C'est là, dans les Cévennes, qu'une insurrection éclata en 1702. Elle dura près de deux ans. Parmi les jeunes chefs qui la menèrent, tous d'origine populaire, certains sont restés célèbres, comme Jean Cavalier, un simple mitron d'Anduze qui se révéla, à 22 ans, un des inventeurs de la guérilla ; connaissance minutieuse du terrain, appui clandestin de la population locale, attaques par surprise, ruses incessantes, retraite rapide, et par groupes dispersés, dans des grottes secrètes, lesquelles constituaient des magasins de vivres et d'armes.

Pour réduire l'hérésie cévenole, le pouvoir royal, qui hésitait entre indulgence et dureté – choisissant de préférence la dureté, à la demande fréquente des évêques, et même du vieux Bossuet –, envoya des troupes, arrêta, tortura, exécuta, déporta. Il alla jusqu'à ordonner « le grand rasement des Cévennes », qui ôta de la carte de France plus de cinq cents villages.

En face, les camisards – ainsi les nommait-on – ne se montraient guère plus tendres. Ils exécutaient eux aussi les prêtres, en qui ils voyaient clairement les ennemis de l'Esprit-Saint, brûlaient les églises et achevaient, presque toujours, leurs prisonniers. Il leur arrivait même de massacrer un homme, ou une femme, ou même un enfant, simplement parce qu'ils étaient catholiques.

Croyance contre croyance, vérité contre vérité, atrocités de part et d'autre.

Des anges grands comme des doigts

La Bruyère était mort depuis huit ans à peine, Voltaire avait déjà 8 ans, Rousseau allait naître dans dix ans, Diderot un an plus tard, le siècle des Lumières s'ouvrait sur une tuerie à l'antique. De part et d'autre, du côté du dogme comme chez les hérétiques désignés, les combattants comptaient le ciel comme allié suprême. Dieu avec nous, comme toujours. Les camisards, en particulier, interprétaient le moindre coup de vent comme le passage de l'esprit, voyaient des anges armés flotter dans les brouillards (« tout blancs et grands comme des doigts ») et ne cessaient d'annoncer la proche débâcle de leurs ennemis. Là, comme à chaque moment dans la longue histoire de la croyance, la menace ou la promesse d'une intervention divine se montraient indispensables. Celle-ci était, comme toujours, annoncée, imminente, clairvoyante et terrible. Ne voyez-vous pas que Dieu va frapper à mort nos ennemis ? Il accourt, il est là ! Il est avec nous ! Le temps est venu !

Ne craignez rien, disaient les exaltés, ni le supplice de la roue ni les balles des soldats du roi, car Dieu se tient à vos côtés et il ne vous abandonnera pas !

De l'autre côté, Fléchier, évêque de Nîmes, lui-même défenseur patenté d'un dogme aussi étrange que tout autre dogme, aussi obscur et parfaitement injustifié, parlait de ces ennemis de la foi qui débitaient « mille extravagances », jetant « dans les esprits faibles les espérances du prochain rétablissement de leur religion ». Tout cela lui semblait « bien triste à supporter ».

Est-il plus « extravagant » de se sentir aidé par Dieu dans toutes ses batailles, et d'entendre sa voix dans les nuées, que de dire que le corps de Jésus est contenu à la fois, en substance, au même instant, dans toutes les hosties du monde ? Le dogme et l'hérésie se dressaient une fois de plus l'une en face de l'autre, absurdes et irrecevables tous les deux, intraitables, sourds, se réclamant de part et d'autre de fantasmagories, dépourvus de toute réalité – comme s'ils ne se déployaient que pour nous montrer la faiblesse dangereuse de notre pensée, et les précipices qui toujours la guettent.

Comme le disait la *Confession de foi de La Rochelle,* un manifeste protestant, reprenant une argumentation classique à propos du mystère : « Parce qu'il est céleste, il ne peut être appréhendé que par la foi. »

Tout est dit dans ces quelques mots, qui ouvrent et ferment la discussion.

Aux yeux d'un incroyant

On vit à cette occasion ce que nous savions déjà depuis longtemps : le courage n'est pas une preuve de vérité, ni la lâcheté de mensonge. Comme l'écrivit un témoin du temps, un catholique étonné par la vaillance et l'abnégation des rebelles, qui mouraient en chantant sur la roue les louanges de Dieu : « L'entêtement et la folie donnent la même constance et la même fermeté que la véritable foi et la véritable sagesse. »

Comment distinguer ?

Aux yeux d'un incroyant, qui regarde toutes ces fureurs à distance, sans prendre parti (la vérité n'est pour lui ni d'un côté de la foi ni de l'autre), en essayant non pas de comprendre (exercice probablement impossible), mais de sentir s'il serait lui-même capable de s'engager dans tel ou tel camp, il y a là quelque chose d'opaque, de profondément mystérieux, d'inaccessible à l'esprit calme.

Je peux sans doute me mettre à la place d'un militaire totalement dévoué, du jeune Bara par exemple, qui donne l'alerte en sachant qu'il va mourir. Au moins, il sait pour quelle cause il se sacrifie, pour sa patrie, pour sa terre, pour donner l'alerte à ses compagnons, pour la Révolution, qui sont des choses tangibles, concrètes, d'ici-bas, des éléments de vie qui le touchent de près, qui constituent son existence et qui portent tout son espoir.

Mais souffrir et mourir, et tuer, pour un refus de sacrement ? Pour une croyance de fumée ? Pour une prière refusée à la Vierge ? N'ayant que mon intelligence fragile, sans le secours de la foi, je me heurte ici à un mur épais, très élevé, tout noir. Je ne sais comment le franchir.

Il fallut toute l'intelligence d'un militaire de haute renommée, le maréchal de Villars, négociateur adroit, pour faire abattre les potences royales et convaincre Jean Cavalier, « le Prince des Cévennes », de déposer les armes. On peut regretter de ne pas avoir le compte rendu de leurs entretiens, qui se tinrent à Nîmes au mois de mai 1704, dans un couvent. Toujours est-il que les exactions, comme les représailles, cessèrent peu à peu, dans les campagnes, et que le jeune chef, affaibli par une récente et lourde défaite, cessa de se battre avant de partir, avec les honneurs, en Suisse, puis en Angleterre, pour lutter – sans succès cette fois – contre le roi de France.

Certains, parmi ses compagnons, le tinrent pour un traître et voulurent continuer la lutte. Elle était perdue.

La dernière étincelle

Sans doute nos mœurs ont-elles changé. En surface, en tout cas. Il ne nous viendrait plus à l'idée de massacrer notre voisin à propos de la double nature du Christ.

Cependant, trois siècles à peine nous séparent des camisards et de leurs ennemis. Que nous le voulions ou non, nous portons encore en nous cet héritage de feu et de sang. Lorsque nous voyons, aujourd'hui, des sunnites et des chiites s'entre-tuer, au moins une fois par semaine, pour la raison – qui sans doute en cache d'autres – qu'ils ne sont pas d'accord sur la correcte transmission de la parole du Prophète, nous pouvons encore nous étonner, et aussi nous effrayer. Car ce que font les Irakiens, ou les Syriens, ou les Yéménites, nous l'avons fait. Sans doute en serions-nous encore capables.

Même si, depuis la Révolution française, nous avons édicté des lois, des mesures de sauvegarde, des systèmes juridiques pointilleux, inspirés de nos grands principes républicains, et aussi des tribunaux internationaux, nous sommes sans doute, au fond, toujours les mêmes. Le monstre de la vérité repose encore en nous, faussement anesthésié par nos lois, n'attendant qu'une occasion nouvelle pour sortir de sa léthargie. Aussi devons-nous sans cesse être prudents, méfiants même, et d'abord à l'égard de nous-mêmes.

Nous devons aussi percevoir, derrière la réclamation constante, chez les camisards, d'une « liberté de conscience », l'apparition, de plus en plus affirmée, d'une liberté tout court, qui va bientôt faire son chemin, sous diverses formes. Dans les semaines qui suivirent la révocation de l'édit de Nantes, Pierre Bayle publia, aux Pays-Bas, un texte où il disait : « La première et la plus indispensable de nos obligations est celle de ne point agir contre l'inspiration de la conscience. »

Cette « inspiration », qui pourrait en effet m'en priver ? Si même je suis dominé, conquis, asservi, ligoté, mutilé, meurtri, dans l'impossibilité de bouger, de parler, si j'ai même perdu toute occasion d'une action physique autonome, si je suis serf, esclave, sombre prisonnier de guerre, femme soumise et maltraitée, il me reste encore cette liberté de l'esprit, dernier bastion contre lequel l'autorité s'acharne. Elle est indécelable et irréductible. Quel bâillon pourrait l'étouffer ? Quelle blessure pourrait l'atteindre ? Elle court de-ci, de-là, indestructible, tout au long des persécutions de l'histoire. Et c'est pour cette raison, à n'en pas douter, que les vexations et tortures de tel ou tel pouvoir ont été – et sont encore – si féroces ; parce que cette liberté de penser, cette étincelle, même au fond d'un cachot puant, est la seule preuve que j'existe encore.

Le cogito cartésien, le « je pense donc je suis », n'a jamais eu autant de force que dans les couloirs de la mort.

De ce point de vue, et jusqu'à nouvel ordre, le « lavage de cerveau » reste l'idéal de tout pouvoir arbitraire et forcément branlant. Parvenir à n'avoir sous sa direction que des « cerveaux propres », bien récurés, à la pensée ajustée et docile, capables même de se contrôler, de se surveiller, voire de s'accuser et de se punir eux-mêmes, quel superbe rêve d'autorité ! Deux siècles après les efforts de l'inquisition espagnole, qui s'efforçait de pénétrer la pensée même secrète des suspects – ces prétendus pécheurs, tous chrétiens convaincus mais sans cesse guettés par l'« erreur » –, les procès de Moscou, dans les années 1930, marquèrent sans doute l'apogée de cette technique.

Rien de plus étonnant dans l'histoire de l'âme. On y vit des militants communistes fidèles se dénoncer de crimes qu'ils n'avaient pas commis, qu'ils n'avaient même pas l'intention de commettre, et ces aveux pourtant les menaient à la mort. La croyance, très profonde, en l'infaillibilité du Parti l'emportait sur le goût de vivre et même sur le sentiment intime d'innocence. Il fallait avant tout que le Parti fût dans le juste, dans l'infaillible. Du même coup, le mot « innocence » perdait toute espèce de sens. « Que personne ne se sente innocent » devenait un principe de gouvernement qui ne se perdra pas de sitôt.

Ainsi, les procès de Moscou, et les aveux sidérants qu'on y entendait, et les morts violentes qui s'ensuivaient (combien de fusillés ?), sublimaient l'image inaltérable et invincible du Parti – comme les martyrs prouvaient autrefois, croyait-on, l'exactitude de leur foi.

Le communisme, tel que nous l'avons connu, constituait à coup sûr une croyance, et même une croyance farouche, parallèle à toutes celles qui, au cours de notre histoire, ont affirmé tour à tour leur vérité et leur hégémonie. Comme elle reposait sur des prémisses acceptables, qui même paraissaient justement formulées – la lutte des classes, la férocité du capitalisme, l'union et l'émancipation nécessaires des opprimés, du prolétariat international –, cette croyance moderne, lorsqu'elle prit pied en URSS, fit illusion pendant plus d'un demi-siècle. Pour durer aussi longtemps que les religions, auxquelles elle s'affrontait nécessairement, il lui manquait sans doute la dimension surnaturelle, celle que personne ne peut, ici-bas, vérifier. Il lui manquait l'inaccessible, l'irréel, l'appui du ciel, l'opium du peuple, qui quelquefois peut remplacer le pain.

Le communisme affirmait que, devant l'impuissance des dieux, les hommes devaient enfin se prendre en charge. La doctrine annonçait avec force, d'année en année, des lendemains radieux sur une terre débarrassée des illusions anciennes. La religion, plus prudemment, prédit plus volontiers, ailleurs, une éternité de lumière, même si pour cela nous devons vivre, de notre mieux, dans notre vieille vallée de larmes.

Je me rappelle, jusque vers la fin des années 1960, les querelles féroces qui déchiraient, souvent, les cellules communistes. Aucun doute : il s'agissait bien, au sein même d'un athéisme proclamé, d'une foi et d'un dogme. Les durs y désignaient les tièdes. La moindre déviance, le moindre doute formulé (au sujet des conditions de vie en Union soviétique par exemple, de l'économie, de la liberté d'expression, de déplacement), attirait aussitôt, comme dans les conciles d'autrefois (dont nous entendions les échos lointains), l'exclusion – nous pourrions presque dire l'excommunication – du membre fautif.

S'il ne se soumettait pas, il souffrait de cette mise à l'écart, il en pleurait, et quelquefois même il se suicidait. Certains esprits, que jusque-là nous estimions, comme Jean-Paul Sartre, tombaient subitement dans cette tyrannie de la pensée, parlant, à propos de l'URSS, d'un « horizon indépassable » – et cela pendant au moins quatre ans, de 1952 à 1956, après quoi la répression soviétique en Hongrie le conduisit à changer aussitôt d'avis.

Il en était du marxisme léniniste comme de tout dogme : interdit de douter, de critiquer, de modifier. Toute critique, toute remarque s'appelait « de l'anticommunisme primaire ». Condamnables, sur ces simples mots. J'ai vu des garçons de mon âge – 20, 25 ans – pleurer parce qu'on venait de les exclure d'une cellule.

Pourquoi les avait-on chassés du cercle de la vérité ? Ils ne pouvaient ni le comprendre ni l'accepter. Et quelques-uns parlaient d'en mourir.

Nous avons aussi connu, jusqu'à la fin des années 1980 (et peut-être en reste-t-il encore quelques-uns), de « vieux communistes » désabusés, silencieux, fatigués, immensément tristes, qui jusqu'à la fin de leur vie demeurèrent persuadés qu'à l'origine du marxisme brillait la vérité définitive, mais qu'elle avait été obscurcie et dénaturée, en cours de route, par des individus fautifs, pour des motifs qui ne s'expliquaient guère.

À l'époque glorieuse de cette doctrine, toute religion, toute secte semblait balayée, oubliée, condamnée à la prochaine poussière face au nouveau monde qui se bâtissait dans les plaines russes. Dans les années qui suivirent la Seconde Guerre mondiale, et jusqu'à la mort de Staline, en 1953, et le « rapport Khrouchtchev » qui suivit de près, tout communiste sincère était un *new born.* Enfin, il y voyait clair. Même s'il était d'une origine bourgeoise, la vérité, la seule vérité, celle qu'il détenait, se trouvait, fuyant le ciel, sur cette planète, où elle était née. Elle se trouvait même dans un conglomérat de peuples divers, de « républiques socialistes », qui venait de vaincre le nazisme et représentait alors l'avenir du monde. Cette évidence, qui ne se discutait pas, constituait le dernier fruit de la pensée humaine, et chaque participant, chaque « inscrit », devait lutter, de toutes ses forces, pour l'imposer à la terre entière.

Lutte inégale, qui se termina comme nous savons. Les fantômes anciens, une fois de plus – appuyés par l'argent retrouvé –, l'ont emporté sur les manifestations ouvrières, et sur la foi prolétarienne.

La foi, acte de doute

Le deuxième paradoxe de la croyance est donc qu'elle est une certitude. Or tout acte de foi est d'abord une supposition, et par conséquent un acte de doute. « Je crois » veut dire non pas « je sais », mais « je suppose », « je pense » ou même « je parie ». Le mot vient du latin *credere*, comme « crédit », comme « crédible ». Mais cette opinion, car c'en est une, se transforme très vite en affirmation, en certitude proclamée. Alors que celui qui croit, par le fait même que sa croyance n'est établie par rien (sinon elle serait un fait, et nous n'aurions aucun besoin d'y croire), devrait se montrer prudent et dubitatif, il affirme au contraire avec force la véracité de l'objet de sa foi.

Nous sommes ici dans l'irréel : je ne connais pas l'objet de ma foi, je ne l'ai jamais vu, jamais entendu, mais je crois en la vérité de cet objet de toutes mes forces, jusqu'à tuer, et même jusqu'à en mourir. Nous nous trouvons en face d'une attitude extrême, qui échappe à toute raison, ou simplement à tout bon sens. Aussi est-il inutile de se briser la tête à tenter de désabuser un convaincu. Nous y perdrions nous-mêmes notre calme et notre santé, physique et mentale. Le mur nous résiste. Nombreux sont ceux qui ont essayé d'y ouvrir une brèche, toujours en vain. Les croyants sont si profondément identifiés à leur croyance que, pour les en faire dévier, il faudrait les éliminer – ce qui fut tenté dans l'histoire, et qui l'est encore, ici et là, des milliers de fois, vainement.

Comme plusieurs historiens et analystes l'ont remarqué, c'est précisément l'irréalité de la croyance qui établit sa force. Redisons-le : c'est parce que toute croyance est un leurre, une haute illusion, que je peux facilement me l'approprier, et que je m'y accroche avec force. Car – contrairement aux faits – elle ne se discute pas. Je l'affirme et cela suffit. Je dis la vérité, la seule vérité. Du même coup, j'en deviens l'inventeur et le propriétaire – ce qui explique sans doute l'extrême dissémination, parmi nous, des hérésies et des superstitions.

À la limite, au-delà même des « religions combinées », nous aurions besoin d'un dieu par individu – tout au moins pour ceux d'entre nous qui ne peuvent pas se satisfaire de ce monde et ont besoin de croire qu'un *ailleurs* et un *autrement* nous attendent.

Si, un beau matin, tel ou tel dogme s'inscrivait en lettres de feu dans le firmament, impératif, clairement exprimé, dans une langue d'avant Babel, que deviendraient alors nos croyances éparpillées ? L'hypothèse d'une pareille apparition est si improbable que cette question n'offre évidemment aucun sens. Mais elle pourrait constituer ce qu'Einstein appelait, quelquefois, une « expérience de pensée ». Et nous pouvons sans doute la prendre comme telle.

La réponse n'est pas facile. D'un côté, il est certain que la plupart des êtres humains se prosterneraient aussitôt, soumis, le front dans la poussière, et proclameraient à la face du monde le nouveau dogme, impératif, et venu cette fois du ciel, indiscutable.

Tous les êtres humains ? Ce n'est pas certain. La première stupeur passée, lorsque le dogme indiscutable se serait évanoui dans l'espace, il est probable, me semble-t-il, que des voix s'élèveraient ici ou là, inquiètes, sceptiques et même moqueuses, et même sans doute injurieuses. Sommes-nous bien assurés de ce que nous avons vu ? Ne s'agissait-il pas d'un truc, d'une astuce magique inconnue jusqu'à ce jour, d'un piège tendu par des extraterrestres pour nous épouvanter et nous asservir ? Ou tout bonnement d'un mirage ?

Avons-nous vraiment lu ce que nous avons cru lire ? Vu ce que nous avons cru voir ? Entendu ce que nous avons cru entendre ? N'était-ce pas davantage une hallucination collective, née de nos vieilles peurs, ou le fruit d'un jeu de hasard entre les planètes ? Ou le résultat d'une nouveauté technique, à base de miroirs, tenue secrète par la secte qui en possède ici-bas le secret ? Ou tout simplement le diable, le vieux malin qu'on enterre sans cesse et qui ressuscite aussi bien qu'un dieu, ne nous a-t-il pas bercés de tromperies, à son habitude, en nous faisant avaler un immense mensonge céleste ?

Et ne devrions-nous pas, au lieu de nous prosterner, nous révolter contre cette manœuvre infâme ?

Très vite des divergences éclateraient, comme il est d'usage, des interprétations diverses du message jailliraient en tout point de la terre, des prophètes irrités se lèveraient pour proposer une lecture particulière du dogme et pour proclamer, chacun à sa manière, la vérité nouvelle, enfin formulée par qui de droit ; et naturellement des polémiques s'ensuivraient, des excommunications, des guerres, des massacres – pour finir dans l'incertitude ordinaire.

En outre, des hérésies, à coup sûr, se déclareraient, assez vite. Chacune voudrait lire le message à sa manière, le traduire, le tirer à soi, jusqu'à affirmer, deux ou trois siècles plus tard, que cette manifestation divine ne s'adressait qu'à la secte elle-même, seule porteuse de vérité.

Deux visiteurs, à la campagne

Pendant l'été, il y a trois ans, je me trouvais comme d'habitude chez moi, dans un petit village du sud de la France. Au temps de mon enfance, et même encore de ma jeunesse, jusque dans les années 1950, la religion catholique y jouait un rôle. Ma mère allait à la messe, comme presque toutes les autres femmes du village, et j'ai moi-même servi, pendant des années, comme enfant de chœur. Bien que mon père fût ce qu'il appelait un « libre-penseur », nous recevions de temps en temps le curé à dîner, nous lui donnions du vin, des fruits. Il était un des nôtres. Sa silhouette noire faisait intimement partie du paysage villageois. Elle présidait aux baptêmes, aux mariages, aux communions, aux enterrements. Elle accompagnait notre vie.

Il n'en est plus ainsi. Nous n'avons désormais que deux prêtres (l'un des deux est espagnol) pour trente-trois paroisses, et une messe basse est dite dans le village une fois tous les deux mois, le samedi après-midi. N'y assistent qu'une douzaine de femmes âgées qui chantent autour d'un harmonium désaccordé depuis longtemps. Le plâtre des murs s'effrite, le clocher menace chaque semaine de s'effondrer, et le maire et ses conseillers ne savent où trouver l'argent nécessaire pour maintenir en état un bâtiment qui, peu ancien, ne vaut guère la peine qu'on le restaure.

N'étant pas moi-même croyant, je suis assez peu préoccupé par ces problèmes, même si m'effleurent par instants quelques bouffées de nostalgie, attachées à mes surplis d'acolyte. Toujours est-il que l'été dernier, alors que je faisais je ne sais plus quoi devant ma maison (la plus haute du village, à trois cents mètres de l'église, dont nous apercevions le clocher), je vis arriver un homme et une femme encore assez jeunes (40 et 30 ans, peut-être), qui tenaient chacun une serviette. L'homme, qui portait cravate, me demanda s'ils pouvaient bavarder un moment avec moi. J'acceptai, nous nous assîmes à l'ombre. Ils commencèrent alors à me parler, doucement, calmement, des difficultés de la vie, je n'en disconvins pas, de la nécessité de ne pas se contenter des satisfactions matérielles (je commençai à dresser l'oreille), de la nécessité d'une « vie spirituelle » (deux mots qui m'inquiètent toujours), finalement ils me présentèrent une bible en me disant, toujours avec bienveillance, sans éloquence, parlant l'un après l'autre selon un plan sans doute bien préparé, que les vérités éternelles ne sont pas établies pour toujours (dans ce cas, comment font-elles pour être éternelles ?) et ils me dirent enfin, phrase que je n'ai pas oubliée, qu'« il y a maintenant de nouvelles manières de lire la Bible ».

Voilà. J'étais fixé. Je me trouvais en présence de deux Témoins de Jéhovah, qui venaient de s'installer dans une petite ville voisine (j'avais entendu parler de ce groupe) et sillonnaient les campagnes en quête d'adhérents. Une des sectes aujourd'hui les plus persistantes, et sans doute les plus dangereuses, au moins pour ses propres membres.

Témoins de quoi ?

Je leur dis, sans trace de brutalité – ce n'est pas mon genre –, qu'ils étaient vraiment mal tombés, que je n'avais besoin de personne – pas d'eux, en tout cas – pour étudier l'histoire des religions, laquelle m'a toujours occupé (car elle est en effet passionnante), et nous nous séparâmes rapidement, avec une poignée de main. Ils promirent de revenir, mais je les attends encore.

Des voisins me dirent plus tard que ces « témoins » allaient un peu partout dans la campagne, jusqu'aux fermes les plus isolées, pour enseigner leur nouvelle lecture et enrôler toutes les âmes disponibles. Pareils à des insectes affamés, ils s'avancent lentement sur le long cadavre du christianisme, infatigables, méthodiques, cherchant de tous les côtés leur pitance. Ce qui frappe toujours, dans ces cas-là, c'est l'idée d'une « nouvelle lecture », qui rejoint celle d'une nouvelle naissance. Nous ne touchons pas au texte ancien, qui est sacré, et qui a besoin d'un prestige antique. Mais nous le lisons différemment (c'est le cas pour la prohibition de la transfusion sanguine, opération qui de toute manière n'était même pas imaginable lorsque la Bible fut composée).

Attitude hérétique par excellence : la parole originelle est vraie, à n'en pas douter, mais les exégètes officiels ont fait fausse route, et la vérité s'est perdue. Par bonheur, nous avons pu la rétablir et nous vous l'apportons aujourd'hui.

La vraie vérité est à nous. C'est nous qui l'avons retrouvée, clarifiée et transmise. Sans notre intervention, la vérité se serait déformée et perdue.

Elle nous doit tout. Elle est nous.

Un arrêt dans l'histoire

Que nous nous attachions à nos croyances avec d'autant plus de force qu'elles sont étranges et bornées, cela se voit, souvent, toujours en fonction du même principe : ma croyance, c'est moi.

Peut-on appliquer cette remarque aux religions les plus anciennes et durables, apparemment les plus solides ? Autrement dit, plus une religion élimine toute trace d'intelligence et barre la route à la connaissance, peut-on dire qu'elle en devient plus attirante et qu'elle recrute plus d'adhérents ?

La question se pose souvent à propos de l'islam, aujourd'hui, et cela pour plusieurs raisons. D'abord parce que l'islam – le plus fermé, le plus intolérant, mais aussi, malheureusement, le plus visible – place la foi au premier rang des vertus humaines ; avant même les autres vertus cardinales qui sont, pour nous, l'espérance et la charité. Il faut croire, et croire en cette foi-là. Hors d'elle, seul l'enfer. La foi passe avant le savoir, avant l'expérience, avant la raison. Elle passe avant tout. Elle est par définition intransigeante.

Pas d'autre dieu que Dieu. Et pas d'autre loi que la sienne.

Second point, souvent évoqué : lorsque les musulmans sincères se réclament de la beauté et de la force de leur culture, ils en parlent de préférence au passé. Et il est certain que l'islam a connu, au Moyen Âge, un temps de victoires et de prestige, qui fut aussi un temps de pensée, de poésie et de science exacte. Aussi les musulmans disent-ils, presque toujours, « nous étions », « nous avons été », et non pas « nous sommes ». Quand des groupes armés en viennent à créer un État islamique quelque part en Irak, ou en Syrie – bientôt peut-être au Nigeria –, ils l'appellent tout naturellement un « califat » et le soumettent à des lois anciennes, comme si nous pouvions revenir aujourd'hui à tel ou tel moment d'un passé inoubliable.

Une chose, cependant, reste vraie : quand ils se regardent aujourd'hui les yeux ouverts, les musulmans, islamistes ou non, réformateurs ou conservateurs, admettent que depuis une bonne dizaine de siècles ils n'ont apporté à l'humanité aucune œuvre artistique d'envergure, aucune découverte scientifique, aucun courant d'idées nouvelles.

Ils l'admettent, et quelquefois même ils le revendiquent, comme un drapeau levé contre les turpitudes de la modernité, de ce « progrès » qu'ils déclarent insupportable, une insulte à Dieu.

Seul le passé – que nul n'a connu – est juste et grand.

Ce qui nous frappe le plus, dans cet islam-là – totalement soumis à une seule et unique foi, même si le mode de transmission de cette foi est encore disputé, âprement, entre sunnites et chiites –, c'est une impression vague et insistante, un sentiment d'enfermement dans une époque révolue, que nous appelons généralement « régression ». Dans l'évolution du monde que nous persistons à appeler moderne, un islam freine des quatre roues. Il résiste, il stagne. S'il consent à acheter nos machines et produits mécaniques, et à en jouir (sans oublier nos armes et notre électronique, dont il sait très bien se servir), il ne viendrait jamais à des musulmans l'initiative d'inventer et de fabriquer eux-mêmes des machines qu'ils pourraient utiliser, et même nous vendre.

Ils en seraient parfaitement capables, car ils sont des hommes et des femmes comme nous, doués des mêmes qualités, mais ils ne le font pas. Au lieu de s'ouvrir à la recherche scientifique et à l'industrie, ces musulmans-là préfèrent – le plus souvent – maintenir avec sévérité des rituels d'autrefois, se plier à des coutumes traditionnelles, et ne prendre des techniques d'aujourd'hui que ce que nous voulons bien leur vendre – nous et d'autres fabricants.

Ils sont des « intégristes », ce qui signifie que leur religion intègre toutes les formes de la vie, la politique, la morale, la vie en commun, le rapport aux autres, l'histoire. Rien ne peut échapper à cette forme invisible.

Rappelons le « credo » des Frères musulmans, en Égypte : « Dieu est notre but, le Prophète notre guide, le Coran notre constitution, le Jihad notre voie, la mort au nom de Dieu notre désir le plus noble. »

Dans les cas extrêmes – Boko Haram au Nigeria et en Irak, en 2014 et 2015 –, c'est l'éducation même, la simple connaissance, qui est décrétée satanique. Nous sommes ici au cœur du combat. Les livres – tous sauf un – sont pour ces hommes-là une marchandise d'enfer. C'est même le sens du nom que leur chef donne à ce mouvement, *boko* venant de *book*. Et ce groupe va jusqu'à enlever à main armée des fillettes et des jeunes filles, qu'il prend dans les écoles (à bas les écoles, à bas le savoir) et qu'il propose de revendre comme esclaves – neuf euros pièce, paraît-il.

Gangstérisme ignoble et ricanant qui s'accomplit toujours « au nom de Dieu ». C'est même Dieu qui l'ordonne.

Comme il ordonne aussi des massacres, la destruction de villages entiers, la dévastation de ce monde.

Où l'ordonne-t-il ? Par quelles phrases ? Ce n'est pas dit. Dieu, dans ces cas-là, ne donne jamais ses références exactes. A-t-il décidé que des jeunes filles seraient livrées aux combattants du djihad, pour qu'ils usent de leur virginité selon leur plaisir ? Nous le chercherions en vain dans les textes.

Cependant, cet arrêt dans l'histoire – tout aussi sensible en musique, en poésie, puisque toutes les formes d'art contemporaines, dans les pays musulmans, doivent lutter sans cesse, aujourd'hui encore, contre les censures traditionnelles –, même s'il présente des aspects répugnants comme dans le cas de Boko Haram et de ceux qui achètent ces jeunes filles capturées, n'a pas toujours les effets rébarbatifs que nous pourrions redouter. Il peut même offrir quelque charme étrange. Non seulement l'islam interdit à ses fidèles de le quitter, de changer de foi, mais il séduit aussi – en dépit, ou à cause de cette « régression ». Il attire, il accueille sans cesse de nouveaux adhérents, venus de tous les coins du monde, et qui apportent avec eux le regret d'un monde ancien, considéré comme un âge d'or perdu.

De là nos surprises, souvent. Dans la plupart des pays occidentaux (le spectacle est assez surprenant, exemple parmi d'autres, à Washington), mais aussi à l'intérieur des États islamistes, où les écarts de condition restent sévères et les interdits nombreux, nous voyons des jeunes filles décider un beau matin, de leur propre mouvement, de porter le voile, quelquefois même contre la volonté de leurs parents, lesquels ont connu – en Égypte, en Iran, au Pakistan – des randonnées en shorts, cheveux au vent et rouge aux lèvres.

Est-ce, pour ces jeunes filles volontairement voilées, nostalgie d'un passé plus lointain, et très largement imaginaire ? Persistance d'un mirage céleste ? Protection vestimentaire pouvant éloigner des agressions sexuelles dans des pays où, comme en Égypte, elles sont fréquentes ? Peur d'aujourd'hui, effroi devant tout lendemain ? Résignation silencieuse ? Rejet d'une culture venue d'ailleurs, que leurs parents, naguère, avaient adoptée avec joie, et qui est soudain jugée inconvenante, et même obscène ? Appel secret de la violence, et même du sang ? Utilisation de l'ignorance comme instrument de suprématie ?

Nous ne pouvons pas le dire. Car ces sentiments, et d'autres, nous sommes tous susceptibles de les éprouver un jour, musulmans ou non, même si pour le moment nous ne nous y soumettons pas, même si aujourd'hui, souvent, ils nous dérangent et parfois nous écœurent.

Nous pouvons tous, un jour, ressentir le dégoût du monde qui nous entoure et rechercher, au moins l'image, au moins le souvenir, l'évocation d'un temps perdu. Nous sommes tous passés par ces moments de nostalgie facile, où le passé nous apparaît comme un refuge.

Mais l'adhésion ? Le recours à la foi ? La soumission à un dieu inconnu, et de toute manière inopérant, puisque les régimes islamisés n'ont pas évacué les problèmes des autres et les ont même, quelquefois, aggravés ? Comment approcher ces attitudes ? Comment saisir ce passage, ce geste, comment tenter de le comprendre ? Nous nous retrouvons, devant cette croyance large, déjà ancienne, et tout aussi vaine que les autres, aussi démunis que devant les criailleries d'une maigre secte de banlieue.

Le refus de la connaissance

Aucun phénomène, disons-nous parfois sans réfléchir, n'est nouveau dans l'histoire des hommes. Nous avons connu, de tout temps, des tentatives de marche à reculons, d'arrêt, de réaction, de refus de tout mouvement de l'histoire, car l'évolution du monde, souvent, inquiète et même fait peur, surtout quand elle paraît s'accélérer. Et chaque fois, bien entendu, ces tentatives d'immobilisme ont échoué, car on ne paralyse pas le temps, dans lequel notre vie, à chaque instant, que nous l'acceptions ou non, s'inscrit seconde après seconde.

Le passé ne revient jamais. C'est pour cette raison qu'il est le passé. Chaque fois qu'un homme politique déclare « nous devrions revenir à... », il parle précisément pour ne rien dire. Car nous ne retournons jamais à une coutume, à une loi, à une façon de vivre disparue. Nous ne pouvons aller que de l'avant, vers des terres toujours nouvelles (qu'elles soient attirantes ou au contraire menaçantes), auxquelles nous devrons adapter nos règlements et nos mœurs, bon gré, mal gré.

Nombreux sont ceux, aujourd'hui, en Europe et en France en particulier, qui, se disant épris d'un passé fictif, qu'ils décrivent avec complaisance alors qu'ils ne l'ont pas connu, s'inquiètent d'une « perte d'identité », en raison de la société multiculturelle et multiethnique qui s'annonce. Ils voudraient s'y opposer, la rejeter ou l'interdire. Mais non. Peine perdue. Cette société existera, elle existe déjà. Nous devons simplement nous y adapter, de notre mieux, comme nous l'avons toujours fait.

Mais jamais sans doute n'avions-nous rencontré, dans ce recours aux temps anciens, un refus aussi net, aussi brutal, que celui des islamistes intégristes, que nous appelons salafistes, aujourd'hui même, en Occident. Il s'agit non seulement de proclamer l'ignominie pornographique du monde moderne ou, pour mieux dire, contemporain, ses aspects mercantiles et superficiels (attitude récurrente, peu surprenante, presque classique, et pas seulement chez les musulmans), mais de supprimer, carrément, toute recherche et tout enseignement, historique ou scientifique, se rattachant aux habitudes et aux règlements de ce monde-là.

Le Prophète, nous dit-on, connaissait déjà la relativité générale et la mécanique quantique. Big Bang, composition de l'atome, tout a été connu et prophétisé par le Coran. Inutile donc de les apprendre. Il a su pour nous.

Cette théorie, mise sérieusement en avant par certains islamistes, s'appelle le « concordisme ».

Cela posé, l'homme (et surtout s'il est une femme) ne peut pas approfondir les connaissances divines – ambition qui serait absurde et même blasphématoire aux yeux d'un croyant radical –, il ne peut que les apprendre, par cœur de préférence (dans ce cas le Coran suffit à toute connaissance des êtres et des choses), et les appliquer, selon les modalités régionales.

Le moment est venu d'arrêter la marche du monde. Nous en savons assez.

Si cette règle du refus de la connaissance était rendue obligatoire – après quelques milliards d'exécutions dans les rangs adverses, ce qui rend la chose inconcevable –, nous pourrions peut-être entrevoir avec étonnement les territoires où nous serions alors conduits ; une société sans science, sans aucune technique nouvelle, sans énergie appliquée, sans moteur, sans électricité, sans électronique – et ainsi de suite. Un monde rouillé, un rebut. Toutes les machines seraient vieillies, cassées, irréparables. Nous en oublierions vite l'utilité, la mise en œuvre. Nous nous réfugierions alors dans la croyance, qui aurait emprisonné à vie la connaissance, qui l'aurait emmurée, condamnée au silence et à l'oubli, avec un retour obligé à une vie agricole, pastorale et artisanale.

Rêve insensé, sans le moindre doute (étant donné le nombre d'humains sur la planète, qui s'accroît chaque jour, et vite), mais qui se présente déjà comme notre avenir inévitable, lorsque cet islam-là aura conquis le monde.

La connaissance aux catacombes

Fort heureusement, il y a d'autres islams. Il est assez rassurant de voir que l'Iran, aujourd'hui, malgré l'embargo désormais injustifié qui le frappait, s'élance dans une aventure de recherche scientifique de haut niveau, qui peut conduire cette « république islamique » à une position éminente, au moins parmi les pays qui l'entourent.

Les affirmations hasardeuses des intégristes nous donnent au moins la possibilité, pour un moment, d'imaginer dans l'avenir – autre expérience de pensée – une société humaine entièrement soumise à la tyrannie de la croyance (de celle-ci ou d'une autre), d'où toute tentative de recherche et de découverte serait très strictement bannie, sous peine de mort peut-être ; perspective irréelle, évidemment romanesque, semblant surgir de quelque cauchemar de science-fiction, et où le premier problème, apparemment insoluble – outre le fait de devoir réprimer notre curiosité incorrigible, qui est d'abord celle des enfants –, serait de définir avec précision où se situe, dans quel geste, dans quelle question, dans quel regard, le commencement de la connaissance.

Autrement dit, à partir de quoi faudrait-il commencer à sévir ?

Que serions-nous obligés d'ignorer ? D'ignorer d'abord ?

Imaginons, comme dans un film ou un jeu vidéo, une traque, une clandestinité du savoir, des cachettes, des réunions secrètes dans des catacombes où naguère s'entassaient – par exemple – les gigantesques accélérateurs de particules, désormais livrés aux cloportes et aux araignées ; et là de petits groupes d'hommes et de femmes, avec mots de passe et noms d'emprunt, avec des masques peut-être, avec des livres de physique écrits en langage codé, avec des infiltrés aussi, des mouchards, des bourreaux. Quelle histoire ! Assez vite cela prendrait l'allure d'une société secrète, puis d'une religion nouvelle, qui peu à peu deviendrait à son tour, sans doute, une croyance intransigeante.

Peut-être les radiations des déchets radioactifs, que nous avons enfouis ici ou là, seraient-elles interprétées comme les émanations menaçantes de quelque divinité souterraine. Peut-être y dresserait-on des temples, où l'on chanterait des exorcismes. Peut-être y chercherions-nous le secret d'anciennes énigmes.

Cela paraît une assez lointaine rêverie, et pourtant nombreux sont ceux, près de nous, qui tiennent la mort de la connaissance pour la réalité de demain. Et ils ont des kalachnikovs, et des ceintures d'explosifs, pour défendre leur conviction.

Plus, même : ce régime, qu'il faut imaginer s'étendant à la terre entière, ainsi replongée dans ce que nous appelions naguère les « ténèbres », s'accompagnerait d'interdits vestimentaires et alimentaires de toutes sortes, de privations, de dénonciations, de prières obscures, de pénitences et de pèlerinages obligatoires. Vision tout à la fois grandiose (tous enfin unis) et terrifiante. Tous ensemble dans l'enfer de la foi.

Image extraordinaire d'une planète qui aurait imposé l'obscurité, et qui tournerait inlassablement, misérable, sous le même ciel vide.

J'ai apporté une lumière

Pourquoi cette vérité-là et pas une autre ? D'abord, et avant tout, parce qu'elle est la mienne. Je n'aurai pas traversé vainement cette vie. Privilégié, j'aurai rencontré la vraie parole, grâce à laquelle j'aurai marché sur le bon chemin. J'aurai même, peut-être, trouvé quelque détail, quelque secret, apporté deux ou trois précisions indispensables à la réalité des mondes, qui était incomplète avant ma présence.

Je ne suis pas, comme le commun des mortels, venu pour rien.

Et, du même coup, je me suis trouvé, moi. Alors que tant d'autres passent leur vie à « se chercher », comme ils disent, je me vois maintenant clairement, je suis devenu qui je suis.

Ma vérité, que vous appelez ma croyance, n'a rien à voir avec votre raison, que je trouve pauvre et répétitive, avec vos arguments articulés, vos questions bêtes, vos barrières, vos schémas, vos bornes, vos hésitations. Elle se défie, et elle se moque, des recherches dites scientifiques, que les autres trouvent « pointues », et qui nous annoncent, pour demain, une planète où les humains – quelques-unes d'entre eux, en tout cas – ne seront pas les mêmes que nous, les mêmes que ceux que nous côtoyons, dont nous partageons la vie, les soucis, les plaisirs. Nos descendants, croyons-nous, vivront plus longtemps que nous, et en meilleure forme. Ils auront sans doute découvert le gène de l'intelligence et peut-être même de la générosité. Ils connaîtront enfin les secrets détours de la conscience. Ils seront entourés de robots habiles et serviles, qui sauront faire à peu près tout. Si ça se trouve, la médecine pourra remplacer la totalité de leurs organes, un après l'autre, et ils ne seront presque plus malades. Toute mort sera désirée, consentie. Il nous suffit de chercher encore, et encore. Nous y sommes presque.

C'est vous qui le dites. Je ne fais que redire vos paroles.

Mais ces humains modifiés, et ces robots, qui nous arrivent à toute vitesse, et qui déjà possèdent un langage, et qui prennent des décisions, auront-ils la foi ou non ? Si oui, quelle foi ?

Et seront-ils prêts à tuer pour elle ? Et à se sacrifier, à mourir ?

Préféreront-ils la mort à la vie ?

Vos questions sont là, et là seulement. Je les entends chaque jour, je les connais bien. Mais tout cela m'indiffère, moi le croyant. Je n'écoute pas ces sirènes. D'ailleurs, elles n'ont rien à me chanter. Pour moi, figurez-vous, le ciel s'est ouvert, j'y ai vu ce que vous ne voulez pas admettre, ce que personne n'avait su voir, ou n'avait reçu l'autorisation de voir en pleine clarté avant moi. Et, en disant ce que j'ai vu – et quelquefois entendu –, j'ai pu apporter une lumière nouvelle à mes semblables, j'ai pu leur tendre la main, leur donner espoir et courage, les aider à marcher sur le chemin de leur salut.

Souvent, c'est vrai, j'ai reçu cette lumière de ceux qui m'avaient précédé. Mais je l'ai transmise, je l'ai vivifiée. Quelques-uns m'ont rejoint, je leur parle, je les conduis, je m'avance à leurs côtés.

Quel plus beau rôle ? Ou même, pour un croyant, quel plus beau destin ?

Élan et blocage

Nous nous trouvons là, sans doute, devant le mystère le plus surprenant de notre esprit, là encore paradoxal, car il s'élance à la conquête de l'univers et s'arrête à la première motte de terre en affirmant : la vérité est là, et je viens de la découvrir.

Pourquoi cette ambition ? Et pourquoi cet arrêt ?

Pourquoi tenir pour vraies des divagations que nous savons – même si nous ne l'avouons jamais – avoir imaginées, avoir inventées nous-mêmes ? Et pourquoi refuser qu'elles se modifient, à plus forte raison qu'elles s'effacent et disparaissent ?

Je me suis longtemps interrogé, depuis la fin de ma jeunesse, sur ce double mouvement – élan, blocage –, et je vois maintenant, tandis que les croyances s'étendent et se mélangent autour de nous comme une végétation sauvage sans prédateur, jusqu'à nous étouffer peut-être, je vois que je mourrai dans le même étonnement, sans avoir rien reçu ni compris. Car je n'attends rien de la mort, ni lumière, ni révélations, ni regrets. Contrairement à la plupart des croyants, je suis sûr que le néant qui me guette, moi comme les autres, ne m'apportera aucune réponse. J'aurai même oublié mes questions. Et oublié l'oubli.

Ces questions, nos réponses, nos croyances, notre savoir, ne durent que le temps d'une vie. En quelque cinquante ou soixante ans, rapide tour de piste, nous devons avoir accompli toute l'exploration de l'espace et du temps. Il y a là de quoi renoncer, mettre pied à terre. Nous l'entendons dire souvent : à quoi bon nous casser la tête, puisque, dans le néant, rien ne nous restera ?

Si on me dit « voilà justement ta croyance, tu crois en la mort sans retour », je l'admets. Mais au moins ai-je pu suivre, un peu partout parmi les hommes, pendant ma si courte existence, l'apparition et l'affirmation répétée, autour de moi, de cette croyance au « surnaturel », en particulier en une autre vie après la vie – qu'il m'est strictement impossible de partager. Lorsque, devant un cadavre, quelqu'un murmure que « sa vraie vie vient de commencer », je ne dis rien, je n'ai pas envie de parler.

La plupart du temps, je m'en vais.

Autant mon appétit de savoir ce que j'ignore et que d'autres savent (les scientifiques, par exemple, mais ils ne sont pas les seuls) reste vif, comme la découverte d'un monde, comme l'appel d'un plaisir inconnu, autant ma croyance, si c'en est une, consiste à rejeter les croyances des autres. C'est ce qu'on me dit, quelquefois, « tu refuses de croire en Dieu, d'espérer une vie éternelle ». Exact. Avec cette nuance : ce n'est pas un refus, c'est une impossibilité. Mon rejet de toute croyance est une croyance comme les autres. Peut-être. Mais une croyance en quoi ? Je ne vois pas. Je n'essaie même pas de répondre à cette question. Je m'interroge sur moi-même comme sur les autres.

Et, aujourd'hui comme hier, je ne refuse pas de croire, je ne peux pas.

La croyance, surtout lorsqu'elle devient fanatisme, suppose une étonnante faculté d'effacement de l'esprit, une tentation d'aveuglement, de renoncement à ce moment du monde où nous sommes, et la puissance souveraine de l'oubli. Un vide immense s'ouvre chez le croyant, il oublie non seulement tout ce qu'il savait, mais tout ce qu'il était, tout ce qu'il aimait, tout ce qu'il pensait. Il renonce résolument à toute découverte, à toute surprise, il n'a soudain plus d'avenir, il oublie même tout ce qu'un jour il pourrait être. La raison, la science, la réflexion, l'entraide, l'écoute, l'espoir, la perception et l'affection des autres, la joie possible de la vie, la crainte de la mort, tout disparaît, comme dans un gouffre. Seule la foi ; et là, tout proche, l'appel au meurtre.

On ne change rien

Comme nous le savons, certaines croyances sont mieux établies, mieux organisées et plus spectaculaires que d'autres. Il suffit de contempler la pompe du catholicisme romain, ou les foules de blanc vêtues qui tournent autour de la Kaaba, à La Mecque, ou bien les pèlerinages gigantesques qui réunissent les hindouistes par millions, par dizaines de millions parfois, sur les berges d'un fleuve sacré, en Inde, pour se rendre compte de la différence – au moins de taille – avec des croyances moins bien logées.

Pour le catholicisme romain, par exemple, même s'il agonise dans nos campagnes, même s'il a perdu, politiquement, socialement, le rôle autoritaire, et toujours régressif, qu'il jouait encore chez nous il y a cent cinquante ans, il garde cependant des millions d'adeptes, en Amérique latine, qui nous fournit en 2014 un pape, et en Afrique. De plus, comme la population globale de la planète s'accroît à toute vitesse (elle s'est multipliée par sept en cent vingt ans), le catholicisme, comme les autres religions traditionnelles, et comme les athées, peut se flatter, sans mentir, de compter, dans l'absolu, un nombre croissant de fidèles.

Néanmoins, avouons-le, il n'a plus grand-chose à nous dire. Notre mythe central, celui de la rédemption et du sauveur divin, a fait long feu. Le péché originel, duquel nous devons nous racheter, et la mort de Jésus, qui doit nous permettre d'accéder au royaume (par le baptême, c'est-à-dire par l'adhésion), ces chimères étranges, qui ont eu leur temps, et qui pouvaient présenter une certaine beauté, ne fonctionnent plus. La promesse n'a pas été tenue.

La raison en est simple. Un des caractères distinctifs de la croyance, qui contribue à sa faiblesse constitutive, est qu'elle ne peut pas, par définition, changer, évoluer. Dogmatique, elle est clairement assurée, formulée, elle est codifiée, édictée, établie pour toujours. Nous croyons une fois pour toutes. Dans un monde qui ne cesse de changer, de se transformer (pour le meilleur ou pour le pire, peu importe, cela dépend des points de vue), la croyance reste forcément bloquée, depuis l'origine, dans la même formulation, la même attitude, les mêmes affirmations invérifiables. Elle est un défi aux modifications du monde.

C'est aussi ce qui la différencie radicalement du savoir, lequel, par nécessité, ne cesse de se transformer, de s'accréditer et si possible de s'améliorer.

Il suffit de voir, en ce qui concerne le catholicisme, les réticences énervées du Vatican devant les changements dans les mœurs que connaît notre époque, comme toutes les autres époques. Contraception, divorce, pacs, préservatif, mariage pour tous : l'Église romaine est contre, toujours contre, comme elle était, hier, contre l'éducation des filles, contre le suffrage universel, le droit de grève et la république laïque.

Elle est comme ce personnage de la mythologie indienne qui s'efforçait d'arrêter le cours d'un fleuve furieux en y entassant des sacs de sable. En 1864, par le redoutable *Syllabus,* le pape Pie IX condamnait sans recours toute forme de libéralisme ou de démocratie. L'Église aura beaucoup de peine à se remettre de cette parole anachronique. En 1978 et, plus tard, en 1984, Jean-Paul II et le cardinal Joseph Ratzinger (futur Benoît XVI, aujourd'hui très heureusement retiré) condamnaient encore clairement la « théologie de la libération », qui offrait enfin à Rome une possibilité de se rapprocher des pauvres, des opprimés, d'exercer une action sociale et généreuse.

À remarquer aussi que, depuis la fission de l'atome, l'apocalypse n'est plus réservée à Dieu seul. Il en a perdu le monopole. Nous en sommes désormais capables, nous aussi. Nous avons mis au point, et nous avons même expérimenté, notre propre possibilité d'anéantissement, qui ne concernerait que notre planète – pour le moment. Nous n'avons plus besoin de Dieu pour nous foutre en l'air. Menace divine et menace humaine se sont rejointes au XXe siècle. Saint Jean annonçait Hiroshima, et sa vision ne le trompait pas.

Pour le moment, nous n'avons fixé aucune date à la fin nucléaire du monde. Elle est possible, nous le savons, elle est à notre portée, mais nous n'osons pas la dire « imminente », même si, paraît-il, nous l'avons frôlée, au moins une fois. Nous avions en ce temps-là imaginé, comme sauvegarde, « l'équilibre de la terreur ». Une destruction contre une autre. Car nous hésitons, pour le moment, à disparaître de bon cœur tous ensemble.

Et la menace nucléaire, que je sache, n'a donné naissance à aucun culte. Jusqu'à maintenant.

Restons encore un moment avec les croyants. Même si, lorsqu'une catastrophe définitive est annoncée, dans tel ou tel groupe, la date en est perpétuellement différée, la menace demeure. Les adeptes trouvent toujours une excuse à leur mauvaise estimation, ils rectifient hâtivement la date fatale, admettent quelquefois une erreur de calcul (erreur toujours humaine), décident d'une autre échéance, inéluctable cette fois, et se remettent à prêcher de plus belle.

La fin du monde est la carotte qu'on agite depuis longtemps devant les ânes que nous sommes. Jamais atteinte, jamais grignotée, mais toujours là.

Une hiérarchie impossible

Une chose est sans doute à remarquer, une fois de plus, dans le fondement même des croyances qui nous entourent. Comme elles sont toutes fausses, ou plutôt, pour le dire plus nettement, comme elles sont toutes des croyances, et non pas, comme elles le prétendent souvent, des vérités établies, des « révélations indiscutables », des certitudes (qui, dans ce cas, s'anéantiraient les unes les autres), elles se situent toutes au même niveau de l'esprit ; ce niveau où nous acceptons sans aucune preuve ce qu'on nous raconte.

Et peu importent la formulation, l'ambition ou la mise en scène. Toutes se valent. Qu'il s'agisse d'un pontife recouvert d'or agitant sa crosse, place Saint-Pierre, au-dessus de plusieurs milliers de fidèles, ou de villageois vêtus de pagnes adorant un gros lézard en Indonésie, la démarche est rigoureusement la même.

Aucune croyance – sinon par la richesse et l'apparat – n'est supérieure à une autre, à moins de tomber dans le racisme assez idiot, et de toute manière inacceptable, qui consisterait à dire, comme quelques prophètes le prétendirent autrefois, que le surnaturel a choisi son peuple.

Nous devons donc sans cesse, même si nous avons été élevés dans telle ou telle tradition et s'il nous en reste quelque chose (c'est évidemment mon cas), nous garder d'instituer une hiérarchie et d'indiquer nos préférences. Ce serait tomber dans cela même que nous essayons de déceler, et si possible de combattre. Croire en la divinité d'un lézard n'est pas plus absurde que de croire appartenir à un peuple élu, ou de croire que le Prophète est monté au ciel à cheval, ou encore en l'existence d'un seul dieu en trois personnes qui aurait envoyé son fils unique sur la terre pour qu'il y soit crucifié par les Romains, nous délivrant ainsi de notre péché d'origine.

Quand on se dit chrétien, ou musulman, reprocher à un Indien d'Amazonie d'adresser ses prières à un dieu jaguar, et l'accuser pour cela d'imbécillité ou d'ignorance (comme nous l'avons fait pendant longtemps), est un acte de blocage mental, pour ne pas dire plus. C'est parler en aveugle et sourd. C'est affirmer, par le biais sournois de la croyance, la supériorité d'un peuple sur un autre. C'est afficher sa propre arrogance, son mépris, son ignorance, sa peur aussi, en tout cas les limites extrêmement étroites de sa pensée.

Il nous est impossible d'établir des degrés dans l'échelle de l'invraisemblance. Nous ne pouvons même pas faire voter les êtres humains pour savoir quel serait leur choix, et décider ainsi de la vérité. Cela n'aurait aucun sens. La règle de la majorité ne s'applique pas à l'imaginaire.

Et, d'ailleurs, s'il existait un vrai dieu, un dieu qui désirerait être reconnu comme dieu (c'est le cas de tous les dieux, qui demandent qu'on les glorifie et qu'on les adore constamment, et eux seuls), il y a longtemps qu'il aurait éliminé ses rivaux (pour parler à notre façon) et que l'humanité tout entière se prosternerait devant lui – ce qui n'a jamais été le cas dans l'histoire du monde. Jamais une seule croyance n'a pu faire l'unanimité parmi nous.

Remarquons rapidement, au passage, que, si tous les dieux que nous avons imaginés exigent hommage et louange, nous révélons ainsi, sans doute, un de nos désirs, à la fois de gloire, de puissance et d'amour. Nous décernons aux dieux ce que nous aimerions recevoir.

Un feu de joie

Je me rappelle parfois une photographie des années 1890 (il me semble) montrant des missionnaires catholiques, quelque part en Afrique, faisant un feu de joie avec des statues, des idoles locales. Assis par terre dans leurs robes blanches, autour du feu, coiffés de casques qu'on appelait alors coloniaux, ils riaient, ils semblaient ravis derrière leurs barbes. Ils détruisaient des fétiches barbares, ils paraissaient fiers et bien contents.

Quels imbéciles, pourtant. Non seulement, remplaçant une adoration par une autre, ils n'avaient rien compris à la pensée multiple, et subtile, des peuples qu'ils tentaient d'évangéliser, mais ils essayaient de leur vendre une religion arbitraire, organisée, à laquelle il leur était très difficile d'adhérer – à moins d'employer la force. En plus, aveugles aux formes qui flambaient devant eux, ils brûlaient des objets qui aujourd'hui, dans les salles des ventes, se vendraient très cher.

Ils auraient pu même, avec quelques-unes de ces statues, réparer les toits de leurs églises.

Que nous le voulions ou non, ici ou là, toutes les croyances sont des croyances – même celles qui nous touchent de près, même les nôtres, que nous essayons d'imposer à des peuples que nous jugeons en retard dans le cours incertain de l'histoire. Si quelque prophète éloquent nous y incitait, si quelque despote nous y obligeait, nous pourrions tout aussi bien adorer le Chat botté, imaginer ses origines mythologiques, conter ses miracles. C'est toujours de nous que nous parlerions.

Troisième paradoxe

La croyance n'a donc besoin d'aucune preuve. Nous aurions presque envie de dire : au contraire. C'est justement dans l'absence de preuve et d'évidence que toute croyance trouve sa pleine justification. Pour s'imposer, elle n'a besoin de s'appuyer sur aucune authentification, elle les rejette et les méprise. Le vrai est vrai. Il ne se prouve pas. La preuve est la marque d'un esprit pauvre, étroit, bureaucratique, incertain, tristement raisonnable, écarté des illuminations qui nous apportent, enfin, la vraie vérité.

Voici sans doute le troisième paradoxe. Les croyances, qui sont les affirmations les plus saugrenues, les plus étranges, les plus insoutenables, en un mot les plus « incroyables » du monde – proches du délire, souvent –, se passent de toute preuve et de toute explication. Elles ont oublié, ou mis de côté, le rapport au réel, la vraisemblance, la clarté de l'esprit. Quelques religieux, au Moyen Âge, ont bien tenté de « prouver » l'existence de Dieu, mais en utilisant des arguments si pauvres que l'Église, plus tard, a décidé d'y renoncer. Saint Anselme affirmait par exemple – *grosso modo* – que le seul fait que nous ayons en nous l'idée de Dieu est une « preuve » de son existence. Qui d'autre que lui, disait-on, aurait pu insinuer en nous cette idée ?

L'inanité de cet argument, qui place l'effet avant la cause, n'apparaissait pas aux âmes crédules. La preuve de saint Anselme a longtemps passé pour irréfutable, avant de s'user peu à peu. Il faut dire que, par la suite, l'argumentation, qui continuait à tourner en rond, ne s'est guère améliorée. Aussi était-il plus sage de l'abandonner et de se replier sur la seule foi, sans argumenter, sans préciser. Il s'agit là d'un mouvement général dans l'histoire de la croyance. Le *credo* devient plus fort que le *creditum*, ici encore.

Le sujet efface l'objet.

Ce qui n'empêche pas certains croyants avides de logique de dire, à peu de chose près, reprenant sans le savoir saint Anselme : « Je crois en Dieu, donc Dieu existe. »

Avec une variante : « Je crois en Dieu, mes ancêtres ont cru en Dieu, en ce Dieu-là, donc il existe et il est le vrai Dieu. »

Le besoin que nous éprouvons tous, parfois, d'une dimension sacrée, d'un « autre monde », cette aspiration, cette absence insupportable, sentiments qui nous sont familiers, et qui nous disent beaucoup sur nos insuffisances, sont donc la preuve que Dieu existe, qu'il nous surveille et qu'il nous attend. Le saut logique est immense, mais ordinaire, commun. Nous ne le remarquons même plus.

Nos désirs sont la preuve de Dieu. Nos désirs, nos aspirations et surtout nos manques.

Jamais il ne semble venir à l'esprit de ces croyants-là que, si Dieu existait, et s'il voulait que nous le connaissions, que nous l'adorions et que nous chantions sa gloire – ce qu'il apprécie, disons-nous –, il trouverait mille moyens de nous le dire, sans se cacher et sans se taire.

Mais voilà – et là-dessus tous les croyants, de toute tendance et dans tous les temps, sont d'accord : la vérité du monde est cachée, comme nous l'avons déjà suggéré. Nous vivons enfermés, à double ou triple verrou, dans une vieille énigme. Pourquoi ? Nul ne le sait, mais c'est ainsi. Pour tous les croyants, la vérité est occultée de longue date, par une décision d'en haut, elle n'est pas donnée à tout le monde, loin de là, elle ne se livre que goutte à goutte, et seulement à certains regards privilégiés, choisis – encore qu'il convienne, quand on a rejoint une secte, de se méfier des autres sectes, ou sociétés secrètes, qui pullulent autour de nous et qui prétendent, chacune, détenir le grand secret.

Car c'est ainsi. Pour reprendre des mots d'André Breton, nous restons « prisonniers des gouttes de pluie ».

Chacun dans sa goutte.

La vérité suprême, celle de l'autre monde, que nous appelons quelquefois le vrai monde, ne se donne pas facilement. Elle est à recevoir, d'abord, et ensuite à déchiffrer, à interpréter. Pour cela, nous avons besoin de visions célestes, d'illuminations surnaturelles, ce qui est la moindre des choses. Parfois même nous devons passer par des épreuves, comme celles des mystères d'Éleusis ou d'autres rites d'initiation, qui peuvent être énigmatiques, et même douloureuses. Il faut accepter de souffrir, il faut être sur le point de renoncer, il faut, quand le maintien de la croyance le demande, offrir son sang, aller jusqu'au sacrifice, jusqu'à la torture, jusqu'au martyre.

Il faut aussi payer, naturellement – on ne le dira jamais assez, car l'argent se faufile partout, même dans la lutte contre l'argent –, pour l'entretien de la communauté et le confort de ses chefs. Payer très cher, quelquefois, en donnant une bonne part de ses revenus. Sinon, si les choses se montraient simples, claires et bon marché, tout serait évidemment d'une excessive et trompeuse facilité. Il nous serait trop aisé d'adhérer à tel ou tel groupement, ou à telle ou telle superstition, si elle s'imposait avec une force immédiate et indéniable. Et si ce groupe ne nous demandait rien. Non, l'effort et la peine, ainsi que l'argent versé s'imposent. Nous pouvons déceler ainsi une part de masochisme dans toute croyance. Et cette souffrance a une valeur.

Tous coupables

Par le fait même que le chemin est dur, et que la même douleur, les mêmes privations seront imposées aux enfants (qu'ils le veuillent ou non), le croyant se dit « méritoire ». Ce mérite, qui lui vaudra un jour le salut, il dit l'avoir acquis par les souffrances mêmes qu'il s'est infligées. Personne – sauf peut-être sa famille, dans son jeune temps – ne l'a obligé, sous peine de châtiment grave, à vivre ainsi. Il pourrait emprunter une autre route, plus douce, plus fleurie et tout aussi vertueuse et généreuse. Il ne le fait pas. Il passe, en baissant la tête, par la porte étroite. À vrai dire, dans certains milieux musulmans, s'il abandonnait la religion de sa naissance, il risquerait la mort.

Quand on lui parle, comme on le fait toujours, de « salut » (car il faut se « sauver » de cette vie, qui n'est qu'une mascarade de vie, comme notre monde n'est que le plagiat d'un autre univers), le croyant semble ne pas se rendre compte qu'il évolue, du début à la fin, de la cause à l'effet, à l'intérieur d'un système qu'il a lui-même décrit, ou que ses ancêtres ont élaboré, longtemps avant lui. Travailler à son salut n'a de sens que dans une croyance où ce salut est établi, dès le début, comme une vérité d'expérience, comme une destination nécessaire. Pour être sauvé, il faut d'abord être condamné, et pour être condamné il faut évidemment – étant donné que la justice « d'en haut » ne peut pas se tromper – être coupable.

Puisque nous devons travailler à notre salut, nous sommes donc tous coupables, par définition – ce que la religion chrétienne a établi mieux que toute autre.

Nous sommes tous coupables, nous naissons coupables, et nous vivons dans un monde illusoire. C'est ainsi. Le grand jugement nous attend après les portes de la mort, dans le vrai monde, qui est éternel, et, quoi que nous fassions, nous n'y échapperons pas. Le salut – toujours accordé, ou non, après notre dernier souffle, de telle sorte qu'aucune vérification n'est possible dans cette vie – est à notre portée, il nous est proposé par le verdict de telle ou telle divinité, selon des modalités différentes, mais il est aussi dangereusement menacé, en permanence, tandis que nous sommes vivants, par notre impiété, par notre mauvaise conduite, par nos blasphèmes, nos péchés, notre oubli du *dharma,* nos infractions, nos actions pernicieuses.

Dans ce cas, l'enfer éternel ou une réincarnation misérable, dans la peau d'un crapaud par exemple, nous guettent comme des bandits ravisseurs.

L'enfer chrétien est une « éternité de douleur ». De quelle nature étaient les esprits (humains, évidemment) qui purent imaginer cette horreur absolue, sans pardon possible ? Quel dieu serait capable de cette cruauté prodigieuse, sans limite, que les hommes eux-mêmes, si pervers et si fautifs, s'ils ont pu la concevoir, n'ont jamais tenté d'établir sur terre ? Une torture sans fin ? Des hurlements de douleur pour l'éternité ? Pour la plus grande joie de Dieu ?

Dans le cas du christianisme, le péché originel – tardivement imaginé – a consisté, pour Adam et Ève, à vouloir goûter au fruit de l'arbre de la connaissance du bien et du mal. Autrement dit : ce qui distingue le bien du mal ne nous regarde pas. Ce n'est pas aux humains d'établir une morale, laquelle ne peut venir que de Dieu, seul législateur et seul juge.

Toute justice humaine, en conséquence, n'est qu'une imposture.

Tout est posé à l'intérieur de la croyance, tout est prévu, les réponses sont formulées avant les questions – ce qui est plus prudent –, et aucune ouverture sur l'extérieur n'est apparente. Les œillères sont en place, la cellule est close. La croyance répond à toute l'énigme du monde. Elle sait même pourquoi cette énigme a été posée. En outre, la croyance est autogénératrice. Elle trouve son énergie en elle-même. Elle n'a besoin de rien d'autre.

C'est en ce sens qu'aucun mot n'est plus dangereux, sans doute, que « révélation ». Le prêcheur, l'illuminé, bat soudain le tambour, ou souffle dans une trompette, pour nous annoncer qu'il a percé l'apparence des choses, qu'il a soulevé le voile et que désormais, grâce à lui (et à quelques autres), tout est clair. La révélation tant attendue est enfin venue, et il nous l'offre, il nous l'apporte.

D'où lui vient sa certitude, son autorité ? À vrai dire, dit-il, cette primauté n'est concédée qu'à un petit nombre. Depuis l'origine de la parole, des foules de harangueurs se sont succédé, un peu partout, promettant désastres ou merveilles, et n'ont recueilli que silence et dédain. Rares sont ceux qui ont su traîner des foules à leurs talons. Pour les autres, le vaste oubli.

D'où le chef, celui devant lequel les autres se prosternent, tire-t-il à présent son succès ? Nous ne pouvons guère le dire. De son prestige sans doute, dans certains cas, ou de son talent, de sa force de conviction, ou du martyre atroce qu'il accepte de subir sous nos yeux.

Mais au moins le voile qui recouvrait l'obscurité s'est-il dissipé. L'énigme est éclaircie, tout est limpide, et nous savons désormais comment nous devons nous conduire.

Menaces sur les miracles

Les améliorations constantes que nous avons apportées aux techniques de captation, d'enregistrement et de reproduction ont rendu rares et hasardeuses les *photographies d'esprits*, naïvement truquées, qui circulaient dans les salons européens à la fin du XIXe siècle. À vrai dire, nous n'en voyons plus, et les *chasseurs de fantômes*, dans une série télévisée américaine, ont bien de la peine à nous faire croire à leurs rencontres effrayantes.

Les morts ont cessé de nous visiter en traînant leurs chaînes. L'outre-tombe a vécu. Spectres et vampires ont été dévorés par la fiction, où ils prospèrent. Ils sont devenus des effets spéciaux.

Le miracle moderne a lui aussi du plomb dans l'aile, même dans les endroits qu'il affectionnait naguère, même à Lourdes, qu'une inondation dévasta en 2013. Le miracle se raréfie d'année en année. Peut-être va-t-il disparaître à jamais, au moins chez nous. Certains le craignent. Ils vont jusqu'à dire que, si l'on peut voir à Lourdes des guérisons inexpliquées, il s'en produit aussi ailleurs, et même dans les hôpitaux.

À ce propos, nous savons aussi à quelles difficultés se sont heurtés les cardinaux romains, lorsqu'il s'agit, en 2014, de canoniser deux papes récents, Jean XXIII et Jean-Paul II. Il fallait – le règlement l'exige – trouver, au bénéfice de chaque pape, deux miracles certifiés. Nous pouvons imaginer le fouillis de discussions, de réserves, de cachotteries confuses et de concessions de toutes sortes qui s'entrelacèrent dans l'ombre. Et, d'ailleurs, pour Jean XXIII, en fin de compte, il fallut se contenter d'un seul miracle – sur lequel certains cardinaux, paraît-il, gardent encore quelques doutes.

C'est ainsi. Il a toujours été très difficile d'authentifier un miracle, ces moments où un dieu se permet de ne pas observer les lois qu'il a lui-même promulguées et délègue, en quelque sorte, ses pouvoirs à un lieutenant. Cette difficulté est normale. S'il s'agit d'un miracle, il échappe par définition à tout contrôle, il se situe hors de nos preuves, loin de nos critères, de nos instruments, de nos yeux. Il relève d'une autre énergie, il ne peut pas se ramener à nos mesures, à nos dimensions. Il est arbitraire et soudain. Il se manifeste dans un autre temps, dans un autre espace, peut-être même dans un de ces univers multiples et inaccessibles desquels nous parlent, de plus en plus souvent, les physiciens.

Naguère, les chrétiens, par exemple, distinguaient entre les vrais miracles – accomplis au nom du Christ, de la Vierge Marie ou de quelque saint reconnu – et les faux. Les faux miracles étaient ceux qui s'accomplissaient ailleurs, au nom de faux dieux.

Ceux-là – même s'ils avaient eu des effets vérifiés, des témoins opiniâtres – n'étaient que tricheries, menteries et illusions humaines. Simon le Mage, à l'époque du Christ, un Samaritain qui produisait en public des miracles du même ordre que ceux de Jésus, qui prétendait incarner « la puissance du monde » et voler dans les airs comme un grand oiseau, fut condamné comme hérétique, parmi d'autres. Étant donné qu'il pouvait avoir connu la parole de Jésus, mais sans adhérer à la foi nouvelle, il fut parfois considéré – plus tard – comme le premier en date des hérétiques. On raconta qu'il aurait tenté d'acheter à l'apôtre Simon Pierre les secrets magiques du Christ, d'où le nom de « simonisme » donné à cette tentative.

Un tricheur, un illusionniste. Et pourtant des cortèges le suivaient.

De même, il a été soutenu que Moïse avait surpassé les magiciens du Pharaon grâce à sa science de la Kabbale, la même qui permit au prophète Daniel de fermer la gueule des lions.

Les miracles officiels, pour les chrétiens, étaient donc ceux de Jésus (ceux dont Pascal avait besoin pour croire, et que de nombreux croyants tiennent encore, aujourd'hui, pour de « vrais » miracles) et, un peu plus tard, de la Vierge Marie et de quelques saints très orthodoxes. Pour ne prendre qu'un exemple local, la tradition catholique a longtemps attribué un grand nombre d'interventions miraculeuses à sainte Geneviève, patronne de Paris. Mais des miracles de ce genre, nous en trouvons un peu partout, chez tous les peuples du monde, par brassées.

Comment distinguer les nôtres, qui sont les vrais, des autres, qui sont des faux ? Par la foi seule.

En Inde, où je me suis rendu souvent, le miracle est encore présent. Certes, il s'est raréfié, là aussi, mais il opère encore, surtout dans les parages des lieux saints.

J'ai rencontré plusieurs personnages vénérés dont on disait qu'ils avaient récemment fendu une montagne par un seul regard – ou toute autre prouesse. Je n'ai jamais assisté à un de ces événements, mais ils m'ont été rapportés avec force, avec conviction, par des « témoins ».

C'est en effet une des caractéristiques du miracle : il a toujours été vu par d'autres. Le jour où il est survenu, je n'étais pas là. Je le raconte parce qu'on me l'a raconté, mais moi, malheureusement, j'avais dû m'absenter à ce moment-là, ou alors je n'étais pas encore né. Cela vaut pour tous les miracles, pour les apparitions de la Vierge à Bernadette (qui était seule ces jours-là), comme pour les guérisons que relatent les Évangiles, toujours relatés « d'après » Marc, Matthieu, Luc ou Jean ; ou d'après un autre témoin, que nous n'avons pas reconnu, qui ne dit pas ce que nous voudrions qu'il dise, que nous soupçonnons d'hétérodoxie, et que nous appelons, de ce fait, *apocryphe*.

La vérité est ici

Cependant, le croyant croit aux miracles, aujourd'hui encore. Il croit aux miracles qui se produisent à l'intérieur de la goutte d'eau où il évolue, et à ceux-là seulement. Il fait un choix, il trace des frontières précises au surnaturel. Les autres « faits miraculeux » sont – comme autrefois – des mensonges, des erreurs ou des impostures. Il ne veut pas en entendre parler, il les rejette. Il s'agit toujours, comme pour les prodiges de Simon le Mage, de faux miracles accomplis au nom de faux dieux. Et ceux qui les ont constatés ont été, aujourd'hui comme hier, « abusés ». À remarquer, ici comme ailleurs, la présence insistante de la vérité et du mensonge, dans le surnaturel comme dans le quotidien.

Dans sa très célèbre *Vie de Jésus*, parue en 1863, Ernest Renan écrivait avec pertinence que Jésus « subissait les miracles que l'opinion exigeait, bien plus qu'il ne les faisait... Le plus grand miracle eût été qu'il n'en fît pas ».

Question de culture. Le miracle est un phénomène de mode, au sens profond de ce mot.

Encore une fois, la vérité est ici, chez nous, elle n'est pas ailleurs. Nous sommes dans le vrai ; nous, et nous seulement. Ceux qui, hors de notre famille, proclament qu'ils détiennent cette vérité sont des menteurs, des escrocs, des simulateurs, ou alors des égarés, des naïfs, saisis par les lacets de manipulateurs habiles.

Il n'est même pas impossible (cela fut accepté dans la chrétienté, au Moyen Âge) que Satan accomplisse dans certaines occasions quelque action extraordinaire, qu'on appelle alors un « prodige », pour nous tromper une fois de plus, pour nous ramener dans ses filets.

Il en est capable.

Méfiance, donc.

Et simplicité : le croyant s'est tracé un cercle de vérité à l'intérieur duquel il évolue, et en dehors duquel tout est faux. Que nous puissions compter trente-cinq mille ou quarante mille cercles de vérité sur la surface de la planète ne le dérange en aucune manière. Il a le vrai à la maison. Il le porte en lui-même.

Qu'irait-il chercher chez les autres ?

La violence comme argument

Le croyant est ainsi – autre paradoxe, peut-être, plus délicat – à la fois universel et particulier. Les vérités qu'il affirme valent pour tous les êtres humains, à n'en pas douter (sinon elles ne seraient pas des vérités), mais seul un petit groupe est admis dans le cercle.

Comment s'y retrouver ? Où commence, ou s'achève, le territoire de la vérité ? Le croyant, généralement, ne le dit pas. La multitude des certitudes éparpillées devrait suffire à démontrer, pour tout esprit calme, que toutes les croyances, sans aucune exception, sont des erreurs ou des illusions. Mais non. Il n'en est pas ainsi. Une fois de plus, l'intelligence et la raison, compagnes de toujours, se retrouvent ici sérieusement prises en défaut, l'une comme l'autre. Les croyants leur ferment la porte au nez. Plus nous sommes divers, plus nous nous opposons, plus nous nous combattons, plus nous nous étripons, et plus la certitude de chacun se renforce.

Parfois les choses se passent tranquillement, presque amicalement, en tout cas dans une indifférence réciproque, comme lors de cette visite de deux « témoins » que je reçus dans mon village.

Mais pas toujours. Souvent, dans le cours de l'histoire, les croyants ont affirmé leur suprématie avec véhémence, et même avec une violence extrême, n'hésitant pas, par exemple dans les cas des condamnations d'hérétiques, à torturer, à massacrer, comme si nous pouvions convaincre quelqu'un, par la contrainte douloureuse du corps, qu'il vit dans une erreur de l'esprit. Après le massacre de la Saint-Barthélemy, d'atroce mémoire, le roi d'Espagne, Philippe II, envoya une lettre de félicitations à Catherine de Médicis. Elle avait œuvré pour le bien de la vérité et pour la plus grande gloire de Dieu.

Le pape lui aussi s'en réjouit. Et il le fit savoir.

Il semble – et c'est encore une contradiction – que la croyance naisse d'une conviction intime, personnelle, qu'elle vienne du plus profond, du plus inconnu de nous-mêmes, et c'est pourtant de l'extérieur, par force, par obligation, par la douleur du corps et par la mort, que nous essayons de l'imposer.

Nous savons pourtant, et depuis longtemps déjà, que la violence exercée sur la pensée peut produire un effet inverse de celui qui était initialement recherché. Ceux qui tentaient de réduire les camisards l'ont souvent constaté – nous l'avons vu – et l'ont dit : plus nous les persécutons, plus ils s'acharnent, plus ils se multiplient. Cela valait aussi pour les chrétiens, sous Commode et Dioclétien. La vérité appelle le sang. Le fait qu'on me brutalise et qu'on me tue est la preuve que je suis dans le vrai. Et c'est par la violence, toujours, que je réponds à la violence. Ils me frappent fort, je frappe plus fort. Ils brûlent ma maison, ils tuent ma femme, j'égorge leurs enfants.

Si le convaincu, pris de peur, se convertit quand même à force de violence, il s'agira le plus souvent d'une simulation, d'une mascarade. Il sera surveillé de près. À la première occasion, ce nouveau croyant cessera de croire et retournera à ses « erreurs ». Il pourra devenir le pire ennemi de la vérité qu'on lui transmettait dans la souffrance, et il fera tout pour la détruire, ce qui n'était pas le résultat souhaité.

Cette présence de la violence – qui nous est profondément attachée, ainsi que le rappelait tristement Lucrèce – justifie les analyses de ceux qui voient dans la religion, et principalement dans le christianisme, une occasion, et une justification, de sacrifice. J'ai donc le droit de tuer les autres, et aussi de me tuer moi-même. C'est le privilège de l'espèce humaine.

Je me sacrifie pour les autres ou je me sacrifie pour plaire à Dieu. Dieu va aimer ma mort.

Que cet acte sanglant s'accompagne d'une joie furieuse, nous le savons. Il suffit de regarder les photographies de combattants sunnites massacrant à bout portant, en Syrie, depuis plusieurs années, des chiites aux mains liées – ou *vice versa.* Il y a là une jouissance à coloration sexuelle évidente, une brutalité aussi ancienne que notre monde, mais que les images contemporaines nous permettent de voir au plus près, comme dans un miroir dépourvu de toute pitié. Nous pouvons lire les images de Syrie et d'Irak, aujourd'hui, et du Nigeria, et de Libye, comme si elles arrivaient directement de nos guerres de religion.

Le sacrifice humain est de retour, que je tue les autres ou que je me tue moi-même. Les membres de la secte Anathème et Exil, responsables des derniers attentats en date (à Paris, en 2015), se réclamaient de cet acte ancien. Et ils plaçaient leur propre mort dans leur arsenal. Et ils sont considérés, ailleurs, comme des « héros de la foi ».

Quant au christianisme – et cela fut souvent relevé –, il accueille cette violence meurtrière dans l'image emblématique qu'il présente au monde : un homme est là, fixé sur une croix, il est percé de clous, il saigne, il est vivant, il meurt, et nous adorons ce supplice. Nous nous prosternons devant une agonie.

Nous l'adorons au point, parfois, de l'imiter. Assez longtemps, le christianisme a tenu la douleur humaine pour une valeur. « Nous devons souffrir comme notre divin Sauveur a souffert », nous disait-on, lorsque j'étais enfant. Et même les prêtres nous recommandaient d'offrir notre souffrance à Dieu, comme si ce don pouvait l'apaiser ou même lui plaire (ce que nous avions du mal à comprendre). Cilices, fouets, jeûnes, mutilations, clous plantés dans les mains, longs pèlerinages à genoux, tout était bon, jadis, pour nous attirer les faveurs de Dieu.

Mais cette souffrance, à vrai dire, que nous avions imaginée et que nous nous infligions en vain, nous étions les seuls à l'aimer.

Ainsi, la croyance nous poursuit jusque dans nos replis secrets, inavouables.

C'est moi qui m'en vais

Que des hommes torturent et tuent pour imposer aux autres leurs théories et leurs pratiques – religions, idéologies –, nous pouvons le concevoir, sinon l'approuver. Nous sommes, en tout cas, dans l'obligation de l'accepter. C'est ainsi. Ce mal dure depuis longtemps (depuis combien de temps, nous ne le savons pas, il y a discussion là-dessus : est-ce que la préhistoire était violente ? Ce n'est pas certain), et nous le voyons encore rôder autour de nous. Il est en nous. Il peut prendre des formes diverses selon les siècles et les hommes, pourtant c'est du même mal qu'il s'agit ; du règne de la violence sur l'esprit.

Mais, lorsque des hommes et des femmes, alors que rien ne les y contraint, décident de se suicider collectivement pour s'en aller dans un monde meilleur, par exemple sur une autre planète, ou sur la queue d'une comète de passage – laquelle les conduirait dans le vrai monde –, c'est là un geste qui nous frappe de stupeur et nous laisse, le plus souvent, désemparés, sans réaction. Nous tournons vite la page, nous ne voulons plus parler de ça. Impossible de nous reconnaître dans ce miroir de fous. Il n'est pas possible que cela relève de ce que nous appelons l'humanité.

Et pourtant… Lorsque cela se produit – trois ou quatre fois dans les trente dernières années –, lorsque les membres d'une secte – comme celle dite de l'ordre du Temple solaire, ou, pis encore, cette communauté californienne, nommée *People's Temple* (le « Temple du Peuple »), qui s'était installée au Guyana dans les années 1970, en une sorte d'utopie, de « paradis » même, disaient-ils ; un paradis qui atteignit un sommet dans l'étrangeté de l'horreur.

Obéissant à la parole d'un beau parleur, nommé Jim Jones, lequel, caché sous des lunettes sombres, rejetait le capitalisme et le totalitarisme tout en s'accordant un droit de cuissage sur femmes et enfants, ces Américains des deux sexes, et de condition moyenne, croyaient avoir trouvé, en mettant leur argent en commun, le moyen d'échapper au monde.

L'étrange, ici, est que cette installation, fidèle en apparence à la tradition utopique, ne se réclamait en rien d'une inspiration surnaturelle. Le paradis, ils l'établissaient sur cette terre, de leurs mains, avec leur travail. Et, pendant quelque temps (défrichage, cultures), ils y crurent, comme des documents le montrent.

Quelques rumeurs, cependant, parvinrent aux oreilles des autorités américaines, qui envoyèrent en 1978, dans un petit avion, une délégation, dirigée par un homme de confiance, un certain Leo Ryan. Les observateurs furent d'abord sidérés par des hommes et des femmes qui leur apparaissaient souriants, épanouis. Les membres du *People's Temple* affirmaient, sans contrainte apparente, qu'ils n'auraient jamais imaginé qu'ils pourraient un jour être aussi heureux sur cette terre. Tout semblait accueillant, joyeux.

Cependant, le même jour, quelques billets furent discrètement glissés aux membres de la délégation, disant : « On nous retient de force, nous voulons partir. »

Et, soudain, des hommes armés surgirent. Sans prévenir, ils ouvrirent le feu sur les observateurs, lesquels tentaient de regagner leur avion en toute hâte. Leo Ryan fut tué sur le coup (nous en avons des images).

Il s'ensuivit une scène extraordinaire où, sur l'injonction de Jim Jones, les membres de la secte (à l'exception de cinq ou six d'entre eux qui trouvèrent la force de s'enfuir dans la jungle) se donnèrent la mort en s'empoisonnant, dans un état d'exaltation intense, sans épargner leurs enfants. Quelques images nous sont parvenues de ces derniers moments. On y entend des cris, on y voit de la stupéfaction, de l'épouvante, et les regards fixes des enfants, qui essaient peut-être de comprendre, au dernier moment de leur très courte vie, ce qui se passe, ce qui leur arrive.

Le lendemain, des militaires alertés trouvèrent plus de neuf cent dix morts sur le sol du paradis.

Plus loin que nous-mêmes

Il est clair que, devant une image pareille, nous ne savons que dire. Au spectacle de l'hécatombe, notre gorge se ferme, notre intelligence s'immobilise. Nous n'en revenons pas. Les commentateurs parlent aussitôt de folie et même de folie collective, ce qui est tout sauf une explication. Et nous demeurons atterrés, hésitant à appeler ces cadavres, que nous voyons étendus là, nos semblables. Comme l'a dit un des survivants : « Inutile d'essayer de comprendre. » Et il est vrai que certains comportements humains dépassent notre entendement limité. Nous allons parfois plus loin que nous-mêmes. Nous perdons notre propre piste.

Nous retrouvons aussi, dans les dernières paroles de Jim Jones qu'entendirent quelques survivants (il mourut d'une balle dans la tête, tirée on ne sait par qui, par lui peut-être) les antiques clichés : la mort n'est rien, elle n'est qu'un passage, nous allons vers un autre monde. Et c'est peut-être ici que nous retrouvons la « croyance ». Elle s'était identifiée à un seul homme. Il était le porteur de la doctrine et la doctrine elle-même. Il avait réussi à mobiliser la confiance de tous, et leur pensée. Comment ? Par quels moyens ? Nous ne pouvons pas le dire.

Cependant, le massacre du Temple du Peuple est un épisode de notre histoire commune, l'abrégé d'une religion. Nous aurions pu, nous aussi, nous y laisser prendre – au nom, par exemple, de la résistance au « système », de l'idéal naturel retrouvé dans la forêt vierge, de l'amitié et de l'entraide, des couleurs de peau enfin mélangées. La mort était entrée dans ce paradis et, un sale jour de novembre, elle a frappé.

Tous ces éléments, nous les retrouverions sans doute autrefois, chez les manichéens qui se jetaient dans les flammes avec femmes et enfants, et dans tant d'autres « sacrifices », ou « martyres », ou « célébrations » communautaires. Le large massacre du Guyana ne nous aide pas à comprendre les actes mortels du passé (c'est au-delà de nos forces), mais à les admettre. Les images, là aussi, nous aident à remonter le temps. Elles sont d'aujourd'hui et d'hier.

Dernier geste d'orgueil

Nous retrouvons par moments, devant ces scènes inimaginables, cette sensation diffuse que ces « adeptes », peut-être, quittent un monde qui n'était pas fait pour eux et qui, au fond, ne les méritait pas. Leur territoire est ailleurs, dans une autre vie, une autre dimension – où les mortels ordinaires n'ont pas accès. Ainsi, le suicide collectif – très différent de l'attentat suicide d'un islamiste, qui est avant tout une valorisation de la mort dans une action de lutte sainte – peut être considéré comme un effacement nécessaire, comme un acte métaphysique – un sacrifice méritoire. Il affirme – et à quel prix ! – qu'un autre monde existe, et que j'y suis admis. Il rejoint ainsi, par un étrange raccourci, les anciennes philosophies des essences, qui affirmaient que le monde où nous vivons n'est pas le vrai, que nous ne sommes que des ombres, des simulacres, et que la vraie vie est ailleurs.

L'extrême exigence de ma croyance, son aspect intraitable, ce « château fort », ce dogme invulnérable que les autres ne pourront jamais ni détruire ni partager, me conduit, comme dernier geste, à renoncer à une terre qui refuse de se rallier à ma foi. Je ne suis plus chez moi, je n'ai plus rien à faire ici, parmi tous ces mécréants, ces imbéciles, ces dédaigneux qui m'ont ignoré, repoussé, insulté, qui ont fait de moi le membre d'une secte, c'est-à-dire de quelque chose qu'on coupe et qu'on rejette loin de soi comme une gangrène. Eh bien, puisqu'on me rejette, je vous tire mon chapeau, je m'en vais avec les miens, j'effectue ce que les membres de la secte du Temple solaire appelaient un « transfert ».

Jusque dans ma mort, je vous méprise. Je n'écoute aucune de vos voix, je m'efface dans la vérité et je vous laisse à vos erreurs. Vous n'entendrez plus parler de moi (ni moi de vous, mais cela n'est pas dit).

Nous nous séparons pour toujours.

Malgré quelques indications prometteuses (en tout cas c'est ainsi que je les interprète, d'après ce que certains prophètes m'ont dit), je ne suis pas tout à fait sûr de trouver dans la queue d'une comète le monde que je m'étais promis, mais du moins j'aurai renoncé à celui-ci, qui n'est pas le mien. Ce n'est pas lui qui refuse de m'admettre, ce n'est pas vous qui me chassez, c'est moi qui m'en vais.

Je vaux mieux que ça. Je décide aujourd'hui de ma vie éternelle.

Dernier geste d'orgueil, auquel vous ne trouverez rien à redire, car je ne serai plus là, de toute façon, pour vous écouter. Oui, aujourd'hui c'est moi qui décide du monde et de moi-même. Je n'écoute plus vos leçons, je ne réponds plus à vos phrases, je ne vous entends déjà plus. Je suis le séparé, l'exclu, mais je suis encore mon maître. Mon seul maître. Peut-être même, en me rejetant, avez-vous fait de moi ce que je suis. Et vous ne pourrez plus me prouver que j'ai tort. Je meurs de moi-même, je meurs avec ma vérité. Je l'emporte avec moi dans les espaces, et elle ne me quittera plus. Jusqu'au dernier moment, ma croyance, c'est moi.

Dieu : un vrai faux sujet

Les croyances des autres ne me dérangent pas, quelquefois même elles me distraient et m'intéressent (elles nous disent toujours quelque chose sur nous-mêmes), mais à la condition, cela va de soi, que personne n'essaie de me les imposer, de force, ou même de gré. Par exemple, les discussions polies, à la fin des repas, sur l'existence ou la non-existence de Dieu me font tout aussitôt bâiller. Mes oreilles se ferment et je regarde le plafond. Nous savons dès le départ, dès la première question, que Dieu ne viendra pas s'asseoir à la table, que la discussion n'ira nulle part et que chacun restera barricadé sur ses étroites certitudes.

Je préfère ne pas m'en mêler. D'ailleurs, ces discussions se raréfient, me dit-on. Je ne crois en aucun dieu, en aucune de ces présences, de ces forces, que nous appelons surnaturelles. Je me demande comment nous pourrions nous placer, étant donné le peu que nous sommes, au-dessus ou à côté de la « nature » (ce mot qui attend toujours une définition), je n'ai reçu aucune révélation, mes convictions ne viennent que de moi-même, je suis tranquille, rassuré, paisible, je ne vise à convertir, ou à déconvertir, personne (d'ailleurs, à quel titre le ferais-je ?).

La discussion, pour moi, n'offre aucun intérêt. Dieu (« l'être le plus prostitué », selon Baudelaire) est un faux sujet. Par là même, toute croyance est une réponse à des questions qui ne se posent pas. Nous savons – à condition, bien entendu, de vouloir le savoir – que tous les dieux sont des inventions humaines, nous savons où, quand, comment et par quels peuples ils ont été imaginés, fabriqués, racontés, et par la suite développés, attaqués, interdits et bannis parfois (les dieux grecs, égyptiens, mazdéens), et partout ailleurs maintenus par la force des armes humaines. Dieu est un faux sujet pour la bonne raison qu'il n'existe pas.

Comme l'a écrit Bergson, l'univers est « une machine à faire des dieux ». Nous en voyons partout, nous les identifions, nous les adorons un moment, après quoi nous les abandonnons, comme des outils hors d'usage.

Que l'univers soit un mystère illimité, que l'énergie, la vie, la matière, la lumière, le temps, soient des questions sans réponses précises, oui, c'est un fait. Mais ces questions ne sont des énigmes que parce que nous les posons selon nos critères, à partir de notre raison, de notre relation au monde, de nos sens, de notre infime participation à l'ordre des choses ; parce que nous voulons, avec nos moyens minuscules, appréhender et comprendre la réalité qui nous entoure, ce qui est notre ambition suprême.

Répondre à ces énigmes par le mot « Dieu » (qui est responsable de toutes choses, des meilleures comme des pires, mais dont les voies sont évidemment impénétrables) est la marque même de notre paresse, pour ne pas dire de notre indigence mentale.

La question n'est pas : un dieu, des dieux existent-ils ? Elle est, il me semble, plus diverse, et du même coup plus intéressante : pourquoi avons-nous inventé les dieux ? Comment avons-nous réussi à donner à tel ou tel dieu, ou à telle déesse, à tel ou tel moment, une existence ? À croire en lui, à lui attribuer la vie, à lui donner un nom, un sexe, des attributs, une vie, un visage ? Et, à tel ou tel moment de l'histoire, que projetons-nous en lui, en elle ? Quel est ce miroir ? Qu'y voyons-nous ? D'où vient ce besoin ? Et comment nous adressons-nous à ce produit de notre imaginaire ?

Et, plus encore : de quelle manière, ici ou là, avons-nous dessiné son image, précisé ses pouvoirs, son caractère ? Certains dieux, certaines déesses, ont en effet la particularité de s'imposer plus facilement que d'autres à certains peuples, ce qui fait naître des reflets, des légendes, des dialogues, des attachements curieux, rares, souvent inattendus, intrigants, passionnants même.

Connaître un peuple, c'est aussi connaître ses dieux. Et *vice versa*.

Nous entendons dire qu'on peut encore rencontrer des dieux locaux, des dieux identitaires, appelés quelquefois tutélaires, qui n'exercent leur pouvoir que sur un espace réduit de notre planète, comme le gros lézard choyé dans son village (les dieux se sont partagé la terre, comme les hommes). Et nous connaissons aussi des dieux vaincus, à l'agonie, des dieux à demi morts, des dieux conquérants et vaniteux, des dieux fumeux et oubliés, des dieux qui sont peut-être encore à naître.

Dans tous les cas le dialogue s'établit, plus ou moins bref, plus ou moins consistant. Il peut même arriver que les fidèles se fâchent, comme ces paysans espagnols d'Aragon (racontait Luis Buñuel) qui, après avoir longuement, et vainement, tout en chantant des litanies, promené la statue de la Vierge autour de leur village pour obtenir la pluie, finissaient par la jeter, rageurs, au fond d'un ravin.

Mais ils n'avaient pas perdu la foi pour autant.

Si Dieu le veut

La plupart du temps, le dialogue est indirect. Personne – à part Moïse, mais il était seul, comme Bernadette – n'a jamais entendu la voix de Dieu sortant des nuées (pour Bernadette, il ne s'agissait que de la Vierge, comme pour les bergers de Fatima, au Portugal). La parole de Dieu nous est toujours rapportée par un tiers. « Dieu nous a dit », « si Dieu le veut », « Dieu nous ordonne », « Dieu nous promet », « Dieu merci », sont des formules que nous entendons chaque jour, au point de n'y prendre plus garde. L'extrême confidentialité des paroles divines ne s'explique jamais. Pourquoi ce goût constant, cette nécessité du secret ? Pourquoi choisir celui-ci, celle-là ? Pourquoi parler à l'oreille d'un seul si la chose à dire est, pour tous, essentielle ?

Question toujours posée, et toujours sans réponse.

Trois minutes de réflexion suffiraient à nous convaincre que ce n'est pas Dieu qui a parlé, ni la Vierge, ni Ahura-Mazda, ni Vishnu, ni l'archange Gabriel, mais ceux qui ont pris la parole en leur nom, et qui ont eu besoin de la garantie divine pour édicter et imposer leurs lois humaines. Pourtant cette réflexion élémentaire, évidente, que tous les historiens des religions ont formulée et assez souvent analysée, les croyants l'ignorent. Quand on leur en parle, ils ne veulent même pas l'entendre, ils la repoussent aussitôt. Leurs oreilles, leurs yeux sont clos, et ils gardent leurs pieds scellés dans le dur ciment de la foi. Leur phrase la plus commune est : « Quoi que tu me dises, je te préviens, tu ne me feras pas changer d'avis. »

Autre façon d'avouer : « Quoi que tu me dises, je resterai moi. »

À les entendre, Dieu est vivant, présent, et à chaque instant il leur fait écouter sa voix. Il est partout et toujours, il est l'être même. Pas un instant, pas un souffle sans lui. Pour les pieux musulmans, Dieu est même le témoin et la garantie des moindres actions de la vie quotidienne. Je réussirai à mon examen si Dieu le veut. Je ne raterai pas mon train si Dieu le veut (pourquoi Dieu voudrait-il que je rate mon train ? Ce n'est pas dit).

Nous avons même vu, et nous voyons encore, des partis politiques s'intituler « Parti de Dieu ». Dénomination maladroite, qui est en fait un oxymore : si Dieu est Tout, comment pourrait-il fonder un parti ?

En tout cas, nous nous réclamons constamment de lui, comme le font aussi nos adversaires, qui professent cependant d'autres croyances que les nôtres. Sommes-nous donc des sorciers qui, à force d'incantations, de prières et de sacrifices, ont réussi à donner forme et vie à une idée, à une abstraction ?

Sommes-nous tous des docteurs Frankenstein qui, s'aidant dangereusement de la foudre, ont animé une chose sans vie ?

Tout croyant s'attribue ainsi, qu'il le sache ou non, qu'il le veuille ou non, un véritable pouvoir magique, celui de donner vie, non plus à un cadavre déterré la nuit dans un cimetière, comme pour le docteur de Mary Shelley, mais à un fantasme, à une idée, et même à un désir. Cette idée, cette poussée désirante est née de notre manque, comme disent les analystes, de notre crainte de la mort, de notre obsession du néant, de notre pénurie de beauté, de nos limites, de tout ce qu'on voudra (la liste est longue), et nous lui avons donné vie.

J'imagine quel frémissement parcourut le docteur Frankenstein quand il vit son cadavre bouger un doigt, puis ouvrir lentement un œil sur le monde où il revenait. Imaginons alors quelle serait l'allégresse d'un croyant si un jour, ici ou là, le dieu qu'il a nommé, qu'il a imaginé, venait doucement poser sa main sur son épaule. Un dieu qui ne renaîtrait pas, comme le cadavre déterré, mais qui naîtrait, qui surgirait du rien, qui verrait la lumière pour la première fois et qui découvrirait le monde où nous vivons.

Un dieu auquel nous aurions donné vie.

J'ai écrit machinalement « sa main », sans même y penser, parce que, comme nous l'avons souvent remarqué, tous nos dieux ont des mains, tous nos dieux sont des hommes, ou des femmes. Ils sont de toute évidence nos fils et nos filles, ils ont forme et pensée humaine. Ils sont soumis aux mêmes désirs, aux mêmes sentiments que nous, avec toutes les nuances que peuvent apporter les différentes cultures qui les ont mis au monde.

Parfois même, comme Krishna sous sa forme humaine (lequel, fatigué, endormi dans un bois, est tué par un chasseur de passage qui a pris ses pieds pour les oreilles d'un daim), ils sont mortels, et ils l'acceptent. Krishna, fatalement blessé par erreur, admet que son temps est accompli, sa mission remplie (il était un avatar de Vishnu, descendu quelque temps parmi nous pour empêcher une destruction universelle), et que le moment est venu, pour lui, de changer de monde.

Les Égyptiens ont été les seuls, croyons-nous savoir, à diviniser un animal, à permettre à certaines divinités, en tout cas, de s'affubler de têtes d'animaux – à l'exception de quelques figures précolombiennes, du paon des Yazidis, du varan indonésien, du très populaire Ganesha, en Inde (mais il y fait exception, et il n'était pas né sous cette forme hybride), et du dieu-singe Hanuman, fils du Vent, un des héros du *Ramayana*. Cependant, par prudence, chez les Égyptiens, même sous le masque d'un animal, les sentiments des dieux restaient les nôtres, ou presque.

À propos des animaux : pourquoi les hommes, dans les religions monothéistes, sont-ils les seuls à jouir d'une âme immortelle ? D'une vie éternelle ? De dieux qui veillent sur leur salut ?

La réponse à cette vieille question, devenue banale au fil des siècles, chacun la connaît. Parce que nous sommes des hommes et qu'ils sont des animaux. Parce qu'ils ne sont que des animaux. La dimension divine, que nous nous accordons sans hésiter, nous la leur avons toujours refusée.

Nous sommes leurs maîtres et possesseurs. La Genèse, que nous avons jadis écrite, nous l'a clairement confirmé. Les sentiments et les pensées des animaux, nous avons choisi de les ignorer, et depuis longtemps ; de même pour leurs désirs non formulés, leurs souffrances. On peut ici rappeler que, jusqu'au début du XXe siècle, pour le vrai chrétien, être végétarien constituait un péché mortel. Jésus ayant en effet mangé de l'agneau, nous devions l'imiter. Refuser la viande, se contenter de fruits et de légumes pouvait être pris comme un reproche adressé à Dieu, presque une insulte.

Un conte africain dit qu'il se trouvait, dans un village, un homme connaissant le langage des fourmis. Il demanda à l'une d'elles : « Vous avez un dieu ?

– Bien sûr, répondit la fourmi.

– Et comment est-il ? Il vous ressemble ?

– Oui, répondit la fourmi, il est exactement comme nous, mais nous n'avons qu'un dard. Lui, il en a deux. »

Histoire qui rappelle une phrase souvent citée de Montesquieu : « Si les triangles faisaient un dieu, ils lui donneraient trois côtés. »

Ainsi, Vishnu, Shiva et d'autres divinités hindoues ont quatre bras, parfois même six, et un troisième œil au milieu du front – l'œil qui voit le caché, et même l'invisible. Brahma jouit de cinq visages et par conséquent de cinq paires d'yeux, la dernière placée sur le sommet du crâne. La divinisation commence par la multiplication des organes et des membres, donc des fonctions.

Et pourtant le cerveau reste seul, comme le cœur. Encore que, pour le cerveau, cela soit de moins en moins assuré, du moins en ce qui nous concerne. Il paraît que nous possédons une sorte de second cerveau, en tout cas une masse importante de neurones, quelque part dans notre abdomen. Est-ce la raison pour laquelle le Bouddha et certaines divinités asiatiques sont représentés largement ventrus ?

La sagesse et la connaissance se tiennent-elles, au moins en partie, dans notre *hara ?*

Nous avons joué avec toutes les formes, même les plus singulières, avec toutes les apparences qui pourraient être, sur notre planète, celles du divin que nous imaginons ; sans jamais paraître noter que toutes ces formes sont terrestres, et que la terre, à supposer que les dieux existent, n'est pas forcément leur seul séjour. Nous sommes incapables de tracer d'autres formes, dans d'autres dimensions, dans un autre univers, dans un espace-temps qui nous serait inconnu. Nous situons les dieux ailleurs, la plupart du temps, dans un monde qui n'est pas le nôtre, mais nous leur attribuons toujours quelque chose de familier lorsqu'ils descendent et vivent parmi nous, car nous devons les reconnaître, et d'abord les voir, les entendre.

Ils doivent parler notre langue, ils font partie du paysage humain, ils doivent se soumettre à nos sens, sinon le divin nous échappe. Et ils doivent aussi ne pas être trop éloignés de notre terre, afin de pouvoir entendre nos suppliques.

Du haut de l'Olympe, ils entendaient tout. Du lointain paradis, nous en sommes moins sûrs.

Reconnus, quand ils daignent « descendre » et parfois se montrer, ils sont alors reçus comme d'éminents visiteurs (tous les dieux ont aimé, comme nous, les louanges et les offrandes), dans des endroits qui leur sont réservés, que nous leur consacrons, et que nous ornons à leur intention (vitraux, marbres, tapis). Ils y ont leurs entrées et leurs sorties et, où que nous les amenions, ils se trouvent toujours en représentation. Nous leur fournissons répliques, costumes et accessoires. Nous les habillons comme des poupées.

Parfois, quand nous laissons tomber une pièce dans l'escarcelle d'un saint de plâtre, il hoche la tête, il nous remercie.

Il y a décidément quelque chose d'étrangement enfantin dans le chemin de la croyance. Dieu est notre seigneur. Il est aussi notre jouet.

Chacun de nous

Que l'on trouve, dans la croyance, une porte ouverte, la possibilité d'une immense rêverie, un ailleurs et même un au-delà, un sentiment très rare et précieux, c'est aussi une évidence. Nous sommes sans doute tous sensibles à ces moments où nous échappons à la pesanteur du réel, aux obligations quotidiennes, à la tyrannie de notre bon sens, à notre marche forcée vers la mort.

Mais la contradiction fondamentale de toutes les croyances, sans aucune exception, est l'impossibilité où nous sommes de rester, apaisés, dans ce champ indéfinissable. Nous recherchons, nous atteignons parfois ce sentiment d'une transcendance exotique, nous en avons même besoin – un besoin de vide, d'égarement, un besoin d'inexplicable –, et nous le peuplons aussitôt de toutes les figures qui sont les nôtres. Nous l'illustrons, nous le colorions à notre façon, nous y posons des masques familiers, nous y installons des dieux que nous appelons nos « seigneurs », qui nous ont créés autrefois et qui sont assistés de princes, de messagères et de serviteurs – les anges, les apsaras, les kamis, les démons, les génies –, lesquels surveillent avec sévérité chacun de nos gestes.

Nous mettons ainsi l'insaisissable à portée de main, nous baptisons l'innommable et nous maquillons l'invisible. Quelles que soient nos attitudes, nous n'échappons jamais à nous-mêmes ; ce qui a permis de dire, souvent, que les religions sont la preuve définitive de la non-existence des dieux.

Dieu, c'est nous, c'est chacun de nous, et ce n'est rien d'autre. Dieu est l'idée que nous avons de Dieu. Cette dimension que nous appelons volontiers « divine », qui par moments nous traverse, même d'une manière fugitive, c'est une partie de nous-mêmes que nous sommes incapables de nommer autrement ; c'est cette sortie de l'être, cet effacement délicieux, cet oubli de soi qu'ont essayé de dire les mystiques, un souffle d'infini qui nous effleure et qui quelquefois nous emporte, ce réel intouchable que tant d'artistes ont sollicité, ont côtoyé, ont apprivoisé, que parfois même ils ont transmis.

En désespoir de cause, ce sentiment, nous l'appelons Dieu, nous en faisons ce personnage qui n'est évidemment que notre reflet, et auquel, aussitôt, nous ne pouvons pas nous empêcher de donner un nom, un visage, un caractère et une histoire.

Cette zone sans limites, cette lande sans substance, ce vent sans origine, ce voyage sans déplacement, nous le ramenons sans cesse à nous-mêmes, et du même coup nous le détruisons.

Un premier brin d'histoire (entre parenthèses)

Que la Terre soit une planète de forme arrondie, aplatie aux pôles, tournant sur elle-même en vingt-quatre heures, et autour du Soleil en une année (ou presque), est aujourd'hui un fait admis. Nous pourrions même dire, sans prendre trop de risques, que nous tenons là une vérité.

Les plus prudents ajouteraient un adjectif ; ils diraient une « vérité scientifique ».

Mais que de suppositions, que de croyances, de controverses et de légendes, avant d'en arriver là ! Qui sait ce que les premiers hommes pensaient de la terre où ils vivaient ? Impossible à dire. En imaginaient-ils la forme, les dimensions, la place dans l'espace ? Sous quels angles regardaient-ils le ciel ? Comment le voyaient-ils, lointain ou proche ? Amical ou indifférent ? Interprétaient-ils les solstices, les éclipses, les marées, les tremblements de terre ? Installaient-ils des dieux derrière les orages ? Se trouvaient-ils déjà animés par une sensation, par une respiration d'univers ? Ou bien se pensaient-ils seuls au monde ?

Nous n'en savons rien. Peut-être ne se posaient-ils pas ces questions comme nous. En tout cas, nous ne trouvons que de très rares représentations des astres dans les peintures pariétales. Encore ne sommes-nous pas sûrs qu'il s'agisse d'étoiles.

Nous savons que pendant longtemps, plus près de nous, dans les siècles dits historiques, et malgré les intuitions et les expériences de quelques précurseurs de génie (le Grec Ératosthène fut du nombre), les hommes croyaient la Terre plate et bordée par des gouffres. Elle était, selon les descriptions didactiques d'Aristote, qui, lui, l'estimait ronde, le centre évident du monde, pour la bonne raison que nous y vivons. Quelques corps célestes sans grande importance évoluaient au-delà du « monde sublunaire », mais nous étions au centre de tout, nous les hommes, position longtemps confirmée, surtout par les religions monothéistes. La création, c'est ici. L'effort majeur de Dieu, ou des dieux, c'est nous. C'est après avoir créé l'homme, louable effort, que le créateur dut se reposer, comme un artiste souffle un peu après son chef-d'œuvre.

Quant à cette idée tardive – évidente et insupportable – que la terre est insignifiante et que nous ne sommes pas au centre du monde (loin de là), on lui mena longtemps la vie dure. Nombreux furent les résistants, qui se montraient parfois furieux. En 1842 – Darwin avait déjà 40 ans –, un certain abbé Matalène, par exemple (mais il n'était pas le seul), dans un ouvrage intitulé *L'Anti-Copernic*, affirmait encore que « le Soleil n'a pas un mètre de diamètre, que l'étoile de Vénus n'est pas si grosse qu'une orange, que la terre est plus grande que tous les corps célestes réunis en masse… », et autres fantasmagories. Il s'agit là, évidemment, au beau milieu du XIXe siècle, d'une pensée-vestige, d'un reliquat de croyance, presque invraisemblable, mais ce texte attardé nous donne sans doute une idée précise de ce que les hommes pensaient, et affirmaient, au cours des longues époques précédentes.

Le monde étant vu par nous, nous étions le centre du monde.

De même (sauf rares exceptions comme, en France, les voyages de Cyrano de Bergerac et le *Micromégas* de Voltaire), nous n'avons jamais pu imaginer, jusqu'à une date récente (et seulement sous une forme romanesque, plus récemment cinématographique), qu'une autre espèce, différente, vivant ailleurs, pût nous être « supérieure », et que notre place fût à l'écart. Nous étions, en tout cas nous nous disions d'essence divine, la flèche de l'évolution des formes vivantes, et par conséquent les maîtres et possesseurs de la nature.

Seuls (à ma connaissance) les anciens hindous, dans la grande épopée du *Mahâbhârata* par exemple, composée bien avant notre ère, imaginaient un univers très large, accueillant d'autres mondes habités, et en particulier une cité-planète appelée Amaravati, demeure d'Indra, le roi des dieux. Il s'agit d'un objet céleste des plus plaisants dont il est dit qu'il est sans cesse en mouvement dans les espaces – peut-être pour que les hommes ne puissent jamais l'atteindre.

Peu à peu – Copernic, Galilée, Kepler, Newton –, la planète Terre nous est apparue telle qu'elle est (même si ses entrailles nous demeurent encore presque inconnues), mais, au XVIIIe siècle encore, nous avions de la peine à imaginer comment les hommes des antipodes pouvaient marcher la tête en bas.

Et avant nous ? Avant la présence des hommes ? Quelques rares géologues s'intéressent ici ou là aux minéraux, aux premiers lichens, aux mousses, d'autres aux grands animaux qui nous ont précédés. Mais, soyons francs, l'histoire de la Terre commence avec nous. Ou, plus exactement, elle commence avec les historiens.

Mais s'achève-t-elle avec nous ? Qui pourrait aujourd'hui se risquer à le dire ? Et jusqu'où nous emporte l'histoire de l'univers, puisqu'il paraît qu'il n'est pas immuable, ni éternel, comme nous l'avons longtemps pensé, et même que son expansion s'accélère ? Et qu'un jour, que Dieu le décide ou non, tout notre système s'effondrera, à commencer par le soleil ?

Quelles seront les croyances de demain ? Les robots, dont on dit qu'ils s'associent déjà (en syndicats, bientôt ?), qu'ils développent un langage évolutif, qu'ils se déplacent en groupe selon des méthodes d'orientation qui rappellent celles des fourmis, et que nous commençons à les récompenser et à les punir quand ils commettent une erreur (en augmentant ou en abaissant l'intensité du courant électrique qui les anime, par exemple), auront-ils un jour besoin de créer des dieux, à leur tour ?

Et des dogmes ? Et des cultes ?

Réciteront-ils des prières ?

Auront-ils à lutter contre des hérésies ?

Nous avons déjà posé ces questions, sans y répondre. D'ailleurs personne ne peut y répondre, et les robots moins que les autres.

Le grand historien des mondes, s'il existe un jour (mais peut-être est-il déjà au travail, avec son équipe, enveloppé de la longue batterie de ses ordinateurs galactiques), nous inscrira-t-il sur ses tablettes ? Nous remarquera-t-il, sur notre parcelle ? Offrirons-nous quelque intérêt à ses yeux ? Quels sont les événements de notre évolution qu'il retiendra, le cas échéant ? Que dira-t-il de nos images et de nos fables ? S'intéressera-t-il encore à nos dieux tout-puissants sur notre grain de sable ?

Ou bien continuera-t-il à écrire l'histoire du monde sans détacher les yeux de son propre nombril ?

Le mot « vérité » offrira-t-il encore un sens, pour cet esprit inimaginable ?

Il est probable qu'il nous balayera d'un souffle, sur sa planche, ou sur son écran, ou que nous finirons dans une note en bas de page.

Au secours de saint Thomas d'Aquin

Sans doute, en nous rappelant les croyances qui furent celles du passé – le culte et le commerce extravagant des reliques, par exemple, ou les miracles villageois, ou les récits merveilleux de la vie des ascètes et des saints, ou les sombres subtilités des disputes conciliaires –, sans doute nous arrive-t-il de nous tenir pour plus clairvoyants qu'autrefois, moins sots, à tout le moins mieux informés.

Mais il se peut aussi que ce sentiment soit une erreur ; en tout cas une erreur d'appréciation, de perspective, car le Moyen Âge, auquel nous nous référons sans cesse quand il est question d'ignorance et d'obscurité, ne voyait pas la raison et la foi comme deux forces irréconciliables. Au contraire. La foi chrétienne constituait en Occident, pour les meilleurs esprits de ces temps-là – aussi prudents, aussi « intelligents » que nous –, le couronnement naturel de la raison, le point de rencontre entre la conscience de l'homme et la volonté de Dieu.

De cette union – la création, la chute, le rachat, la religion, le dogme – tout procédait, dans une vraie clarté, au moins dans la religion chrétienne, alors à son apogée. Seule l'idée de Dieu permettait de comprendre et d'accepter le monde. Et l'être humain, confirmé dans sa prééminence par les Écritures, se trouvait naturellement placé au sommet de la longue échelle du vivant, les mains tendues vers son dieu unique.

Tout se tenait. Saint Thomas d'Aquin, dans sa majestueuse *Somme théologique*, réconciliait presque la science grecque et la foi chrétienne.

Loin d'être antagonistes, ou même distinctes, raison et foi se partageaient alors la vérité. La réalité du monde et celle de l'homme apparaissaient, blotties dans la main de Dieu, comme cohérentes et inséparables. La foi rayonnait comme la couronne de gloire de la science. Toute recherche aventureuse, dans un domaine comme dans l'autre, devenait inutile, et par conséquent prohibée. La recherche de la pensée de Dieu, même déclarée officiellement impénétrable, la poursuite de ses qualités, de ses attributs, de ses intentions, offraient à notre esprit un terrain d'exercice sans égal – déclaré inatteignable et pourtant perpétuellement entrepris.

Il fallut un bouleversement dans les connaissances humaines, et dans l'attitude même de l'esprit, pour que le système s'écroulât. En un siècle ou deux nous apprîmes – et nous l'apprîmes par nous-mêmes, sans aucune intervention-révélation ou intervention surnaturelle, ou confidence diabolique – que la Terre, loin d'en être le centre, ne formait qu'une infime partie, à peine discernable, de l'univers entrevu. Notre espèce, dont nous découvrions, non sans quelque chagrin, qu'elle avait subi une longue évolution naturelle et ne se distinguait guère de ces animaux qu'elle prétendait surpasser, se voyait, de siècle en siècle, non seulement détrônée, mais comme projetée, par une puissante fronde invisible, jusqu'aux plus lointains recoins de l'immensité, hors de toute perspective cosmique, frappée d'insignifiance, presque d'inexistence.

Nous comptons aujourd'hui plus de cent cinquante milliards d'étoiles dans notre seule galaxie (chacune avec un système solaire), et plus d'un milliard d'autres galaxies. Des chiffres inconcevables, hallucinants, et qui s'accroissent sans cesse, sans parler d'autres univers concevables. Comment, au prix de quelle impudence, nous considérer encore comme le centre, comme le « sommet de la création » ? Comment dire que tout le monde connu et inconnu tourne autour de l'homme, et que celui-ci est encore l'« image de Dieu » ?

Aujourd'hui, dans un temps où toute la structure cohérente, comme la logique, du système ancien, aristotélicien aussi bien que chrétien, est anéantie, la croyance – et ce n'est pas la moindre de nos surprises – parvient toutefois à survivre, sourde, aveugle et tenace, et même cruelle, comme si les choses autour de nous n'avaient en rien changé. C'est à dessein que j'écris « autour de nous », une expression qui n'a plus de sens, puisque nous ne sommes plus le centre et que même il n'y a plus de centre. Nos perspectives sont sens dessus dessous, il n'y a plus ni haut ni bas, le ciel est devenu l'univers. Il nous est désormais impossible de maintenir l'accord entre science et foi – à moins de sacrifier de larges domaines de l'une et de l'autre.

Et pourtant nos croyances persistent. Elles résistent à tous les chamboulements de la connaissance et de la pensée. Elles sont bien la preuve qu'elles nous sont intimement et définitivement attachées, qu'elles sont nous. En conséquence, elles ne disparaîtront qu'avec nous. Elles ne nous survivront pas.

Nos perspectives contemporaines, comme nos connaissances, seront-elles ébranlées demain ? Et même détruites, oubliées ? C'est possible, c'est même à peu près certain, en tout cas pour un grand nombre d'entre elles. Mais que l'univers reprenne les dimensions que nous lui donnions il y a deux mille ans, et qu'il se remette à tourner autour de nous, cela paraît proprement inconcevable. Les limites du monde nous semblent à jamais hors d'atteinte, d'autant plus qu'elles ne cessent, au moins à nos yeux, de reculer, l'univers étant décrit, selon nos propres observations, « en expansion ».

Toute œuvre, aurait-elle l'ambition de tout nous dire sur notre condition, et sur la matière, et sur l'énergie, et sur la vie, et sur les mondes où nous vivons (ou ne vivons pas), est inséparable du lieu, du temps, où elle fut écrite ; et ce sont toujours les œuvres de fiction, celles qui ne prétendaient pas dire le vrai, qui survivent au passage des siècles.

Il serait totalement absurde, aujourd'hui, de nous moquer de la *Somme théologique* de saint Thomas d'Aquin, ou même de la commenter, de la critiquer. Elle ne se lit plus. Elle est notre intimité, elle est notre vérité d'autrefois.

Et il serait tout autant absurde de tenir ce livre, aujourd'hui encore, à plus forte raison de l'imposer, comme l'expression de la réalité des êtres et des choses.

Grand ou petit troupeau ?

Le nombre des croyants ne fait rien à l'affaire. Il est clair que les « grandes religions » s'enorgueillissent, comme sur un podium, d'être la première ou la deuxième sur la Terre (ce qui n'est strictement rien à proportion de l'univers, que nous venons tout juste d'évoquer), mais le « petit nombre des élus » peut aussi servir d'argument. Il s'agit dans ce cas des *happy few.* En fin de compte, il y aura peu de bienheureux. Tous les prophètes nous l'assurent. Tout au long de l'éternité, les fauteuils de première classe leur sont réservés. Les autres s'entasseront où ils pourront. La grande masse ne sera pas admise à bord.

Après tout, Dieu, qui peut tout (à en croire les croyants), serait parfaitement capable de nous convaincre tous, en un instant, d'adhérer à la bonne cause. Il pourrait nous dire clairement : ceux-ci sont mes représentants patentés, fuyez et persécutez les autres. À bord de son navire, il trouverait de la place pour tous.

Et nous serions tous sauvés du naufrage.

Il n'en fait rien, ce qui rassure les minoritaires. Dieu, argumentent-ils, n'a pas voulu exposer sa face à la multitude, il s'en est même méfié, il n'aime pas les solutions faciles, il sait que les foules sont aveugles, versatiles et dangereuses. Il a préféré ne se montrer que par une mince lucarne, et brièvement, fugitivement.

Et c'est à nous qu'il s'est révélé. Il nous a choisis, nous, notre petit groupe. Qu'il en soit remercié et loué.

De ce point de vue (message pour tous ou pour quelques-uns), les textes sacrés sont presque toujours contradictoires. Ainsi, à la fin de la *Bhagavad-Gitâ* hindouiste, Krishna, qui est le dieu Vishnu descendu parmi nous, et qui vient de donner à son ami Arjuna, sur un champ de bataille, tous les secrets du monde et de l'esprit, lui dit : « Ce savoir secret ne saurait être révélé aux hommes ni austères, ni dévoués, ni engagés dans un service de dévotion, ni à ceux qui m'envient. »

Donc, pas un mot, silence.

Que la vérité reste entre nous.

Cependant, à peine a-t-il recommandé le secret que Krishna, dans le même texte, assure que celui qui entendra son enseignement sera immédiatement convaincu et gagné : « Il s'affranchira des suites de ses actes coupables et atteindra les planètes où vivent les vertueux. »

Alors ? Faut-il dire ou garder le secret ?

Jésus lui-même, ressuscité, enjoint à ses disciples d'aller et d'enseigner à toutes les nations – ce qu'ils ne firent pas, négligeant le continent américain que personne, à l'époque, ne connaissait, même pas Dieu. Les conquérants espagnols, à leur surprise, au XVIe siècle, n'y trouvèrent aucune trace de croix, ni de paradis ni d'Évangile, ce qui plongea les missionnaires dans une perplexité durable. Le tout-puissant avait-il été victime d'une distraction, d'un oubli ?

Certains, trop zélés, allèrent jusqu'à fabriquer de fausses croix, d'autres dirent que ces peuples étaient si impies, si barbares et si sanguinaires que Dieu n'avait pas voulu d'eux dans son royaume, et qu'il les laissait à l'écart.

À l'orée même du christianisme, à Jérusalem, peu de temps après la mort de Jésus, fallait-il encore, pour recevoir son message, se marquer d'un signe distinctif comme la circoncision des enfants juifs ? Jésus se situait-il dans la tradition biblique, comme son frère Jacques (qui n'était peut-être pas son frère, mais son cousin) semblait le penser ? Ou bien ce nouveau message, comme l'écrivait saint Paul aux premières communautés, s'étendait-il à tous les hommes ?

Là aussi, discussions serrées, dont nous avons gardé quelques bribes d'échos. Maintenir les paroles de Jésus – qui était juif – dans la stricte tradition juive offrait une solution commode et rassurante. Il n'était, dans ce cas, qu'un prophète de plus, voire un messie, et l'Évangile selon saint Matthieu semble aller dans ce sens. Les références à l'Ancien Testament y sont nombreuses, comme pour situer Jésus dans la lignée biblique, au lieu de l'en distinguer.

Interpréter son message, le déclarer universel, l'étendre à tous les peuples de la Terre (au détriment même du judaïsme) et tenter de l'imposer partout, cette voie, celle de saint Paul, ouvrait des perspectives immenses mais aussi des dangers inconnus, comme on allait le voir bientôt.

Les camisards des Cévennes, comme d'autres groupes hérétiques, se contentaient, se flattaient même de n'être qu'un « petit troupeau ». Ils rappelaient à ce propos la célèbre parole évangélique selon laquelle il y aura beaucoup d'appelés, certes, mais peu d'élus. Et nombreuses, tout au long de l'histoire, furent les assemblées de croyants, les sectes qui, par peur du nombre, par crainte, peut-être, d'être submergées et corrompues, refusèrent de s'ouvrir à de nouveaux adhérents, lesquels pourtant les sollicitaient. La vérité, souvent, aime passer par des portes étroites. Les foules sont dangereuses, elles sont aussi versatiles, brutales, et très difficiles à contrôler.

Le prophète Dosithée, qui vivait en Judée au temps de Jésus, et qui fut le maître de Simon le Mage, se contentait, paraît-il, d'une communauté de quelques centaines d'hommes et de femmes, auxquels il enseignait sa doctrine et qui, en échange, satisfaisaient tous ses besoins. Un petit prophète tranquille, content de peu dans son village (je repense, à ce propos, au Portoricain qui se dit descendant du Christ et qui vit au milieu de cent mille dévots, lesquels, apparemment, suffisent à son confort).

Jésus lui-même, homme d'origine modeste, fils d'artisan et sans doute artisan lui-même, ne s'adressait qu'à des villageois galiléens et à des pêcheurs, à des esprits simples, auxquels il est probable qu'il parlait simplement. Avec conviction, sans doute, et même par moments avec une forme d'éloquence. Appelait-il à une révolte contre les Romains ? Les chercheurs sont de plus en plus nombreux à le supposer (sans aucun indice nouveau). En tout cas, il semble s'être défié des larges rassemblements de Jérusalem, et à juste raison, car il y laissa probablement la vie.

Nous savons aussi que ceux qui se disaient initiés, au long des temps, ont rigoureusement tenu leurs bouches closes. Les secrets auxquels ils venaient d'être admis devaient avant tout rester secrets. Interdit de dire, interdit de parler en dehors du cercle, au point qu'on a pu se demander (c'était en tout cas l'opinion des pères chrétiens) si les mystères grecs d'Éleusis, par exemple, ne se réduisaient pas à une immense fraude, à une mascarade, et si la révélation suprême n'était pas : rentrez chez vous rassurés et paisibles, ici nous n'avons rien à révéler, il n'y a pas de dieu – au moins chez nous, ici, sous le ciel de Grèce –, pas de ciel, pas d'enfer, pas de Styx à franchir, pas de jugement après la mort, vivez et mourez du mieux possible, point final.

De même, dans le célèbre *Langage des oiseaux,* qu'on appelle aussi la *Conférence,* ou l'*Assemblée des oiseaux,* poème persan écrit au XIIe siècle par Farid al-Din Attar, les rares volatiles qui, à la fin d'un voyage exténuant, où nombre d'entre eux sont morts, parviennent enfin devant leur roi suprême, le Simorgh, lequel détient toute la science et toute la puissance du monde, ne trouvent en face d'eux-mêmes qu'un miroir tendu.

Ils voient, comme le dit Attar, que « le Simorgh, c'est eux-mêmes et qu'eux-mêmes sont le Simorgh », et il n'y a rien d'autre. Absolument rien.

Une voix leur dit : « Vous avez fait un long voyage pour arriver au voyageur. »

Et c'est tout. La parabole est presque bouddhiste. En tout cas les influences de la pensée bouddhiste y sont sensibles. Elles ont été étudiées. Le Bouddha disait en effet – c'est une de ses paroles le plus souvent répétées, dans toutes les écoles : « Attends tout de toi-même. »

Si la révélation suprême est celle de notre solitude ici-bas, que nous devons accepter, et s'il s'agit là de l'ultime révélation que toute religion, que toute croyance nous délivre, sans doute vaut-il mieux ne pas la transmettre aux foules.

Quel usage en feraient-elles, ces masses compactes qui ne demandent qu'à lever le poing et crier ?

Qui parle ?

Si le nombre de croyants affiliés ne compte pas, si l'adhésion bruyante de masses immenses et tumultueuses peut même être considérée comme un péril, car d'autres masses se dresseront contre ces masses-là et le ravage n'en sera que plus large, qu'est-ce qui établit, qu'est-ce qui assure la cohésion d'un groupe, si réduit soit-il ?

D'où vient sa force ?

Il est parfois difficile de répondre par des mots. Ici, dans cette cohésion invincible de la croyance, qui peut conduire – qui a conduit – à la mort des uns et des autres, la qualité du message originel est essentielle, et ce message doit être ciblé. Il comporte une menace, toujours, et il est aussi simple que possible : destruction du monde et perte des âmes. Il ne vient pas de n'importe où, il ne s'adresse pas à tout le monde. Sans doute les hérésies chrétiennes sont-elles nées, jadis, de dogmes trop subtils, trop complexes, où les vérités premières apparaissaient souvent comme voilées, indéchiffrables, prétextes à mille déviances.

Quelquefois, pour rendre cette « révélation » première indiscutable, elle est attribuée à une puissance extérieure et même, dans le cas des *Veda* indiens, au-delà des dieux, au cosmos. Pendant de longues périodes de temps, disait-on en Inde, l'univers (beaucoup plus largement conçu en Orient qu'en Occident, à la fois dans l'espace et dans le temps) a été parcouru de vibrations, qui prirent peu à peu, très lentement, car certaines créations sont moins urgentes que d'autres, des résonances musicales.

De cette musique céleste naquirent des sons, qui formèrent à la longue des voyelles, puis des mots, puis des phrases, et enfin les *Veda*. Aussi, nés du cosmos (qui ne peut en aucun cas se tromper), ces textes sont-ils indiscutables – même s'il est nécessaire de les interpréter, ce qui est la tâche des hommes, et d'eux seuls.

Plus tard, la *Bhagavad-Gitâ,* qui se trouve enchâssée dans l'épopée du *Mahâbhârata*, fut attribuée à Krishna, qui est le dieu Vishnu sous une apparence humaine (huitième et dernier *avatara* connu, jusqu'à ce jour), et qui donc a peu de chances, lui aussi, de choisir l'erreur.

Quand ce n'est pas le cosmos, c'est un dieu qui parle, ou son porte-parole, comme le prophète Mohammad ; un messager, un envoyé de Dieu, un inspiré, un ange, une pythie. Pour Jésus, c'est un peu plus compliqué (là encore), car il était d'abord un messie possible, que les Écritures annonçaient, et plus tard, selon le dogme chrétien peu à peu modifié par les conciles, il devint le fils de Dieu, donc Dieu lui-même.

Pour la première fois dans l'histoire des cieux, le dieu unique avait un fils, cessant du même coup d'être unique. « Non créé, mais engendré », Jésus devenait Dieu parlant au nom de Dieu.

Il ne pouvait pas être à la fois Dieu et le Messie, ce dernier restant, par définition, un homme.

Il fut choisi Dieu.

C'est à ce titre que son message fut rapporté et que le christianisme fut lentement établi, par les votes successifs des conciles, à majorité simple ; tardivement, à vrai dire (il fallut plusieurs siècles), et non sans disputes – elles ont été évoquées –, négociations compliquées, compromis brumeux, tractations, complots et exclusions violentes.

Outre les épîtres de Paul, qui ont précédé la rédaction des Évangiles, et qui sont fondatrices, une des plus anciennes relations que nous avons de la « parole » de Jésus est rapportée, apparemment, par ce que nous appelons l'*Évangile selon saint Thomas*. Nous en connaissions l'existence par des fragments avant que les archéologues n'en découvrent le texte, au XXe siècle, dans un manuscrit complet datant du IIe siècle de notre ère. Étrangement, ce texte assez court – que les autorités religieuses passent la plupart du temps sous silence, le considérant comme apocryphe – ne relate justement que les paroles de Jésus ; pas un mot de sa divinité, de la rédemption, de sa condamnation, de son supplice. Il s'agit ici d'un homme qui parle à d'autres hommes – et qui d'ailleurs, ici, semble par moments mépriser les femmes.

On a aussi parlé, récemment, d'un Évangile selon Judas, également déclaré apocryphe. L'histoire divine choisit ses sources humaines. Personne, là-haut, n'élèvera la voix pour la contredire.

Il est enfin question, parmi les exégètes, d'un texte perdu, appelé l'Évangile Q (de l'allemand *Quelle*, qui signifie « source »). Ce texte, dont il ne reste rien, aurait inspiré – mais nous ne savons pas exactement dans quelle mesure – les récits évangéliques que nous connaissons. On trouve en effet, dans Luc et dans Marc, des passages identiques, qui semblent avoir la même origine, forcément antérieure. Luc peut d'ailleurs les avoir empruntés à Marc, le premier en date des quatre Évangiles reconnus.

Pour le reste, nous connaissons, quelquefois par un simple titre, plusieurs « Évangiles » résolument rejetés par l'Église, qui racontaient, autour du personnage de Jésus, tout autre chose. Un choix a été fait, parmi un abondant fouillis de différents récits. Ceux qui ont été retenus devaient avant tout concorder, au moins sur l'essentiel.

D'où mille soupçons. Les quatre évangélistes retenus, les « officiels », qui disent s'inspirer de tel ou tel témoin, seraient-ils en réalité d'habiles faiseurs de contes, qui, quarante ou cinquante ans après la crucifixion supposée de Jésus, ont ajouté l'un ceci, l'autre cela ?

Croyance et histoire

Personne, aujourd'hui, n'est en mesure de trancher ; et sans doute cette indécision est-elle définitive. Nous n'avons, sur Jésus et son action, en tout cas, aucun témoignage contemporain. Les spécialistes, qui ont tout étudié de près, s'accordent à dire qu'il était un Nazaréen, qu'il n'est pas né à Bethléem, qu'il a vécu le plus souvent en Galilée, qu'il a prêché pour des gens ordinaires et que sans doute les Romains l'ont crucifié, comme agitateur, avec d'autres. Crucifié : long supplice réservé aux esclaves, aux gens de peu. Et c'est à peu près tout. Sa parole était persuasive, sans doute, mais souvent rude et parfois violente. Elle s'inspirait de la vie quotidienne, et il ne disait jamais du mal de l'occupant. Il affirmait cependant, parfois, qu'il apportait le feu et l'épée, et quelques-unes de ses paraboles (le fils prodigue, l'intendant tricheur) restent ambiguës.

Nous pouvons hésiter entre deux images contradictoires. S'agissait-il d'un prédicateur inspiré, éloquent, errant, peu sensible au pouvoir, à l'argent, aux honneurs, appelant hommes et femmes à une vie meilleure, ou d'un agitateur politique, d'un révolté armé s'insurgeant contre les Romains ? Chacun choisit selon ses propres tendances. Son corps, de toute manière, a été jeté dans une fosse commune – ainsi le voulait l'usage – et oublié. Sa parole, de son vivant, n'eut aucun retentissement. Rome et les autres contrées voisines l'ignorèrent.

Sa gloire commença à s'établir trente ou quarante ans après sa mort. Peu à peu. Des récits commencèrent à circuler, touffus, contradictoires. Les rédacteurs des Évangiles, tout au moins des quatre textes qui ont été retenus par l'Église, ont tout fait, dirait-on, pour innocenter les Romains, qui sont pratiquement absents de leurs récits – tandis que la Judée était alors un territoire militairement occupé. Le procurateur Ponce Pilate – dont nous savons par d'autres sources qu'il était cruel et cupide – apparaît ici comme plutôt débonnaire. Il se montre sensible au rêve de sa femme, il essaie de sauver Jésus en offrant, à l'occasion d'une fête, de libérer un prisonnier (geste étrange, qui ne se rencontre nulle part ailleurs), et, en fin de compte, il se lave les mains de cette condamnation à mort.

Si nous suivons les Évangiles, toute la responsabilité de cette mort repose ainsi sur les juifs – considérés comme « déicides », et pour longtemps ; sur les prêtres juifs et aussi sur la masse juive. Il s'agit d'un choix de rédacteurs, qui peut-être envisageaient déjà la conquête spirituelle du monde gréco-romain, à la religion défaillante, en laissant aux juifs la religion juive, alors solide, et une malédiction qui ne l'est pas moins.

Les versions chrétiennes de la vie de Jésus, qui sont tardives, ne peuvent rien nous apprendre sur lui, sur sa vie, sa manière d'être. Il suffirait, pour faire de lui un personnage historique, d'une seule lettre d'un centurion romain à son épouse restée à Rome, une lettre où cet homme mentionnerait, en Judée, un agitateur nommé par exemple Yesuah, et fraîchement exécuté – mais nous n'avons rien de la sorte.

Ce qui d'ailleurs n'est pas une raison pour douter de son existence. Tous les historiens s'accordent aujourd'hui à dire qu'il a réellement vécu, et prêché. Et qu'il a été crucifié. Nous n'avons aucune raison d'en douter. Son image, si souvent rectifiée, déchirée, écartelée, n'a pas été inventée de toutes pièces. Cela paraît inconcevable.

De toute manière, la croyance entretient avec l'histoire des rapports aussi entrelacés, et parfois aussi perfides, qu'avec la science. Ce sujet – histoire et science, ou bien histoire et croyance – demanderait une immense étude, mais qui pourrait en être le juge intègre et, surtout, accepté de tous ? Inutile de chercher : personne au monde. Une histoire calme et juste ne pourrait être écrite que par des extraterrestres ; encore serait-elle âprement discutée.

À qui donner ma confiance ?

Sinon, à qui m'adresser ? À qui donner ma confiance ? Aux partisans ? Aux adversaires ? Il est évident, par exemple, que, si je veux me faire une idée aussi juste que possible de l'histoire du parti bolchevique au début du XXe siècle, je ne vais pas me fier à un historien communiste ; mais pas davantage à un historien anticommuniste.

L'historien communiste s'apparente à ce qu'on appelait naguère l'« historien de cour », chargé de présenter une chronique parée de tous les rubans du roi. L'historien anticommuniste, qui se situe du côté des « historiens critiques », n'échappe pas aux suggestions de son hostilité personnelle. Il ne voit souvent que le sombre.

Si je veux approcher l'image de Jeanne d'Arc, de qui nous avons fait une sainte pucelle portant armure, inspirée et guidée par Dieu pour « bouter les Anglais hors de France », comment aborderai-je les historiens anglais, qui la voient comme une aventurière ambitieuse et probablement dévergondée (Shakespeare est allé jusqu'à faire d'elle une prostituée et la maîtresse du roi) ? Resterai-je enfermé dans la vision française ?

Sinon, comment l'ajuster ? À coups de compromis, de demi-mesures ? De silences ?

Si j'entreprends de me lancer dans l'histoire des origines du christianisme en me fiant à un historien catholique, ou simplement chrétien, quelles que soient ses connaissances et sa probité, je ne serai jamais satisfait, ni rassuré, je garderai toujours un doute. Il est lui aussi un historien affilié, un historien de cour, qu'il le veuille ou non. N'a-t-il pas, même à son insu, effacé ceci, oublié cela ? Comment va-t-il me raconter les disputes acharnées des conciles, les férocités des chrétiens devenus à leur tour persécuteurs (persécutions presque toujours passées sous silence dans les livres d'histoire chrétiens), et aussi les « miracles » accomplis par Jésus ?

Pendant longtemps, ces miracles ont été tenus – même par Pascal, nous l'avons cité – pour les « preuves » de la divinité de Jésus et de la vérité de sa parole (toujours rapportée). Mais un historien marxiste, de son côté, nous dirait que ces miracles ne sont que le reflet, à un moment donné de l'histoire, des conditions de vie, des besoins, des angoisses d'un peuple (la faim, la lèpre, la misère, la mort), et que de toute façon, répétons-le, les mêmes miracles sont attribués au Samaritain Simon le Mage, au pythagoricien Apollonios de Tyane et à d'autres prophètes de ce temps-là, depuis longtemps perdus de vue.

À certaines époques, rien n'est plus commun qu'un miracle. En allant un peu plus loin, n'en déplaise à Pascal, le fait d'admettre les miracles de Jésus comme des actes historiques, le fait d'avoir besoin de « miracles » ordinaires pour asseoir une foi et une religion, ou tout simplement pour croire, constituerait un argument s'opposant à la divinité de Jésus. Nous pourrions, comme Renan, l'estimer « banalisé » par ces actes-là, que chaque époque, que chaque culture provoque, justifie et apprécie à sa façon.

Nous pourrions dire, aussi, que Dieu n'a nul besoin d'illusionner les hommes. Il est, il n'a rien à prouver.

Sans doute l'homme Jésus avait-il une présence, un charisme, une voix, une qualité. Sans doute était-il un homme que nous aurions tous souhaité rencontrer. C'est pourquoi faire de cet homme un dieu, ce fut à coup sûr le diminuer.

Une histoire sainte ?

En matière d'histoire, et surtout d'histoire « sainte » – sans doute encore un oxymore, car quelle histoire peut se dire « sainte » ? –, à qui donc se fier ? Je ne sais pas, je le sais même de moins en moins. Même la bonne et modeste école de l'« Histoire des Annales », si scrupuleuse, si minutieuse, semble avoir baissé les bras, faute de documents, évidemment, pour ce temps-là. La foi – religieuse, mais aussi politique, esthétique, idéologique – a imbibé le cœur même du récit historique, et l'a peu à peu corrompu.

Dans de nombreux pays, et en particulier chez nous, à la faveur des écoles privées de telle ou telle confession, la croyance (qui peut être, souvent, nationaliste, sectaire et même raciste) a pris possession de l'enseignement. Il est aujourd'hui conseillé, par certains « pédagogues », d'enjoliver l'histoire nationale, d'en effacer délibérément certaines horreurs, de la rendre plus attrayante, moins brutale, pour que les citoyens de tel ou tel pays se montrent plus attachés à leur passé, ainsi travesti, et à leur terre natale, ainsi irréprochable.

Cependant il devient difficile, à l'évidence, de concilier les livres d'histoire de deux pays qui ont été en guerre, s'ils s'attribuent tous les deux les hauts faits d'armes et la victoire. La France et l'Allemagne ont tenté d'écrire un manuel commun, au moins pour le xxe siècle, sans y parvenir. Sans même parler des causes des guerres, la « bataille de la Marne » reste une victoire des deux côtés.

Et, de même, il est presque impossible, en France par exemple, d'apprendre à des enfants ou petits-enfants d'immigrés africains l'histoire exacte de notre colonisation. Comment leur rendre aimable, désirable, leur pays d'adoption, comment leur inculquer « l'amour de la patrie » si nous leur apprenons, de bonne foi, et le plus fidèlement possible, comment cette « patrie » a traité leurs ancêtres ?

Peut-être, en effet, vaut-il mieux tricher, ruser, dissimuler, ne pas tout dire. Ainsi, peu à peu, l'histoire cesse d'être universelle, impartiale. Elle renonce à se montrer comme un exercice d'honnêteté. De plus en plus, elle devient locale, morcelée, mensongère, et cela dans toutes les nations qui l'enseignent. Et, très souvent, au moins pour les temps anciens, elle affirme procéder d'une autorité indiscutable, de préférence extraterrestre, que personne ne peut vérifier. Les origines divines et les peuples élus ne se comptent plus. La vérité s'est dispersée dans mille bouches qui vocifèrent, chacune méprisant et insultant l'autre, sa voisine, sa sœur. Chacun raconte à sa manière sa venue sur terre et comment la vérité lui fut, un jour d'entre les jours, donnée.

À moins de nier en bloc, dès le départ, toute intervention surnaturelle – ce qui serait un autre principe d'autorité, lequel s'attirerait immanquablement des reproches – et d'imposer cette interdiction à toute forme d'enseignement, quel qu'il soit – ce qui entraînerait tout aussitôt des fraudes sournoises, des protestations, des disputes, des exclusions et sans doute aussi des martyres –, personne ne peut dire comment nous pourrions procéder.

Je me permets de dire un exemple personnel. En 1980, j'eus l'idée d'écrire un film de télévision sur la guerre d'Algérie, à laquelle j'avais pris part, en 1960 et 1961, comme secrétaire d'un colonel commandant un secteur, dans le Sud algérois. Je me trouvais donc relativement bien informé, ayant accès à tous les dossiers. Cependant, j'avais en tête un film qui, pour une fois, serait écrit, produit et réalisé par les deux pays belligérants – ce qui ne s'est jamais fait, je crois.

Grâce au réalisateur algérien Lakhdar Hamina, je fis la connaissance du commandant Azzedine, héros algérien de la guerre d'indépendance, ancien commandant, en Kabylie, de la Wilaya IV. Il se montra aussitôt enthousiaste, et nous nous mîmes au travail. Nous voulions raconter comment l'ALN algérienne et l'armée française se disputaient un village algérien, en utilisant tous les moyens.

Après les difficultés qu'on imagine, le film – un film de télévision en deux épisodes – fut tourné, entièrement en territoire algérien, dans les environs de Bou Saada, avec comme réalisateurs l'Algérien Ahmed Rachedi et le Français Maurice Failevic, lui-même ancien d'Algérie, comme moi. Le film s'appela *C'était la guerre*, et il est à ce jour le seul film, du côté français, à avoir été tourné sur les lieux mêmes.

Il fut projeté à la télévision française en deux soirées, très bien accueilli, il gagna même le grand prix au FIPA, festival destiné aux films de télévision.

Et il disparut. Presque aussitôt. Il ne fut jamais rediffusé et il ne figure sur aucune liste des films concernant, de près ou de loin, la guerre d'Algérie. Effacé, évanoui. Passé à la trappe. Sans doute à cause de certaines scènes qui furent jugées violentes, ou diffamatoires – mais qui étaient strictement vraies. Il s'agit là d'une censure discrète, souterraine, exercée *a posteriori*, d'une page d'histoire arrachée, éliminée par omission.

Combien de témoignages ont ainsi disparu, tout au long des siècles ? Et cela vaut, dans ce cas précis, pour les deux côtés. Azzedine, dans notre film, avait tenu à montrer comment le FLN s'y prenait, dans certains cas, pour intimider les populations. En conséquence, le film ne fut jamais diffusé par la télévision algérienne.

Dans le refuge de l'oubli

Notre histoire – la plus récente, celle du XIXe et du XXe siècle – nous apparaît aujourd'hui bloquée. Dans certains territoires, comme pour la guerre d'Algérie, elle est même muette, elle ne dit plus rien. Bouche cousue sur le passé, c'est plus prudent. Nous voici revenus, avant même les historiens de cour, au temps de la Grèce et de la Rome antiques, où les poètes seuls se chargeaient du passé des peuples, à grand renfort de héros fondateurs et de divinités généralement amicales, et même amoureuses. À notre tour, nous n'aurons bientôt plus d'histoire. Et nous devrons nous contenter de nos légendes.

Quelles légendes ? Pour le moment, nous n'en savons rien, nous ne les connaissons pas. Peut-être devrons-nous, quelque jour, les imaginer, nous ou plutôt nos descendants. Peut-être même en manquerons-nous. Peut-être deviendront-elles ce qu'elles sont déjà, souvent, des clichés.

Je fais partie de la génération qui sait, avec certitude, pour en avoir connu dans son enfance ou sa jeunesse des exemples proches, chez des familles très durement frappées, que l'holocauste – des juifs et aussi des Tziganes – a vraiment eu lieu. Je n'ai pas à le croire, je le sais. Je ne peux pas oublier notre stupéfaction quand, vers nos 15-16 ans, on nous montra, dans la presse et au cinéma, les premières images des camps d'extermination, dissimulées pendant plusieurs années pour ne par ternir le triomphe de notre victoire sur le nazisme et la joie intense de notre libération.

Ces images furent la blessure profonde, et souvent tenue cachée, de notre adolescence. Nous sommes nombreux à ne les avoir jamais oubliées. Elles nous ont marqués à vie.

Mais d'autres, beaucoup plus jeunes que moi, reculant peut-être devant l'horreur, devant l'inhumanité « incroyable » de l'événement, et sollicités par des propagandistes aussi habiles que répugnants, peuvent venir, un jour, à douter de ces horreurs-là. Les années qui se succèdent adoucissent peu à peu les atrocités du passé, et le refuge de l'oubli nous trompe constamment sur nous-mêmes.

Ainsi, la croyance, de nos jours, sur le terrain même de l'éducation, qui est notre bien le plus précieux comme le plus fragile, voit s'ouvrir largement, devant elle, toutes les portes hier encore condamnées. Le sang d'autrefois se sèche lentement, devient poussière, et le vent l'emporte. La connaissance véritable se pervertit, s'affaiblit, s'éloigne peu à peu, d'autres affirmations s'insinuent, puis progressivement s'installent, s'affrontent, et ce n'est pas en interdisant le port du voile islamique dans nos écoles d'Occident, ou en le tolérant, que nous ferons reculer, ou même vaciller, ce que nous appelons l'islamisme. Au contraire. Nous ne ferons que parler, et parler encore, de cette croyance, que la divulguer, la faire connaître, pour souligner malgré nous son existence, et son exigence – que quelques-uns trouveront attirante, peut-être même irrésistible.

Les interdits comme publicité. Nous y venons. En dépit des lois et des règlements, ou même grâce à eux, liberté est offerte à toute croyance de se propager comme elle l'entend, et les réseaux sociaux, notre nouveau bouche-à-oreille, fourmillent, aujourd'hui, de racontars extravagants et de mensonges délibérés.

Faut-il donc interdire l'information, la diffusion d'images dangereuses ? Quel dictateur s'y risquerait-il ? Et d'ailleurs, comment faire ?

Quant à la connaissance scientifique, elle devient, malgré ses succès incessants, si ardue, et si peu propice à potins mondains et à chipotages, que nous lui fermons facilement notre porte. À quoi bon nous briser la tête, pendant des années, pour découvrir, à la fin, que tout ce qu'on a tenté de nous inculquer est provisoire et incertain ? Et que nos enfants devront apprendre tout autre chose ?

Avouons-le, c'est à décourager les meilleurs esprits, et les meilleurs cœurs.

Les croyances, au contraire, empruntent les larges avenues. Au nom de la liberté d'expression, elles paradent et claironnent au grand soleil, rêvant sans cesse d'influencer les lois. Elles battent tambour et font la quête aux environs. Elles sont immuables et garantissent, à vie, leurs affirmations. Au nom du dieu chrétien, qui est un fantasme comme les autres, on proclame, à Paris, que le mariage pour tous est une infamie. Même la scientologie, dans plusieurs pays européens, parvient à se faire considérer comme une religion. Et, à ce titre, des gouvernements en autorisent la propagande, la diffusion, alors qu'elle est une entreprise frauduleuse.

C'est ainsi.

Tandis que les ouvrages de science, dans nos écoles, sont rares et souvent scandaleusement en retard sur leur temps, les croyances se propagent partout, insidieuses ou autoritaires. Et rien ne peut les arrêter.

Rien sauf la raison, rien sauf le bon sens ; mais sont-ils encore bien partagés ?

La parenthèse bouddhiste

Le cas du bouddhisme est sans doute à part. Ici, pas de dieu fondateur, juste un homme. Même si des légendes tardives s'efforcèrent d'illuminer sa vie (les tentations du démon Mara, entre autres, et la terre qui tremblait pour répondre aux craintes de l'Éveillé), il semble bien que cet homme ait accompli son chemin seul, à une époque – le VIe siècle avant notre ère – où la pensée du monde ne pouvait pas se concevoir sans une intervention de l'au-delà, sans une multitude enchevêtrée de dieux.

Comme Jésus, il n'écrivit rien de sa main. Il se contenta de parler, et ses dits furent recueillis, dans les jours qui suivirent sa mort, par ses disciples. Strict dans son attitude, d'une intelligence particulièrement dégagée, souple, presque aérienne, qui se situait sans doute hors de l'ordinaire, il refusa de prendre part à toute discussion portant sur les dieux, sur l'âme, sur la vie éternelle, ne répondant que par son sourire bienveillant et ses « nobles silences », qui sont restés dans les mémoires.

À la différence de Jésus qui, s'il prêcha, ne disposa même pas de trois ans de vie avant la montée au Golgotha, le Bouddha put s'exprimer, sans doute, pendant plus de quarante années, dans le nord de l'Inde (ou dans le sud du Népal actuel), et personne, même parmi ses adversaires, n'a jamais mis son existence en doute.

Il semble s'être prémuni, de son vivant, contre la divinisation qui l'attendait, qu'il pressentait et redoutait, peut-être. Et c'est pour cette raison, pense-t-on, qu'il fallut plus de deux siècles avant que sa pensée ne pénétrât les esprits indiens, où le brahmanisme régnait alors sans partage. Et ce fut même après la conversion d'un roi indien, Ashoka, au IIIe siècle avant notre ère, que le bouddhisme devint ce que nous commençons alors à entrevoir comme une religion, en tout cas comme un culte. Il faut toujours qu'un souverain puissant se convertisse – comme Constantin, plus tard, au christianisme – pour qu'une croyance devienne soudain populaire et qu'elle apparaisse aux yeux de tous, ou de presque tous, comme le miroir de la vérité.

Le roi a dit, et il en est ainsi. La terre, toujours, commande au ciel, et non le contraire.

À remarquer, cependant, à ce propos, que, si l'empereur Julien, neveu de Constantin, celui que nous appelons très injustement « l'Apostat » alors qu'il n'avait jamais renié sa religion d'origine (le paganisme), si donc ce Julien n'était pas mort jeune en faisant la guerre aux Perses, qui peut dire ce qu'eût été la destinée du christianisme ?

L'évolution du bouddhisme est, à nos yeux, lointaine et subtile. Cette tradition nous resta pratiquement inconnue jusqu'au début du XIXe siècle. Elle s'étendit dans l'Inde et dans l'Asie du Sud-Est d'abord, puis vers le nord, le Tibet, la Chine et jusqu'à la Corée, la Chine, la Mongolie, le Japon. Peut-on parler d'une religion ? Ou plutôt d'une philosophie, d'une manière de vivre, d'une sagesse, d'une pensée ? Il vaut sans doute mieux éviter d'en débattre. À quoi bon ? Il s'agit d'une simple question de vocabulaire. Chacun met ce qu'il veut sous un mot.

Malgré la multiplication des écoles, tout au long des siècles, l'extraordinaire prolifération de textes, les multiples « voies » proposées, les maîtres successifs, les tentatives de récupération, le bouddhisme a réussi à maintenir un cap restreint et ferme qui repose au fond sur cette seule phrase, déjà citée : « Attends tout de toi-même. » Ne compte surtout pas, qui que tu sois, sur un ailleurs, sur une intervention surnaturelle. Fuis les enchantements, les sortilèges et tout commerce de magie. Sache que l'impermanence est la règle du monde et que tu ne pourras jamais en changer. La nécessité d'un dieu créateur et juge ne se fait jamais sentir dans la pensée bouddhiste. Selon le dalaï-lama, l'existence et le rôle de ce dieu posent même plus de problèmes qu'ils n'en résolvent.

L'impermanence, l'interdépendance de toutes choses, la compassion et le renoncement à la violence sont des principes anciens, hautement sauvegardés. La pratique de la méditation garde toute sa place, ainsi que le refus de tout prosélytisme racoleur. On a vu le bouddhisme résister aux superstitions toujours menaçantes, au retour du brahmanisme sous sa forme hindouiste, au confucianisme, au shintoïsme, à l'islam, et finalement prendre un pied solide en Occident.

Persistance des croyances

Mais les croyances, que le bouddhisme affirmait combattre, ont la vie dure. Le dalaï-lama a raconté dans ses Mémoires qu'en 1950, alors qu'il venait d'être intronisé, à l'âge de 15 ans, la Chine communiste envoya ses premières troupes envahir le Tibet. Le très jeune roi-prêtre réunit aussitôt une sorte de conseil des ministres – longues robes et chapeaux jaunes – pour décider d'une riposte, ou tout au moins d'une défense. Il lui fut répondu, par le dignitaire chargé des affaires guerrières, qu'il suffisait d'envoyer telle déesse sur le front est et tel démon sur le front sud. Ainsi, les frontières seraient bien gardées, comme on put le voir par la suite.

Partout où le bouddhisme fait école, aujourd'hui comme hier, il est intéressant de voir comment la croyance, qu'il rejette avec sévérité, l'accompagne, amante repoussée mais fidèle, insistante, rusée. Ici (au Sri Lanka) des moines conservent pieusement une des dents de l'« Éveillé », ailleurs une mèche de ses cheveux, à laquelle ils attribuent des miracles comme pour les reliques de n'importe quel saint chrétien.

Un peu partout les fidèles l'implorent pour des problèmes de santé, de famille (lui qui quitta la sienne), lui offrent des fleurs, de l'encens, des prières. On le sollicite, on l'implore même – ce qu'il eût sans doute repoussé, détesté. Partout ses effigies se multiplient – alors qu'à l'origine il n'était représenté que par un siège vide, une selle sans cavalier, une trace de pas sur la roche. Il renfermait alors la force illimitée du virtuel, et même du vide. Aujourd'hui, dans tous les centres bouddhistes, on vend des colifichets, des porte-bonheur, des images coloriées, des éventails, des chasse-mouches, des tongs, des foulards, des statuettes, des bracelets, des chapelets – et même des images de Krishna, quelquefois.

Très longue liste. On se croirait à Lourdes. L'homme qui refusait toute espèce d'hommage doit recevoir aujourd'hui, sous la forme d'effigies parfois gigantesques, des adorations incessantes. La crédulité de bazar s'étale ici jusqu'à la nausée.

Quant à la non-violence, elle se laisse facilement oublier dans certains groupes extrémistes, comme le BBS au Sri Lanka, où le nommé Galagoda Aththe Gnanasara – un moine pourtant – appelle à l'extermination des musulmans.

Assimilations

Il y a plus profond, plus secret, au niveau même de ce que nous appelons les « concepts ». Le *nirvana*, cette notion indéfinissable, qui se présente souvent comme une « extinction » paisible et méritée, s'est vu peu à peu assimilé au paradis monothéiste – car notre manie colonisatrice s'étend aussi à l'au-delà. Comme notre mort nous semble injuste (ne sommes-nous pas le chef-d'œuvre du monde ?), il nous est impossible de l'imaginer sans une autre vie, et d'imaginer cette autre vie sans récompenses et punitions, méritées par la vie que nous venons justement de quitter ; de là un vague, un flou sur la notion de réincarnation, qui se présente parfois comme une distribution de primes ou de privations, comme une promotion ou une déchéance.

Le *karma*, qui, pour les bouddhistes, est le poids de nos actes en cette vie, s'est vu sommairement relié au fardeau des péchés et au jugement des morts, commun dans l'Occident païen ou chrétien. Finalement la réincarnation improbable et l'existence de vies antérieures desquelles nous garderions parfois mémoire ont pris place dans le corpus bouddhiste – même si les enseignants de haut niveau n'en parlent qu'avec prudence et même, souvent, en écartent l'idée. Comme le demandait Jorge Luis Borges : « Qui a inventé le karma ? »

Par moments, la notion même de méditation rejoint celle de prière – comme si, par cette méditation, nous demandions quelque chose à une puissance supérieure, dont nous ignorons tout, dont nous ne savons trop où elle se situe.

Même au niveau le plus intime, le plus secret, les croyances ont ainsi tendance à se confondre, à se mêler, à s'absorber l'une l'autre, quelquefois. Cela donne l'impression que les croyants, de quelque horizon qu'ils viennent, tous incertains, au fond (et il est normal qu'ils le soient), tentent de se rassurer en constatant, en établissant, en racontant, en affirmant enfin que les autres croient « à peu près la même chose » qu'eux, et que les différences qui les séparent depuis longtemps ne sont que des cahots sans importance, de légers incidents de parcours ; comme si, sur un fond de tableau exact – l'immortalité de l'âme, la valeur des actes, le jugement *post mortem* d'un tribunal divin –, seules se modifiaient les couleurs de surface.

C'est ainsi que le bouddhisme populaire, incontrôlable, est souvent appelé à rentrer dans le rang, à admettre les sortilèges, à ouvrir lui aussi un stand dans la grande foire comme tous les autres marchands d'illusions, et à battre tambour. Les « vrais bouddhistes », comme ils s'appellent encore, s'en plaignent, avec amertume. Ils savent que leur démarche, rigoureuse et difficile, qui exige un effort personnel quotidien, qui suppose une force considérable de calme et de refus, ne demande qu'à se pervertir au contact des superstitions faciles qui pullulent.

Ils savent aussi que le bouddhisme, mis à des sauces étrangères, est souvent sujet de séminaire pour hommes d'affaires occidentaux. Ils savent qu'on rencontre, partout dans le monde, des « séances d'initiation au bouddhisme », ouvertes à tous, et que des *traders* impitoyables pratiquent la méditation transcendantale ou s'inscrivent, pour calmer leur rage financière, à des « cours de zen ».

Qu'y cherchent-ils ? D'autres armes, peut-être, ou d'autres défenses, qui les aideraient à mieux se battre, à mieux « gagner » dans le monde qu'ils connaissent, au lieu d'essayer de le changer. Là comme ailleurs, la contamination est proche, et elle s'effectue dans les deux sens. La méditation peut exercer un certain effet apaisant sur les hommes d'affaires, mais ceux-ci, à leur tour, peuvent être porteurs de tentations et de dangers.

Les corps humains ne sont pas les seuls à se métisser, à la longue. Les esprits, les idées les suivent, les imitent, sans même que nous en prenions conscience. Dans ce qui nous compose, rien n'est imperméable, et les maladies de l'esprit sont contagieuses – et même héréditaires – comme les autres.

Il s'ensuit, dans la pratique contemporaine du bouddhisme, qui nous apparaît très diverse, une confusion décevante et un comportement (comme dans le cas des extrémistes du Sri Lanka) qui peuvent nous détourner parfois de la parole et de l'exemple originels.

Nul n'est à l'abri du mépris de l'autre, de l'appel au secours lancé à l'invisible et du secret désir d'éliminer celui qui s'obstine à ne pas être de mon avis (alors que j'ai raison).

C'est pourquoi des légendes continuent de danser autour de la personne de l'Éveillé, comme les filles lascives que lui envoyait autrefois le démon Mara, afin de le troubler dans sa solitude contemplative.

Mais il n'est plus là pour les chasser.

Réapparition du « fanatisme »

Il semble qu'il y ait toujours besoin de quelque chose d'irrésistible, de foudroyant, dans l'adhésion soudaine à une croyance, comme ce fut le cas, sur le chemin de Damas, pour l'apôtre Paul. Son cas, tel qu'il nous est décrit, rappelle de près les innombrables vertiges et illuminations qui ont frappé, ici ou là, une large escouade d'hurluberlus, lesquels se disaient souvent mariés à la Vierge Marie et porteurs d'une révélation cosmique. Paul, lui – personnage complexe, étrange, doué, tortueux, proche parfois du délire verbal –, sut diriger avec force cette vision soudaine, l'imposer et construire, avec d'autres, une religion nouvelle.

Il s'agit, quand les bénéficiaires (ou les victimes) parlent de cet instant-là (souvent ils ne peuvent pas, ou ne veulent pas, en parler, comme si les faits dépassaient les mots, comme si l'événement était par nature indicible), d'une illumination brutale et sans appel. Qu'il s'agisse d'un esprit fort, comme Paul, ou d'un débile délirant, le voyant est saisi, « désabusé », ses yeux s'ouvrent malgré lui, et la vérité l'envahit. Tout agit comme une injection, comme une intoxication totale et définitive. Sans remords comme sans remède. Le croyant ne s'en relèvera pas. Il est emporté, submergé.

Pareil à Polyeucte, s'il le faut – et même s'il ne le faut pas –, il marchera ardemment à la mort.

Lorsque, à la fin du XVIIe siècle, les premières possessions prophétiques des jeunes protestants se manifestèrent en France, dans le Dauphiné, puis dans le Vivarais, les assistants notèrent de brusques réveils au milieu de la nuit, des tremblements, des sueurs, de la bave, des sons rauques, des mots incohérents, des éclats, des paroles bibliques inattendues chez des adolescents. Ceux-ci tombaient et roulaient sur le sol. On crut même qu'ils s'exprimaient, par moments, dans des langues inconnues.

Inquiets, les responsables firent venir des médecins de la fameuse université de Montpellier. Ils examinèrent les « possédés », les « jeunes prophètes dormants » (comme on les appelait), garçons et filles ordinaires, et n'y décelèrent rien de surnaturel. Les médecins parlèrent d'une « maladie de l'esprit », de caractères mélancoliques et atrabilaires, d'« esprits animaux » tombant sur les fibres du cerveau. Ils dirent, en employant le langage de leur temps, que tout cela pouvait s'expliquer par des causes matérielles et physiques, qu'il s'agissait d'une sorte d'aberration mentale.

Même s'ils ne parlèrent jamais, comme nous le ferions aujourd'hui, de névroses ou d'hystérie, ils s'interrogèrent avec justesse sur l'origine sociale des jeunes prophètes et sur leurs conditions de vie, leur alimentation, leurs jeûnes souvent prolongés, leurs fréquentations, leurs familles, leur comportement ordinaire. Jamais ils n'y supposèrent une intervention du diable, à plus forte raison de Dieu ou de ses anges. Ils parlèrent de « somnambulisme », d'une extrême nervosité, d'une tension, d'une contagion, comme s'il s'agissait d'une épidémie, et certains émirent l'idée qu'ils avaient tout bonnement affaire à des « fols », ce qui fut souvent accepté.

Les médecins parlaient aussi de « fanatisme ». On disait que les adolescents « fanatisaient ». Le mot semblait suffire à expliquer la chose. Le bruit se répandit même qu'il existait dans le Dauphiné une « école de fanatiques », une « fabrique de prophètes », mais il s'agissait d'un bobard – repris par Eugène Sue, plus tard, et quelques autres romanciers.

Cet « illuminisme », qui est durable, peut quelquefois conduire à la plus abjecte férocité. C'est le cas, en ce moment, en Afrique centrale, du « prophète » Joseph Kony, qui reçut il y a plus de vingt ans la visite des « esprits », lesquels l'amenèrent à lever une armée errante qui compta jusqu'à vingt mille hommes (beaucoup moins aujourd'hui), une sorte de « grande compagnie » des temps modernes, qui ne fit que violer, piller et massacrer. Le « fanatisme » religieux est ici encadré, si l'on peut dire, et très clairement dirigé vers la rapine et l'assassinat. Et la protection divine s'appelle, dans ce cas-là, la *baraka*.

Rappelons, en ces temps difficiles, que Voltaire écrivit autrefois une pièce qu'il appela *Le Fanatisme, avec en sous-titre ou Mahomet le Prophète*. Il y dénonçait l'alliance entre le religieux et le politique. Il se fendit même, pour obtenir l'autorisation d'être joué, d'une lettre au pape.

En rubrique sportive

Courte parenthèse, à ce propos : nous savons que ces endoctrinements organisés existent, et sans doute depuis longtemps. Nous avons pu voir à la télévision, il y a quelques années, une secte évangélique américaine ordonnant à des enfants, et à de jeunes adolescents, de se traîner sur le sol, de gémir, de pleurer, tout cela en vue de célébrer la gloire de Dieu. Cela se pratique aussi chez les pentecôtistes. Spectacle assez répugnant, il faut bien le dire, foi servile imposée à l'aube de la vie, hurlements des directeurs, brutalités diverses, âmes déjà dévastées, corps punis par caprice ou délire.

C'est ainsi. Comme Dieu, quoi que l'on fasse, quelques cris que l'on pousse, ne se montre jamais (et pour cause), l'homme, de temps en temps, est bien obligé de prendre sa place.

Et nous voyons chaque année, et même plusieurs fois par an, des reportages qui nous montrent, en Inde, des *sadhus* à la recherche de tel ou tel immense « pouvoir ». Celui-ci reste debout sur une seule jambe depuis dix ans, cet autre tient son bras levé, de telle sorte qu'il s'est atrophié, cet autre encore ne mange presque rien, enfonce des clous dans sa chair et affirme qu'il ne mourra jamais, un autre exhibe une chevelure de plus de vingt-cinq mètres : la plus longue du monde ? Tous espèrent sortir de leur condition tristement humaine, tous proclament qu'ils touchent de près la vérité, tous sont suivis et encensés par des disciples. Et cela rappelle, tout naturellement, les exercices auxquels se livraient dans le désert, aux premiers siècles du christianisme, les ermites abstinents. Aucune privation (de nourriture, d'eau, de vêtements, de lumière, de présence de femmes) n'était pour eux trop dure. Aucune punition ne leur semblait imméritée. La sainteté passait par le refus du monde, et la force de l'esprit, par la contrainte et la douleur du corps.

Mais pour acquérir quelle faveur, quel « pouvoir » ? Ce n'est jamais dit très clairement. On parle de renoncement, bien entendu, de retrait définitif de ce monde méprisable, d'oubli de soi, mais pour acquérir en échange quelle puissance ? Nous ne le savons pas.

Cependant la réputation des ermites, dans certains cas, s'étendait au loin, portée par la rumeur qui enfle. Des empereurs byzantins venaient parfois jusqu'au désert pour visiter ces fous de Dieu ; du moins nous l'a-t-on ainsi rapporté.

La Kumbha Mela, qui se tient tous les douze ans au confluent du Gange et de la Yamuna, en Inde, et qui rassemble (en deux ou trois semaines) près de cent millions de pèlerins, est aujourd'hui le haut lieu, inégalable, de ce championnat de sainteté spectaculaire. C'est à qui ira le plus loin dans l'absurdité, dans le douloureux et dans l'inutile.

Ainsi, la croyance est aussi un sport.

Il faut dire que, dans cette immense fête, souvent filmée, où se fument des tonnes de *ganja* (le chanvre indien), des centaines d'enfants sont perdus, enlevés et quelques-uns même vendus à des trafiquants d'organes.

La croyance est un jeu, un sport. Elle est aussi un terrain propice à la mafia.

La croyance et la guerre

Chez les camisards, l'épidémie de prophétisme – et de fanatisme – parut s'éteindre, peu à peu, d'elle-même. Elle était d'ailleurs mal vue par les notables protestants eux-mêmes, qui parlaient parfois de libertinage et traitèrent certaines prophétesses de « putains publiques ». Cependant, après les prophètes vinrent les combattants, pour une guerre atroce de deux ans.

Les croyances à des interventions surnaturelles se poursuivirent pendant toute la guerre des Cévennes. Il en est souvent ainsi, dès qu'une religion se mêle d'une guerre, aujourd'hui comme hier. C'est l'histoire des conflits, souvent, qui engendre et nourrit les fantasmes, qui ensemence les crédulités. L'état de guerre est propice à la transe, à l'hallucination. L'empereur Constantin, déjà cité, raconta donc qu'il avait aperçu une croix dans le ciel, avec une inscription incitative, « tu vaincras par ce signe », ce qui montre qu'à l'origine le dieu chrétien disposait encore de légions.

La mort est plus facile quand elle est héroïque et promise au ciel.

Au Moyen Âge, pendant la très lente et difficile reconquête de la péninsule, les Espagnols aperçurent à plusieurs reprises saint Jacques lui-même maniant l'épée, à cheval, à la tête des troupes catholiques, contre les Sarrasins impies. D'autres, ailleurs – et cela jusqu'au XXe siècle –, virent le mot « Allah » écrit dans les nuages. Jeanne d'Arc entendit des voix (racontait-on), et son action fut soutenue par le ciel, aussi longtemps que les troupes qu'elle accompagnait furent victorieuses. Après quoi, quand vint l'heure des défaites, elle fut abandonnée, et par son roi, et par son dieu.

La Vierge Marie apparut fréquemment aux troupes catholiques d'Europe, au cours des guerres de religion, au XVIe siècle, pour les encourager à exterminer les protestants, qui ne voulaient pas de cette « mère de Dieu ». Et, pendant la guerre de Vendée, en 1793, les révoltés racontaient, avec une ferveur totale, qu'ils venaient de recevoir des lettres de Jésus-Christ, les incitant à abattre le monstre révolutionnaire, et les assurant de son soutien.

Tout comme pour les camisards, l'appui divin leur fit défaut.

En revanche, très loin de là, l'apparition (moins connue) de la Vierge Marie sur les remparts de Donglü, en 1900, suffit à repousser les assaillants, ces Boxers fanatisés qui voulaient chasser de Chine tous les étrangers, ou à défaut les massacrer. C'est en tout cas, là aussi, ce qu'on nous raconte. La communauté catholique chinoise a fait de Donglü un lieu de pèlerinage qui a su résister, jusqu'à ce jour, à toutes les persécutions du pouvoir communiste.

Peut-être ces croyances liées à l'état de guerre, ou à tout état d'exception, d'extrême danger, d'oppression, d'angoisse, d'urgence, subsistent-elles encore, comme à Donglü, car nous avons encore besoin du ciel, et du ciel seulement, quand nous n'avons plus rien à espérer de la terre. C'est à l'imminence assurée de la mort que l'appel à l'inexistant devient le seul recours possible.

Nous avons beaucoup entendu parler de ce phénomène à propos de la résistance que le régime islamiste iranien opposa, pendant huit ans, à l'envahisseur irakien, que soutenait alors l'Occident (France comprise). Nous lisions un peu partout, mais sans pouvoir le vérifier, que les jeunes combattants iraniens partaient à l'attaque avec la clé du paradis autour du cou, assurés que la mort, et surtout la mort au combat, si elle les frappait, les mènerait à l'éternel bonheur (les prêtres catholiques disaient la même chose aux combattants français pendant la guerre de 1914-1918, et le paradis leur était officiellement promis par l'Église). Sur les écrans officiels de la télévision, à Téhéran, des mollahs venaient raconter des miracles – tous en faveur des chiites iraniens. Pas d'intervention divine pour appuyer Saddam Hussein.

Parmi les soldats, dont beaucoup finirent martyrs, je ne peux pas garantir que cette croyance fût répandue, acceptée. D'un côté, nous savons que de jeunes combattants iraniens, contrevenant aux ordres, allaient par dizaines s'allonger sur les champs de mines antipersonnel pour les faire sauter, et dégager ainsi, pour leurs camarades, le terrain d'attaque. Quelques-uns ont écrit des lettres à leurs parents, avant d'aller à la mort ; des lettres qu'ils signaient de leur sang, ce sang qu'ils allaient perdre à jamais. Leur lucidité et leur sens du sacrifice, dans la plupart des cas, ne font aucun doute.

Mais, d'un autre côté, il m'a été donné de voir un document poignant, filmé juste avant l'aube dans un baraquement iranien, près de la frontière irakienne, pendant la guerre entre les deux pays. On réveille de très bonne heure les jeunes soldats pour qu'ils se préparent à l'assaut. Il leur est impossible de dire non, et ils savent qu'ils marchent à une mort à peu près certaine. Nous vivons avec eux leur dernière heure. Nous les voyons qui se jettent alors dans les bras les uns des autres, en larmes, exaltés, ne sachant même plus prier, s'appelant par leurs noms, tombant à genoux, se heurtant le visage contre les planches de leurs lits.

Avant même de mourir – car ils savent qu'ils vont mourir –, ils achèvent leur vie dans le désespoir et dans la peur. Aucune trace de joie et d'enthousiasme, ici. Rien d'autre que la détresse et l'épouvante. Adieu tout lendemain, toute existence. Nous avons bien l'impression, à voir ces images rares, que la promesse du paradis, même pour ces jeunes musulmans, n'est qu'un mensonge, un leurre, un appât lancé par la mort. Et de telles images d'aujourd'hui nous aident à entrevoir, par moments, ce que furent les passions, les alarmes et aussi les terreurs du passé. Ainsi, nous pouvons imaginer les dernières minutes des poilus de la Grande Guerre, juste avant le dernier assaut. On va me tuer dans trois minutes, qu'est-ce que je fais ?

Aujourd'hui, il semble parfois que les djihadistes européens, présentés comme des « islamistes radicaux », perpétuent à leur manière, avec les armes d'aujourd'hui, la tradition des sectes hérétiques. Dépourvu d'un clergé hiérarchisé et d'un pape respecté, l'islam a pu paraître échapper à cette maladie chrétienne ; mais pas tout à fait, car ces groupes combattants, n'écoutant que la parole de Dieu (de leur dieu), interprétant leurs textes sacrés comme bon leur semble, perpétuent sans le savoir une tradition implacable, que les déviants chrétiens illustrèrent tristement autrefois.

Et rien ne semble indiquer qu'un signe du ciel les arrêtera.

Ce qui reste

Il est absurde de dire que « l'histoire se répète ». C'est exactement le contraire. Rien ne se produit deux fois. L'histoire est toujours inédite. Toutes les situations que nous vivons sont nouvelles, et à chaque instant ; nouvelles et uniques. Jamais avant, jamais après. Impossible de mettre en parallèle deux événements historiques, sinon par un effort de théorie.

En revanche, il semble bien que quelque chose reste, en nous, de ce que nous avons été dans le passé, annonçant en secret ce que nous serons demain. Personne ne peut dire avec exactitude de quoi il s'agit, ni comment nommer cette permanence profonde. Pour le dire une fois encore, les raisons commerciales ou sociales, ou les conflits locaux, ou les ambitions personnelles, peuvent jouer un rôle. Cependant, ces facteurs n'ont jamais été déterminants (sauf dans le cas de la conversion de quelques rois ou chefs d'État, peut-être, comme Ashoka, Constantin, Henri IV). Il nous faut atteindre un autre niveau, très dissimulé, très enfoui.

Sans doute devrait-on parler, mais à voix basse, avec prudence, d'une « nature humaine » ancienne et transmissible, bien que personne ne puisse se mettre d'accord sur le sens exact de ces deux mots ; d'une nature, sinon humaine, au moins, à la suite de Lucrèce, d'une « nature des choses ». Ces choses desquelles, que nous le voulions ou non, nous faisons partie.

Et nous devons aussi admettre, avec Rousseau et ceux qui l'ont suivi, que les conditions de la vie commune, l'établissement progressif des lois, l'arbitrage du pouvoir et le mauvais partage des biens, tout ce que nous appelons la « société », contribue, sinon à la naissance, au moins à l'entretien de la flamme violente. Étions-nous violents dès l'origine, ou le sommes-nous devenus ? Question ouverte.

Le XXe siècle a été le plus barbare, le plus massacreur, que l'histoire du monde ait connu. Allons-nous faire pire encore ?

Il nous est toujours impossible d'y voir clair, dans ce mélange impénétrable d'inné et d'acquis, autour duquel tant de textes, tant d'études, ont vainement tourné, au cours du XXe siècle, et de nos jours encore.

Ce qui nous paraît assuré, en tout cas probable, c'est que nous sommes aujourd'hui ce que nous étions hier, et que demain, tout porte à le croire, nous n'aurons pas vraiment changé.

Ne pas douter

La croyance mène à l'interdit ; à l'intérieur de la communauté des croyants, d'abord, car il est interdit de ne pas croire. C'est même le premier impératif du dogme. Le mot qui engage tout croyant est *credo*. Ce mot dit lui-même qu'il n'est pas une certitude, il n'empêche : il faut croire. Le verbe latin, ici à la première personne de l'indicatif présent, s'emploie sans pronom. Pas la peine de dire « je ». Je suis moi-même contenu dans le verbe.

Credo. Je suis le verbe. Ce verbe-là.

C'est précisément parce que je ne sais pas que je crois et que, loin de douter, je crois savoir – nous sommes déjà passés par là, mais on y revient toujours, car nous procédons par méandres – que cette croyance m'engage, maintenant et à jamais. Elle m'interdit toute hésitation, toute remise en question et, par-dessus tout, elle m'interdit le doute, qui est le plus sournois, le plus tenace ennemi de la foi.

La connaissance, au contraire, même si elle a fait parfois naître des dogmatiques, sans parler des faussaires, non seulement admet le doute, mais le recommande, et même l'impose. Le savoir est prudent. Il doit sans cesse se remettre en question, s'interroger, se piéger même, revenir en arrière, souhaiter et accepter la contradiction, la dispute. Avant de dire « je sais », aujourd'hui mille précautions sont à prendre ; au point que certains préfèrent dire « nous croyons savoir ».

De l'autre bord, si je suis un vrai croyant, je tiens le doute – ce don fondamental de l'esprit, cette arme empoisonnée des philosophes et des chercheurs – pour mon ennemi le plus pervers, et parfois le plus obstiné. Par bonheur, m'en voilà maintenant délivré. Je ne doute plus, je ne douterai plus jamais, je le jure. J'obstrue, je bloque, j'annihile cette fonction – pourtant indispensable, à en croire ceux qui la recommandent – de mon esprit. Je sais bien que le doute est persévérant, qu'il s'insinue, comme par osmose, dans tous les méandres de ma pensée, qu'il est un poison subtil et périodique, qu'il reviendra me tracasser souvent, jusque dans mes rêves.

Je le sais. Et c'est pourquoi je dois le rejeter avec la même obstination qu'il met à me harceler. Je barricade toutes mes portes. Lorsque je serai totalement lavé, totalement délivré du doute, je pourrai me considérer comme un vrai croyant. Jusque-là, je suis faible, je suis hésitant, j'avance à tâtons, l'erreur me guette, et je ne suis pas digne d'être admis parmi les élus.

Cet interdit, indispensable à l'intérieur même du cercle de ceux qui croient (« ne doutez pas »), s'étend assez vite à l'extérieur de ce même cercle. Ainsi, la croyance demandera, exigera, des autres, des incroyants, reconnaissance et même respect. Elle s'efforcera d'interdire à son égard toute critique, toute moquerie (les caricatures du Prophète en sont un exemple) et finalement toute allusion au corpus proprement dit de la croyance, aux mythes fondateurs et au comportement des membres ; à leurs vêtements par exemple, à leurs chapeaux, à leurs prières, génuflexions, prosternations, à leurs chants, leurs pèlerinages.

Se moquer de ce que je crois, c'est se moquer de moi-même. Et je ne dispose d'aucune prise sur cette identification. Je suis en effet dépassé par ma croyance. Elle m'a absorbé, annihilé, et je ne m'en distingue plus. Le dogme et le rituel, dans mon cas, se confondent. Une mécanique souterraine s'est emparée de moi, elle me gouverne nuit et jour. J'oublie même, assez souvent, l'objet de ma foi, devenu vague, presque informulé, sans importance, ou presque.

Peu importe le contenu, l'étiquette suffit.

Cela signifie, clairement : si vous ne connaissez pas et si vous ne respectez pas mes croyances, respectez au moins qui je suis. Respectez ma personne, qui se confond avec mes illusions, mes contradictions, mes manies. Et, quand vous me croisez, participant à une procession, baissez la tête à mon passage. Pourquoi ? Parce que je suis porteur d'une vérité qui ne se soucie en aucune manière de votre incroyance, car elle va bien au-delà de moi-même.

Ne pas toucher à tout cela. Attention, ne pas même en sourire.

Remarquons-le, à chaque occasion : après le doute, la croyance déteste l'humour. Qu'il s'agisse de dérision, d'ironie, de moquerie même légère, le rire, ici, est strictement banni. Il est l'ennemi, le malfaiteur, l'intrus, il est le diable (qui rit beaucoup, et même qui ricane).

En poussant la porte de la secte – de n'importe quelle secte ou religion –, nous pénétrons dans le domaine du sérieux. Notre visage se ferme. Il ne se déridera plus.

À propos du respect

Cette exigence de respect, si nous y regardons d'un peu plus près, peut apparaître des plus singulières. Elle suppose que nous devrions nous incliner sans sourire devant toutes les fantaisies, cabrioles, balivernes et extravagances qui animent nos semblables – et sans doute aussi nous-mêmes, à leurs yeux. Cela a été dit, dans le monde entier, à propos de l'assassinat des dessinateurs et journalistes de *Charlie Hebdo*, en janvier 2015. Imagine-t-on ce que serait notre société si nous n'avions plus le droit de rire et de nous moquer les uns des autres ? Si nous devions admettre, sinon comme vraies, au moins comme possibles et vraisemblables, et dignes d'un respect constant, les millions de sornettes qu'on nous débite ou qu'on nous chante un peu partout ? Si je devais m'incliner non seulement devant le Prophète, mais devant le gros lézard déifié ?

Le sens du mot « respect » est des plus vagues. D'ordinaire, je respecte ce qui est plus élevé et surtout plus puissant que moi. Il y a de la vénération dans le respect, il y a de l'hommage, assez souvent de l'admiration, mais aussi de la crainte et de la prudence. Eh bien, si des chrétiens s'inclinent devant le saint sacrement qui passe dans la rue principale d'une ville andalouse, porté par des hommes encapuchonnés, je peux les comprendre et les laisser passer (c'est leur affaire), mais pourquoi devrais-je moi aussi m'incliner devant l'ostensoir ? Je n'y vois aucune raison, pas plus d'ailleurs que de les insulter, de les frapper, de briser l'objet qu'ils révèrent.

Si je m'inclinais, bien élevé, silencieux, cela montrerait clairement que je vois quelque chose de sacré et de respectable dans l'ostensoir qui est brandi sous mes yeux – et ce n'est pas le cas. Par conséquent, en m'inclinant, je me conduirais comme un hypocrite.

On me répète : si tu ne respectes pas le « saint sacrement » qui passe, respecte au moins ceux qui le portent et qui le tiennent, eux, pour sacré. Ils sont des hommes et des femmes comme toi. Je le sais très bien. Je n'irai pas leur tirer la langue, ni jouer de la trompette à leur passage, ni leur jeter du poivre dans les yeux. Rien de tout cela. Je les laisse tranquilles dans leur lente procession rêveuse. Mais qu'on ne me demande pas de m'incliner dans un soudain silence, les mains croisées sur ma poitrine. Je n'en suis pas capable. Qu'on ne me demande pas du « respect » pour un rituel qui me reste définitivement étranger. Il s'agirait d'un geste de pure hypocrisie. Je rentrerais dans un jeu absurde, dans une comédie de la foi, j'y admettrais une « valeur », une autorité, une majesté ; alors que je n'y vois qu'une décoration pompeuse et un exercice fatigant. Sous mes yeux, dans les rues d'Andalousie ou d'ailleurs, le sacré ne fait qu'un passage à vide.

Parfois, si le « respect » exigé n'est pas obtenu, les croyants peuvent aller jusqu'à des réactions violentes, jusqu'à des coups très durs, jusqu'à la mort – dans le cas d'une *fatwa* par exemple, ou de toute tentative de conversion forcée (des centaines de milliers dans l'histoire des peuples). Seule la loi, seule une loi très stricte peut nous en protéger. Mais, lorsque la croyance pénètre et absorbe la loi, que faire ? Qui appeler à l'aide ? Faut-il se résigner, dans ce cas, à la dissimulation servile, à l'hypocrisie ?

Faut-il emprisonner et exécuter à la chaîne les Frères musulmans, comme ce fut le cas en Égypte en 2014 ?

Qui signerait l'acte de mort ?

Joie d'interdire

La manie d'interdire est humaine. Il suffit de regarder autour de nous. Quand quelque chose ne me plaît pas, le mariage pour tous, par exemple (en 2013 et 2014, en France), ou ne me plaît plus, même si cela ne me dérange en rien dans mes habitudes, j'en demande aussitôt l'interdiction légale. Je n'aime pas ça, interdisez-le. Tout de suite. Que cela fasse la joie, ou simplement facilite si peu que ce soit la vie des autres (des homosexuels des deux sexes par exemple), je n'y pense même pas. Je l'interdis, c'est tout. Et, entendons-nous bien, je l'interdis à tout le monde. Je ne suis pas là pour porter remède aux soucis des autres, je suis là pour leur imposer ma façon de voir, même si cela doit les blesser.

Je veux qu'ils fassent comme je dis qu'ils doivent faire. Coutume habituelle, souvent névrotique, dans les dictatures.

Ce désir – très ancien – de restreindre la liberté de l'autre valait il y a quelque temps, chez nous, pour le mariage gay, l'interruption volontaire de grossesse (récemment remise à l'index en Espagne, pour le malheur de tant de femmes, puis de nouveau autorisée, à leur soulagement), certains cas de procréation assistée et d'adoption, la corrida, la prostitution, le travail du dimanche, les OGM, le clonage humain, les mères porteuses, le tabac dans les lieux publics et aussi dans les automobiles où se trouveraient des enfants, les poulets en batterie, la fessée, les animaux dans les cirques, la consommation de viande de porc, et même de toute autre viande, les éoliennes, les apparitions sur scène, en France, d'un humoriste antisémite, le gavage des oies, des canards, les feux de bois, l'usage de donner, dans les foires, un poisson rouge comme lot au gagnant et même, en Belgique, les batailles à coups de boules de neige, si dangereuses.

Sans parler de l'interdiction d'interdire, déjà vieille de près d'un siècle.

Chacun peut allonger la liste.

(Et sans parler non plus, bien entendu, des innombrables prohibitions qui s'attachent au judaïsme, à l'islam ou à d'autres traditions, comme le refus de la communion aux divorcés remariés – ce que souhaitent encore les intégristes catholiques –, mesures dont les justifications sont aujourd'hui incompréhensibles à ceux-là mêmes qui les observent, ou qui les édictent.)

Il semble de plus en plus difficile de fixer les limites, les bornes qui sont nécessaires, comme les moralistes le constatent depuis toujours, à la vie de toute société. Ces bornes sont nécessaires, nous le savons tous, mais où les fixer ? Et au nom de quoi ? Et sous la surveillance de quelle autorité ? Certains d'entre nous voudraient tout se permettre et reculer les frontières de ce qu'ils appellent l'autoritarisme, l'arbitraire, et même parfois l'oppression sociale. D'autres, au contraire, souhaiteraient prohiber toute action qu'ils estiment, selon leurs critères, déplorable et condamnable.

Que de petits juges, que de petits flics tout autour de nous. Et en nous.

Quand cette attitude se manifeste avec, comme support, une croyance en arrière-fond, l'interdiction s'en trouve renforcée. Interdisons le mariage pour tous au nom de Dieu, nous disait-on récemment encore, ou au nom de l'Église, qui ont horreur de ça.

Oui, très bien, cet argument est le vôtre, vous y êtes apparemment sensibles, vous y obéissez, très bien, je l'admets (même si je ne vois pas où vous le trouvez dans les Écritures), mais moi qui ne crois en aucun dieu et qui n'adhère à aucune Église, comment pourrais-je, je ne dis pas m'y rallier, mais seulement comprendre vos raisons ?

Comment pourrais-je accepter qu'un prêtre catholique soit le seul habilité à « bénir une union », et uniquement entre un homme et une femme, alors qu'il lui est interdit de prendre épouse, et qu'aucune femme ne peut célébrer des noces à sa place ?

Vous parlez, mais les mots que je vous entends prononcer me parviennent vides de toute espèce de sens. Je ne sais même pas ce que je pourrais vous dire, comment je pourrais vous répondre. Ce que vous affirmez me laisse sans réaction, indifférent, oreille ouverte mais bouche cousue. Vous me dites aussi, par exemple, que le dieu des chrétiens nous a recommandé de nous multiplier, de remplir la terre – ce qui suppose aujourd'hui l'interdiction, encore une, de toute forme de contraception –, mais vous ajoutez qu'il n'a eu qu'un « fils unique ». Comment m'y retrouver, là encore ? Je ne vous entends pas.

Tant d'absurdités dans votre discours me brouillent les idées que je tentais d'avoir. En fin de compte, c'est très exactement comme si vous ne parliez pas.

Et cette surdité automatique est réciproque. Mes sentiments, mes opinions et les raisons que je pourrais vous donner glisseraient aussitôt sur votre esprit, comme les vôtres sur le mien. Vous les rejetteriez sans même m'écouter. On vous a appris à ne pas écouter, et voilà pourquoi je ne vous dis rien. À quoi bon ?

De mon côté – est-ce votre influence, votre exemple ? –, je ne vous écoute pas davantage (tout ce que vous me diriez, je le connais presque par cœur), je n'essaie même pas de vous contredire. Vous me parlez, je n'écoute pas. Et *vice versa*. Nos phrases s'arrêtent à mi-chemin et elles se dissipent dans l'air. C'est plus simple ainsi. Nous vivons côte à côte, vous et moi, deux humains, deux membres de la même espèce, chacun dans notre parole mais aussi dans notre silence, séparés par une barrière d'autant plus difficile à déceler, et à briser, qu'elle est invisible.

Parfois, ces interdictions atteignent un niveau presque inimaginable d'absurdité. Ainsi, la loi égyptienne, depuis quelques années – et nous ne pouvons que l'approuver, croyants ou non –, interdit l'excision des filles. Cette affreuse mutilation (elle est quelquefois filmée, j'ai pu en voir quelques images, atroces) se pratique encore, hélas, plus ou moins clandestinement, dans tout le pays, et le nouveau pouvoir, en 2012, fortement teinté d'islamisme, envisageait d'abolir cette loi bienfaisante.

Or il s'agit ici non pas d'une coutume musulmane (laquelle voudrait empêcher la femme de prendre du plaisir, ce qui est dangereux, et les hommes n'hésiteraient pas, pour rendre impossible ce plaisir, à retoucher la création divine), mais d'une pratique pharaonique, venue de l'Égypte ancienne, et dont les raisons, ou les prétextes, nous sont inconnues.

Les siècles passent, sur le même sol les civilisations s'effacent et se succèdent, la cruauté et le mépris, vieux compagnons de l'ignorance, demeurent.

Emportés par la foule

Nous n'avons pas les moyens, je crois – en tout cas les moyens techniques –, d'analyser la diffusion de telle ou telle croyance au sein d'une foule, et les effets qu'elle y produit. Cependant, revenons un moment – autre méandre – sur les grands et petits troupeaux.

Il est d'usage de dire – et cela se vérifie souvent – que le groupe est plus judicieux, plus intelligent que l'individu, que l'échange des sensations et des idées ouvre des pistes, suscite des attitudes nouvelles, qui sans cela nous resteraient interdites. Et c'est vrai. Nous avons tous pu le constater, quelle que soit notre occupation. Le point de vue des autres, même si souvent nous le discutons, même si nous le repoussons, nous aide à préciser, à enrichir le nôtre.

Il n'en est pas de même pour les foules.

Depuis l'étude fameuse de Gustave Le Bon (*La Psychologie des foules,* 1895), qu'il écrivit avant le grand bond de la démographie et les masses hurlantes des temps qui allaient suivre – masses qui sont toujours les nôtres, mais qui se déplacent de plus en plus, aujourd'hui, sur les réseaux sociaux –, nous croyons constater que l'intelligence moyenne, dès qu'elle se répand dans une foule, se tasse, s'efface, se rétrécit, parfois jusqu'à disparaître.

L'effet d'entraînement est considérable – Michelet parlait déjà d'une « mécanique de l'enthousiasme » –, quelquefois irrésistible, et cet effet va toujours vers le bas, quelle que soit la foule envisagée. La conscience individuelle, même raisonnable et réfléchie, même de bonne volonté, fait alors place à un autre sentiment, terriblement sommaire et simplifié, qui s'enracine probablement dans la part d'enfance que nous conservons tous (obéissons au maître désigné) et qui s'articule autour d'une ou deux propositions simples, de slogans insistants que l'enthousiasme collectif porte, le plus souvent, vers l'exaltation de la brutalité ordinaire.

Les grands rassemblements nazis, ou mussoliniens, au XXe siècle, offrent de bons exemples de cette régression mentale, porteuse de dangers mortels. Régression qui s'accompagne souvent, comme des analystes l'ont noté, du besoin d'un guide, d'un appel au chef. Celui-ci incarnera nos frustrations et nos désirs, parfois aussi nos haines. Il donnera les ordres justes, il nous mobilisera et nous conduira à la gloire.

S'agit-il d'une croyance ?

Nous pouvons déceler une contradiction entre la passion entraînante de la foule, hurlant ses mots d'ordre, et le secret de la croyance, l'identification intime, le « je suis ce que je crois ». Si je décide de crier avec les loups, je renonce à faire bande à part. Cela paraît aller de soi. J'entre dans la meute, je mets au placard ma pensée propre, j'éteins mon esprit et je me rallie à la masse.

D'une certaine manière, je disparais.

Il peut sembler d'abord que cette attitude aille à l'envers de celle des hérétiques, qui justement se séparaient du courant dominant, inventeurs et explorateurs de leur propre territoire, de leur parcelle, amateurs de « petits troupeaux ».

Où se cacherait la différence ?

Je vois la question, sans me sentir vraiment capable d'y répondre. Les hérétiques eux-mêmes, la première déchirure passée, en venaient souvent à se regrouper, à s'organiser, à manifester et même à lever des troupes, tandis que d'autres, comme le modeste Dosithée dans son village de Palestine, se contentaient de peu. Lorsque nous en venons aux foules, il semblerait qu'une croyance plus large – en un destin commun, en un bon droit, en une vengeance requise, en une suprématie assurée, parfois même en une mission surnaturelle – absorbe les croyances individuelles dans un filet de médiocrité, laquelle est souvent rassurante, confortable, car nous y rencontrons d'autres médiocres, qui jusque-là cherchaient vainement leur place sur la terre, et qui, eux aussi, l'ont trouvée.

Cela vaut pour les croisades (« À Jérusalem ! ») comme pour les guerres européennes (« *Nach Paris !* », ou bien, de notre côté du Rhin, « À Berlin ! »). Cela vaut pour la libération des Lieux saints, au Moyen Âge, comme pour la conquête de l'« espace vital », au temps des nazis. Quels que soient les désirs particuliers des individus rassemblés, leurs craintes, leurs obsessions, et même leur condition sociale, ils oublient tout dans un emportement collectif.

C'est ainsi que les foules, étrangement, se manient plus aisément que les individus.

Cette absorption s'accompagne presque toujours de la désignation précise d'un ennemi – les musulmans pour les croisés, les juifs pour les nazis, les Américains pour les Iraniens (jusqu'à une date récente), les communistes pour les franquistes et plus tard pour les Américains, les intellectuels pour les Khmers rouges et les Coréens du Nord, les chiites pour les sunnites, et *vice versa*, les Israéliens pour les Arabes, et ainsi de suite, la liste est longue – ce qui permet aux participants, soudain, de ne plus se sentir injustes ni coupables, d'oublier tout sentiment de faute, ou même de péché, de se purifier, perdus dans le magma houleux au-dessus duquel le chef hurle la solution – souvent finale.

Ma croyance particulière – à laquelle je ne renonce parfois que le temps d'un meeting – a cédé la place à une certitude collective. Des milliers de voix ont hurlé au même moment, avec la mienne. Comment pourrions-nous, tous ensemble, surtout si nous crions très fort, avoir tort ?

Certitude illusoire, évidemment, que l'histoire détruit, souvent à coups de bombes, mais qui survivra et qui renaîtra ailleurs, sous une autre forme, avec d'autres mots d'ordre. Sans parler de quelques malentendus : je me rappelle avoir participé, à Paris, au cours du mois de Mai 1968, à deux ou trois défilés protestataires, sans savoir exactement ce que je faisais là. Des amis m'y avaient entraîné (« c'est important, tu dois venir ! »), je n'avais aucune conviction à défendre, mes voisins – nous nous tenions au coude à coude – se posaient les mêmes questions que moi, je criais sans doute des slogans – mais lesquels ? –, je courais par moments pour me protéger des charges de la police, et je rentrais chez moi le cœur à l'aise.

Au fond, ce jour-là, je m'étais bien amusé, tout en bravant un interdit, je m'étais réchauffé et je me sentais dans le coup. Si toutes les foules pouvaient se montrer aussi inoffensives !

J'ai aussi le souvenir de ces multitudes apparemment illimitées, en Inde, tout au long de pèlerinages mystérieux et interminables. Cela semblait presque un refuge. Je me mettais à l'abri parmi les corps des autres. Je me trouvais enserré dans une masse chaude qui me portait presque, je ne pouvais prendre aucune initiative, ni m'arrêter, ni sortir, ni revenir en arrière, je me trouvais soudain comme une goutte d'eau dans l'océan, respirant du bout des bronches, sans peur, sans projet immédiat, et connaissant à peine le nom du dieu que nous allions tous adorer. D'ailleurs, dans ces foules-là, où se cache la ferveur ?

Comparer le comportement collectif de ces déferlements de pèlerins à celui des larges rassemblements politiques, ou des exhortations guerrières, est un exercice assez vain, sans doute, mais qui tendrait assez vite aux mêmes conclusions : l'humanité massivement rassemblée, sous quelque prétexte que ce soit, manifeste la même tendance à l'aplatissement de l'intelligence et – mais c'est moins sûr pour les pèlerinages – à l'éveil de la violence.

Cela vaut-il pour toutes les foules ? Il serait intéressant de comparer, d'un point de vue strictement événementiel – comme le ferait un Martien en visite courtoise par exemple –, les cortèges syndicaux d'aujourd'hui aux processions religieuses de naguère. Dans les deux cas, bannières, banderoles et incantations. Slogans dans un cas, litanies dans l'autre.

Nous pourrions aussi inviter le Martien à assister, dans un stade bourré et frénétique, à un match de football entre deux équipes véritablement ennemies, aux supporters hurlants et bariolés (avec parfois des morts), ou à un vaste concert de rock, où les interprètes, du haut de la scène, semblent commander aux vociférations et gesticulations cadencées de la masse des fans, laquelle paraît, pendant deux heures, comme soumise et même hypnotisée, agitant des briquets comme autant de lampes sacrées ; des briquets ou, plus récemment, des téléphones portables allumés.

La réaction de notre invité serait-elle la même, dans tous les cas ? Pourrions-nous, à propos d'un match de football, ou d'un concert, lui expliquer ce qu'est une croyance ?

Nous n'en savons strictement rien. Pour le dire très franchement, nous aurions du mal.

Nous pourrions distinguer les divers cas, si nous étions des Martiens avertis – disons des anthropologues martiens, expérimentés, habitués à d'autres voyages d'observations interplanétaires –, grâce à une différence d'intention. Dans le cas d'un pèlerinage, nous venons en général pour vénérer quelque lieu saint, où se sont produits deux ou trois miracles, et une attitude respectueuse s'installe, une crainte, une fierté même. Je me devais de venir là, c'est un des gestes essentiels de ma vie (indispensable pour un vrai musulman). Si, à cette occasion, nous demandons une faveur, rien ne nous assure que nous l'obtiendrons – car les miracles ne se répètent pas –, mais peu importe, je suis venu.

Dans le cas d'une manif, nous réclamons toujours quelque chose, une abolition, un avantage, une dérogation, une guérison, assez souvent même une surprise, un prodige, avec des cris scandés et des menaces proférées, avec aussi de la casse, certains jours.

Cependant, pour un observateur même prévenu, les deux masses humaines pourraient très facilement se confondre.

Dans chaque participant, en effet, quelque chose s'est éteint, s'est effacé ; comme si la part critique et alerte de notre esprit se diluait dans la chair qui nous entoure de toutes parts, et dont nous suivons le mouvement et les cris ; comme si nous nous étions simplifiés, appauvris – et en même temps protégés, rassurés.

Pour les concerts de rock et les « événements sportifs », s'il y a des points communs, au moins en apparence, il s'agit (dans le cas du rock) d'un autre type de culte et (dans le cas du football) d'une rivalité souvent locale, presque guerrière, comme si deux armées s'affrontaient par héros interposés. Peu importe le jeu, la qualité du jeu, seule compte la victoire. Mais, ici comme ailleurs, nous devons nous garder de toute assimilation facile, forcément sommaire. Tout ce qui se ressemble est en fait, au second regard, dissemblable.

Si, dans un discours de type politique, ou belliqueux, mettant en jeu, ou sollicitant, notre engagement personnel, la foule nous emporte, comme il est dit dans la chanson, elle ne conquiert de nous-mêmes qu'une part superficielle, minime, vite avalée par le nombre. Plus la foule s'accroît, plus elle nous réduit.

Individus, nous rétrécissons à chaque pas. La multitude nous accueille, nous absorbe, mais en même temps elle nous vide. Nous finissons par nous y « fondre », comme une substance étrangère qui ne pourrait pas résister à la chaleur, au mouvement, aux slogans, aux injonctions et aux coups de marteau. Nous hurlons avec les loups, ou bien nous bêlons avec les agneaux.

À la fin, alors que nous pensions le moment venu de nous exprimer enfin, de jouer un rôle, et peut-être même de changer le monde, nous nous retrouvons sous un même uniforme de geste et de pensée, adeptes de slogans évidés, répétant ce que disent les autres (qui n'en savent pas plus que nous), levant le poing fermé ou la main tendue, et incapables même de dire, en fin de compte, ce pour quoi nous allons tuer, ou peut-être mourir.

Lorsque Goebbels, ministre de la Propagande du IIIe Reich, au cours d'un meeting resté célèbre, qui fut filmé, demanda la « guerre totale », au moment même où les armées allemandes subissaient leurs premières défaites, la salle tout entière se dressa, le bras tendu, hurlante. Tous ces hommes semblaient possédés, hors d'eux-mêmes. Oui, ils voulaient lutter jusqu'au bout, ils voulaient tous mourir, ils le juraient, ils le criaient. Et ils eurent, pour la plupart d'entre eux, satisfaction.

Après quoi, l'exaltation retombée, la manifestation se disperse, et chacun rentre chez soi. Fatigués, enroués, certains éprouveront alors un sentiment de vide, d'absence et presque d'inexistence soudaine, comme si cette force immense, apparemment invincible, que représentait la foule s'était dissoute, évanouie, pareille à un fantôme de l'après-midi, ne laissant que des survivants égarés.

Où étions-nous ? Qu'avons-nous dit ? Déjà la brume.

D'autres raconteront longtemps cette journée, en la transformant peu à peu, et en rapportant les discours, les gestes, en s'y donnant même le beau rôle. Un grand nombre des participants l'oublieront vite, ou ne seront plus là pour s'en souvenir.

Que leur dire ?

J'imagine, certains jours de pluie, ou de brouillard froid, un nouveau don Quichotte, armé cette fois de la seule raison – laquelle, pour les Espagnols, est toujours proche de la folie, en tout cas de la déraison – et accompagné de l'éternel bon sens dérouté, d'un autre Sancho d'aujourd'hui. Loin des foules tonitruantes, ils partent un beau jour courir sus aux croyances. Il s'agit de les démasquer et de les abattre, toutes, sans pitié, une à une, sans même leur laisser le temps de discuter, de se défendre. Il faut en finir, il faut absolument laver et éclaircir le monde, devenu obscur et touffu, imbécile, déchiré aussi, et boiteux.

Nos deux personnages disposeraient pour cela dans leurs bagages, outre leurs intelligences, d'une série de preuves irréfutables, scientifiques ou non.

Et je me dis : quel travail ! Quelle peine ! Quelle énorme somme de résistances, de soumissions hypocrites, de refus nets, de rébellions sournoises, de coups de poing, de coups de feu !

Comment s'y prendraient-ils, d'ailleurs ? Par où commencer ? Quelle est la mère des croyances ?

Puisque notre esprit, de toute évidence, ouvre plus volontiers la porte à la fantaisie et au délire plutôt qu'à la réalité banale et raisonnable, que dire à ces milliards de croyants ? Qu'ils ont été égarés ? Qu'ils vivent dans une illusion ? Oui, mais pourquoi nous croiraient-ils ? Quels mots leur adresser, quelles preuves leur enseigner ?

Et comment leur parler ? Sur quel ton ?

Et même ? Si nous arrivions, Sancho et moi, à nous faire entendre, à attirer pour quelques instants leur attention, ils nous répondraient sans doute que cela n'est pas leur souci, qu'ils sont très bien ainsi, que nous les dérangeons pour rien. Si nous insistons, et si nous refusons de nous laisser convaincre par leurs idées, qui sont des certitudes, ils nous berneront, Sancho et moi, comme ils le firent pour les héros de Cervantès. Ils se moqueront gravement de nous, ils nous feront sauter dans une couverture, ils nous donneront la bastonnade, peut-être, et finalement ils nous chasseront le ventre vide.

L'exemple de don Quichotte est évidemment mal choisi, car il fut lui-même la première victime d'une illusion. C'est en ce sens, peut-être, que le livre qui raconte ses aventures est le plus grand ouvrage philosophique, en tout cas métaphysique, de tous les temps. Voici un homme qui n'est pas fou, qui a les mêmes yeux et les mêmes oreilles que nous, qui vit sur la même terre, mais qui ne voit pas les choses du monde comme nous les voyons, comme nous admettons communément qu'elles sont. Tout est transformé par son seul regard. Don Quichotte voit à côté, ou au-delà. Ivre de lecture, il se déplace dans une métamorphose permanente, il existe et agit ailleurs, dans une certitude simple et inébranlable – qui cependant n'est pas la nôtre.

Les choses sont non pas ce qu'elles sont, mais ce qu'il voit, point final. Elles sont ce qu'il dit qu'elles sont.

Illusion magnifique, parfaite, irréductible, que la trébuchante réalité rejoint, dans ce cas-là, puisque deux villages de la Manche, en Espagne, se disputent aujourd'hui l'honneur d'avoir donné le jour à don Quichotte, à un personnage de roman. Les deux villages – Cervantès, dès le début de son livre, pour des raisons inconnues, refuse de donner le nom du véritable – célèbrent même le jour de sa naissance – à des dates légèrement différentes, il est vrai. Ils connaissent sa famille, ou plutôt ses deux familles, ses habitudes enfantines, ses professeurs, ses premières révoltes, ils savent tout de lui, même l'emplacement de sa tombe, de ses deux tombes, qui sont régulièrement fleuries, dans deux cimetières. Ils ne l'ont pas créé, mais recréé, sous une double identité.

En fin de compte, nous serons bien obligés d'admettre – d'autres nous le feront remarquer – que le phénomène de la croyance ne se limite pas aux religions et aux superstitions. Il gagne de proche en proche, et à notre insu. Nous passons notre vie à croire sans savoir. Et à croire n'importe quoi. Au moins don Quichotte, dans sa vision particulière, et même si dans le livre il meurt désillusionné, est-il resté fidèle à sa mission, qui était de redresser les torts.

Pourrions-nous en dire autant ?

Peut-être cette accommodation de l'esprit, cette complaisance inavouée se glissent-elles, à notre insu, dans notre vie de tous les jours, dans nos connaissances ordinaires, dans nos certitudes banales. Nombreux sont les Occidentaux qui sont persuadés d'être dans le vrai, dans le progrès. Ils se disent civilisés et traitent les autres de barbares. Ils croient fermement qu'ils s'avancent, malgré des accidents de parcours (massacres, renoncements, trahisons et crises de toutes sortes), sur le seul chemin possible vers l'apothéose – ce que rien ne garantit. Les communistes, pendant longtemps, marchaient hardiment « dans le sens de l'histoire », le poing levé, sans un soupçon de doute, comme si l'histoire était une sorte de divinité, ou de destin, qui ne pouvait aller que dans un sens, un sens unique, le seul officiel et valable.

Et ce sens-là, ce sens unique, impératif, s'est perdu en route, comme d'autres.

Dans notre prison invisible

Même en matière économique et financière, domaine qui paraît, à première vue, le moins susceptible d'accueillir l'appel à la transcendance, nombreux sont ceux qui, aujourd'hui, obstinément, font confiance au libéralisme sans frein et à l'« autorégulation des marchés », comme si, là encore, s'exerçait une main invisible et toute-puissante.

Nous connaissons un « credo libéral », aussi entêté que le divin, sourd sinon muet, et qui peut-être nous conduit à la ruine, et même un jour à la désolation. Dans ce territoire comme dans d'autres (esthétique, technique, politique, social), nous n'avons envisagé le mouvement du monde que sous l'angle occidental, étant bien entendu que l'homme blanc incarne la pointe extrême de l'évolution, qu'il mène activement l'histoire et qu'il est le premier non seulement dans ses connaissances, mais dans ses croyances ; ainsi, le dieu blanc est le seul vrai dieu, comme l'économie libérale de l'Occident est la seule encore possible.

Et que dire de nos manies, de nos modes alimentaires, de nos foucades politiques, de nos utopies familiales, de nos lois hésitantes et toujours contestées, de nos prohibitions multiples ? Que dire de nos foules qui défilent pour manifester contre « la crise », comme si celle-ci n'était qu'une sorcière malfaisante, que nos vociférations pourraient effrayer et abattre ? Que dire de ceux qui répètent, avec violence : cela ne nous regarde pas, si vous avez besoin de sacrifices, adressez-vous à la porte à côté ?

Nous nous retrouverons assez vite, Sancho et moi, errant sur les grands chemins, battus, moqués et humiliés, emprisonnés, découragés peut-être, aussi. À notre tour, sans doute, nous nous poserons des questions. Où commence la croyance, et où finit-elle ? Sommes-nous même sûrs qu'elle ait un commencement, une fin ? Et nous-mêmes, ne sommes-nous pas emportés dans une illusion ?

Après quelques nuits sans sommeil, nous admettrons, au moins pour nous mettre d'accord, qu'il existe apparemment, quelque part dans un des univers, un magicien d'une rare envergure, nommé Maya dans la mythologie hindouiste, qui sait entretenir cette illusion des hommes, nous envelopper d'un filet magique que nous ne pouvons pas déceler, fabriquer par exemple des palais invisibles, « où les pensées peuvent prendre corps : tu penses à un mur, et le mur existe ». Et, même si tu n'y prêtes pas attention, tu t'y cognes et cela fait mal. Si par malheur tu penses à un bassin, il s'ouvre aussitôt sous tes pieds, tu y tombes, et tu en sors trempé. Si tu ne sais pas nager, tu t'y noies.

Tu penses à un dieu, et ce dieu existe.

L'illusion. L'architecte de nos pensées. De nos croyances. L'image même de la puissance de l'esprit.

Magicien qui trouve son équivalent dans le cycle du roi Arthur, lorsque Merlin, à la fin, fatigué d'aimer, accepte de se laisser enfermer, pour toujours, dans une « prison d'air ». Une prison sans murailles visibles, en pleine forêt, sous la bonne garde de Viviane.

Magicien prisonnier de sa propre magie. Prisonnier volontaire et lassé de la lutte. Vient un moment où nous baissons les bras, où nous baissons l'esprit, où nous ne pensons plus. Quelque chose en nous se ferme et s'éteint. Nous déposons toutes nos armes. Nous sommes séduits jusqu'au vide, jusqu'à l'oubli. Une autre force s'occupe maintenant de la nôtre. Nous avons perdu notre vie en route.

Ainsi peut-être vivons-nous tous, sans le savoir, enfermés dans une prison mentale d'où rien, ni personne, ne pourra jamais nous extraire.

Besoin de silence ?

Nous connaissons, dans plusieurs traditions, des croyances qu'on pourrait appeler « en creux ». Elles se rattachent généralement à un dogme, lui-même lié à une religion, mais elles l'appliquent avec réserve, sans ostentation, sans foules rassemblées, sans clameurs, sans martyres, avec une discrétion toute personnelle, une sorte de politesse.

Il en est ainsi de la vie des ermites et des moines qui, un peu partout, et depuis longtemps, ont choisi la voie solitaire. Ils préfèrent ne pas se confronter au monde, s'en retirer, le fuir, pour obéir à une règle qu'ils ont choisie. Voici donc le monde comme danger, comme ennemi, comme objet de refus – avec comme corollaire, ainsi qu'à l'ordinaire, que le monde véritable n'est pas celui-ci, mais un autre.

On dit souvent que cette attitude, apparemment presque passive, et inoffensive, marque une défiance à l'égard de la tentation ordinaire, laquelle nous pousse « naturellement » à choisir une vie, sociale ou familiale, aussi brillante et aussi heureuse que possible, ce qui peut constituer, pour l'âme, un danger d'oubli.

Cette attitude de retrait ne désire ni prêcher ni convaincre. On raconte aussi qu'elle est une lâcheté, tout au moins un refuge, un renoncement – que certains, qui préfèrent l'engagement dans les luttes du siècle, critiquent sèchement. Les moines, qui presque tous ont fait vœu de chasteté et de pauvreté, et parfois même de silence, s'adonnent aussi à l'étude et à la prière, comme si le monde extérieur, bien qu'illusoire, avait besoin d'eux, même dans leur éloignement, dans leur solitude.

Les moines bouddhistes – mais la coutume se perd – allaient jusqu'à refuser de travailler, si peu que ce fût, pour assurer leur subsistance. Ils allaient dans les rues, une écuelle à la main, et mendiaient çà et là une poignée de riz. Pauvres, ils se faisaient nourrir par d'autres pauvres.

Dénoncer l'utile. Fuir le travail, comme toute activité. Ne se consacrer qu'à l'esprit.

Dans ces aventures qui restent la plupart du temps personnelles, il est aussi souvent question de « sagesse », qui est un mot sans définition précise, comme « âme » ou « spiritualité ». Ils ont été nombreux, dans toutes les époques, ceux qui ont cherché leur « voie » dans le renoncement. Très souvent, cela se termine dans une sorte d'extase, par une « vision divine de la vérité » – ce qui là encore ne veut rien dire –, mais pas toujours. Certains états intérieurs requièrent un détachement, un éloignement, et même une coupure nette – sans qu'il s'agisse pour cela d'une adhésion arbitraire à une croyance. Personne ne peut nier les bienfaits d'une méditation, d'une retraite ou d'un pèlerinage, à condition de ne pas y chercher, et surtout de ne pas y trouver, une certitude.

Dans les années 1990, au Japon, un ami m'emmena dans les montagnes qui dominent Kyoto et me montra, parmi des arbres, un bâtiment ancien, en bois, long d'une quinzaine de mètres. Là, me dit-on, vit un homme seul, enfermé depuis douze ans. Ce qu'il fait à l'intérieur, personne ne le sait. On ne le voit pas, on ne l'entend jamais. Un vieux jardinier lui fait passer de la nourriture et de l'eau, une ou deux fois par jour. La nuit, s'il le désire, l'homme peut sortir pour marcher et parler tout seul dans la forêt, à haute voix – afin de ne pas devenir fou, sans doute.

Je restai là une vingtaine de minutes, je fis le tour du bâtiment, sans bruit, puis je partis.

Je me rappelai que, dans le *Mahâbhârata* indien, le roi le plus juste, qui s'appelle Yudishsthira, condamné avec sa famille à douze années d'errance et de privations dans les bois, se demande parfois si l'ordre du monde, le *dharma* (qui « protège quand il est protégé, et détruit quand il est détruit »), n'a pas besoin de cette solitude et de ce silence, comme pour maintenir un équilibre secret, cet équilibre vivant que d'autres, par ambition ou par simple aveuglement, ne cessent d'agresser, de bousculer.

Ainsi pensait peut-être l'ermite japonais, dans sa retraite. Face à l'extrême agitation du monde, à ce tohu-bohu qui ne cesse jamais, peut-être avons-nous besoin de cette mise à l'écart volontaire, de ce refus de tout commentaire, de cette harmonie silencieuse – même si elle n'est recherchée, et atteinte, que par quelques-uns.

Peut-être le tumulte a-t-il besoin de l'inaction, comme le trop-plein recherche le vide. Krishnamurti disait que, sans le silence, nous ne connaîtrions ni la réalité ni la beauté du monde.

Apologie de la lenteur, du calme, du silence et même de l'absence. Espoir d'établir ainsi un équilibre que d'autres ont rompu. Curieuse expérience, qui ne connaît aucun credo, qui ne nécessite aucun rituel, n'exerce aucun prosélytisme et n'attend aucune récompense. Elle paraît ne reposer que sur un sentiment, presque une intuition ; socle fragile en apparence, mais plus résistant, peut-être, que tant de sacrifices d'apparat, d'hymnes, de grandes orgues et de grésillements d'encens. Cette expérience suppose que nous consacrions quelques moments, chaque jour, à devenir pour un moment notre contraire, à ne rien dire, à ne rien faire, et même à ne rien penser. Le non-agir de Lao-tseu n'est pas très loin. Même en dehors de toute foi, de tout attachement à un dogme, je comprends qu'on puisse trouver un certain charme à cette attitude, qui fait reposer le sort du monde sur un effacement de soi, sur le mutisme et l'inaction. Et il m'arrive de m'y adonner.

Tout écrivain, à un moment donné, s'il est un tant soit peu curieux (et sincère), se pose forcément cette question : les choses n'iraient-elles pas mieux si je me taisais ?

L'adieu de Prospero

Cependant – aujourd'hui comme hier – pouvons-nous véritablement fuir le monde ? Quand nous regardons les mille tableaux qui, au XVIe et au XVIIe siècle, nous déploient les infortunes de saint Antoine retiré dans le désert d'Égypte, nous voyons qu'une large cohorte de créatures animées, sorties de tous les mondes, des plus lascives aux plus repoussantes, toutes filles de sa cervelle, se pressent aussitôt pour l'assaillir – et par la même occasion, sans doute, pour harceler les sens du peintre.

Dans l'amas grouillant de ces créatures se pressent des sirènes féroces, des gnomes farceurs et malpropres, des reptiles inconnus, des insectes visqueux, des arbres qui marchent, des oiseaux aux becs de fer et aux yeux rouges – tout le désordre, toute l'incohérence du monde, tout ce que nous voulions rejeter hors de notre vue.

Mais non. Peine perdue. Nous transportons nos monstres (qui sont aussi nos tentations) avec nous, toute notre vie, et nous les nourrissons de notre pensée. Ils vont même, souvent, en se multipliant. Aujourd'hui, plus que jamais, nous sommes tous des saint Antoine. Mille assauts, à chaque minute, sont lancés contre nous, par les images et par les sons, partout, jusque dans notre poche – parfois par des images que nous avons lancées nous-mêmes. Les tentations de toute espèce – mais surtout de l'espèce ludique et lubrique – nous enveloppent. Tous nos désordres dansent et se pressent sur notre chemin, désarticulés, frénétiques, ils grattent à la porte, gémissent, se tordent et rient, dans la camisole d'Internet. Et parfois je me demande si, au lieu de maudire et de rejeter ces enfants du démon vulgaire, comme le fait vainement saint Antoine, nous ne devrions pas leur ouvrir les bras, sans aucune peur, leur sourire et leur dire : « Entrez donc et asseyez-vous, nous vous attendions, vous êtes chez vous. »

On disait autrefois qu'il faut toujours garder une assiette pour le diable. On ne sait jamais, il peut avoir faim.

Dans *La Tempête*, de Shakespeare, sans doute sa dernière œuvre, le magicien appelé Prospero, pressentant qu'il va devoir quitter l'île où il a trouvé refuge après son exil politique, adresse un adieu à la magie, domaine où il est passé maître. Il prend définitivement congé de ses assistants, de son tendre Ariel mais aussi des lutins, des elfes des forêts, de ces « demi-pantins qui tracent sous la lune des cercles verts, amers, que la brebis évite », il salue pour la dernière fois les forces qui lui ont permis de provoquer la révolte des vents, d'obscurcir le soleil de midi, de lancer le tonnerre. Cette « magie brute », qui l'autorisait même à ouvrir les tombeaux pour qu'en sortent « les endormis », Prospero l'abjure à jamais. Il va briser son bâton et noyer son grimoire, où sont tous ses secrets. Il n'y touchera plus.

De nombreux commentateurs ont voulu voir dans cette tirade inoubliable l'adieu lancé par Shakespeare au monde d'autrefois, le monde ensorcelé, celui des légendes, des féeries et de la croyance, qui doit maintenant faire place au « *brave new world* », annoncé par une jeune fille, nommée Miranda, dans la même pièce – la propre fille de Prospero. On peut voir dans cet adieu consenti comme une passerelle, comme une charnière. Et c'est un fait : le *Discours de la méthode* suit de vingt et un ans la mort de Shakespeare. Et nous y avons cru, à ce discours-là. Nous l'avons tous lu, écouté, et nous avons tenté de le suivre, au moins pendant les premiers chapitres.

Après Descartes, Spinoza, à son tour, va décortiquer les anciennes habitudes de l'entendement, s'interroger sur le mécanisme de la foi, écarter discrètement la transcendance et préparer la voie, dans l'ombre d'Amsterdam, au siècle des Lumières. Insulté, excommunié même par la communauté juive, il n'hésite pas à écrire que « le grand secret du régime monarchique est de le colorer de religion », cette crainte que les rois inspirent et qui leur permet de dominer les peuples.

Cependant, le monde nouveau qu'apercevait Miranda, si beau, si « *brave* » – la connaissance suppose en effet du courage, et de la bonté –, nous l'attendons encore.

Et le grimoire a surnagé.

Après la mort des dieux

Les croyances naissent et meurent, nous pourrions presque dire : comme les connaissances. Elles se succèdent en s'éliminant, comme des acteurs sur une scène, ou des décors en contreplaqué dans un film. Les croyances naissent subitement, souvent liées à un personnage vite happé par la légende, et elles meurent lentement (en général les superstitions sont plus durables que les religions, car elles peuvent passer, subrepticement, d'un dogme à l'autre).

Officiellement, les religions grecque et romaine sont déclarées mortes, elles ne sont plus que des promenades pour touristes qui viennent, en vitesse, admirer les tombes des immortels. Ici repose Héphaïstos, ici Athéna. La pythie de Delphes a, depuis longtemps, choisi elle aussi le silence. Si elle parle encore, nous ne l'entendons plus. Le temps a effacé sa voix. Et, cependant, en Grèce, quelques dizaines de milliers de personnes, conduites, paraît-il, par une femme, par une prêtresse, continuent à se réunir dans des lieux sacrés pour y adorer Apollon et Déméter, et Aphrodite, entre autres puissances surhumaines d'autrefois.

À Mumbai, qui était encore Bombay dans les années 1990, nous avons rencontré, ma femme et moi, un banquier parsi, habillé à l'européenne, qui faisait de la politique et qui affirmait hautement, avec même de la véhémence : « Ahura-Mazda est le seul dieu, et Zoroastre est son prophète ! » Pas question de le contredire.

En Iran, et aussi en Irak, vingt mille ou vingt-cinq mille personnes vénèrent encore Jean le Baptiste, dont ils disent qu'il incarnait, lui, le vrai messie, alors que Jésus n'était qu'un imposteur vaniteux. Ces baptistes s'habillent de blanc, observent des rites anciens et chantent des prières que nul ne peut comprendre. Ils semblent avoir oublié qu'on ne trouve aucune trace, dans les Écritures, de Jean le Baptiste ni d'ailleurs de Jésus se proclamant « messies ». Mais peu leur importe.

En Iran toujours, depuis l'installation de la république islamique, il est de bon ton, pour certains opposants, de retourner aux sources originelles et de se dire

« zoroastriens ». Récemment, des Iraniens envoyaient leurs vœux avec des prières dédiées à l'ancien dieu Mithra, et cela à l'occasion de Noël, car la fête de Mithra se célébrait jadis, semble-t-il (très rares sont les documents d'époque), le 24 décembre. Lutte sournoise des divinités, à travers les siècles qui les oublient. Mithra, sous la forme de cartes de vœux, revient aujourd'hui à la rescousse, comme pour résister à l'islamisation forcée du pays.

Nous l'avons aussi retrouvé – surprise – chez les Yazidis irakiens, récemment chassés, capturés et persécutés. L'islam ou l'exil, pas d'autre choix.

Nous prions les dieux pour qu'ils nous apportent la paix, et ils sont perpétuellement en guerre.

Pour les Yazidis (soit dit en passant), nous avons vu, en janvier 2015, dans un reportage, des images désespérantes. Ceux d'entre eux, trop vieux, handicapés, malades, qui coûtaient trop cher à leurs geôliers islamistes se voyaient tout simplement rejetés, comme on se débarrasse d'un chiffon troué, abandonnés sur un sol sec, à quelques heures de la mort.

Hydre à mille têtes. Mithra, le dieu perse, avait déjà contaminé Rome, au premier siècle avant notre ère. Il y comptait ses temples, ses fidèles, et les chrétiens le tenaient alors, dans le championnat céleste, pour un adversaire des plus dangereux. D'autres sectes, dites gnostiques, qui promettaient le plus souvent un sauveur et prônaient un ascétisme rigoureux, se répandaient, à la même époque, tout autour de la Méditerranée. Le monde d'Occident cherchait à tâtons un nouveau dieu. Parmi les autres « cultes à mystères », qui, se détournant de la vie quotidienne, réelle, commençaient à promettre une autre vie dans l'au-delà (comme va le faire, à haute voix, le christianisme), on adorait aussi, à Rome, le Phrygien Attis et la déesse Isis, venue d'Égypte et maîtresse supposée de la mort, car elle avait ramené à la vie les lambeaux de son époux Osiris.

Elle disparut par force comme Mithra, Attis et d'autres, au IVe siècle, lorsque les cultes païens furent brutalement interdits sur tout le territoire de l'Empire romain, mais elle survécut, figure clandestine, se cachant même parfois, paraît-il, sous les traits de la Vierge Marie, ou d'autres saintes, pendant longtemps, voyageant en secret d'une secte à l'autre pendant tout le Moyen Âge, et sans doute présente aujourd'hui encore.

Quant à Zoroastre, il est en cours de réhabilitation en Inde, chez les Parsis, qui sont les descendants d'Iraniens qui se réfugièrent dans la région de Mumbai après la conquête de l'Empire perse par les Arabes. Une association vient de se fonder, la EYZ (Extremely Young Zoroastrians), qui entreprend de remettre en selle le dieu Ahura-Mazda et le prophète Zoroastre, ainsi que toute la tradition perse.

L'Inde contemporaine offre un excellent exemple des difficultés auxquelles se heurtent les législateurs quand on en vient aux conversions. Faut-il exiger des nouveaux chrétiens, ou musulmans, ou hindouistes, ou zoroastriens, qu'ils expliquent les raisons de leur choix ? Faut-il réglementer la propagande, éviter qu'elle soit contraignante et même qu'elle fasse usage de la séduction (« *allurement* ») ? Nul ne sait. La « coercition » et la torture sont strictement interdites, ce qui laisse penser qu'elles sont parfois pratiquées. Chaque État légifère, pour le moment, à sa manière, ce qui permet à chacun d'aller se convertir là où il veut, dans le plus évident désordre. Reniements et reconversions s'entrecroisent. Tueries et contre-tueries ne sont pas rares. Et, pour ce qui concerne les aspects que peut prendre la propagande, aucune loi fédérale n'est annoncée, pour le moment.

Comme le disait un misérable chiffonnier d'Agra, en parlant de divers missionnaires : « Ils nous ont demandé si nous étions chrétiens, musulmans ou hindouistes, mais aucun ne nous a demandé si nous avions faim. »

D'une légende à l'autre

Ainsi, rien n'est gagné, rien n'est perdu. Chaque époque de la vie religieuse – et la nôtre comme les autres – laisse derrière elle une traînée éparpillée d'images brouillées, de croyances plus ou moins déviantes, étranges, hérétiques (toujours par rapport à un mythe, à un dogme, souvent celui d'un monde finissant, de la destruction imminente, du messie attendu, annoncé, tout proche), dispersées aux quatre coins de la planète, et que des fidèles respectent parce qu'il faut bien respecter quelque chose. Cette vie, qui est la nôtre, est par moments si brutale, si injuste, si dépourvue de sûreté et de vérité qu'une autre vie doit être possible, ici ou là, sous certaines conditions. Ce sentiment est très ancien et il perdure en nous, sous des formes variables (rien n'est plus tenace qu'une forme). Notre vie ne peut pas être ce qu'elle est ; rien que ce qu'elle est.

Qui pourrait se résoudre à cette étroitesse, à ce bref passage, à toutes ces questions sans réponses, quand nos espérances ne connaissent pas de limites ?

Les croyances vagabondent ainsi d'une légende à l'autre, d'une terre à l'autre. Elles vont et viennent. Des voix les portent et d'autres les oublient. Chaque nouvelle divinité tente de faire place nette et de s'installer sur le trône. Qui n'est pas pour le dernier-né est contre lui (Jésus lui-même l'aurait dit), d'où des luttes qui ne peuvent jamais s'achever, même si un des dieux est déclaré vaincu, et éliminé, par l'empereur terrestre du moment. Les splendides demeures construites autrefois pour les dieux expulsés – toujours silencieux – sont alors accaparées par les hommes. Ceux-ci ont vite fait d'y installer leurs échoppes, leurs négoces, leurs familles, parfois même leurs prostituées.

En Inde du Sud, dans les grands temples hindouistes, les gardiens conservent encore le « Saint des saints » comme dernier refuge du dieu. Dernière cabane. Oui, il est là, sa présence y est attestée, et seuls les prêtres y sont admis. Les touristes restent sur le seuil, sauf exceptions payantes.

Mais, en donnant aux dieux figure humaine (quelle autre ?), nous les avons faits mortels comme nous, condamnés à être en tout point nos semblables, et même à vivre dans des maisons pareilles aux nôtres, disons pareilles à nos palais, car ils sont en général mieux logés que nous. De même pour leurs vêtements, leurs armes, leurs bijoux. Nous leur avons donné les corps et les visages que nous rêverions d'avoir.

Lorsque les dieux meurent – et ils meurent tous, comme nous, bien que nous les ayons imaginés immortels –, les hommes abandonnent leurs temples, qui sont très vite désertés, abîmés. Leurs enfants, devenus adultes, se servent même des pierres de l'ancien édifice sacré pour élever aussitôt le temple du dieu nouveau. Et ils adaptent ce nouvel édifice aux besoins des nouveaux peuples, à leur style, à leur langage, à leurs besoins, à leurs symboles. Les dieux passent, les pierres restent. Indifférence minérale, mais fraternité durable des éléments de la demeure, entre les dieux et les hommes, tous nés de la même planète, grain de sable dans l'univers.

Dans certains cas, comme à Madurai, dans le sud de l'Inde, nous pouvons encore voir hommes et dieux vivant ensemble. Pour combien de temps ? Déjà, les touristes se pressent, et la santé du dieu – ici Shiva, que les brahmes conduisent tous les soirs à sa chambre, en musique, avant de fermer les portes du temple – faiblit. La raison en est peut-être – affirment les intransigeants – dans le fait qu'il se laisse adorer, encenser, par d'autres visiteurs que ses propres fidèles. Il y a là danger d'affaiblissement, de corruption. Que les dieux restent auprès de ceux qui les ont créés. Qu'ils n'aillent pas chercher ailleurs des adorations injustifiées.

La fin de Shiva approche lentement, car il est devenu, ainsi que d'autres, une simple curiosité. Devant l'effarante complexité de ses attributs, de ses intentions et de son pouvoir contradictoire, il a accepté de se simplifier, et par conséquent de se réduire. Il se présente désormais comme perméable, assimilable. Il est « lord Shiva », ce qui lui suffit. Un seigneur comme un autre. Il est la victime de chorégraphies ridicules à Bénarès, « la ville la plus sacrée du monde » (plus de trois mille temples, et une centaine de mosquées), le soir, sur la rive gauche du Gange. Et ce sont des brahmes qui font le spectacle.

Ainsi, sous nos yeux, naît une religion nouvelle, celle du tourisme justement, d'autant plus insidieuse et plus conquérante qu'elle n'est pas perçue comme telle par ceux qui déjà la pratiquent. Les touristes effectuent sagement, sans le savoir, un authentique pèlerinage sur les sépultures illisibles des dieux moribonds ou détruits. Ils croient qu'ils ne sont là que pour voir, entendre et connaître. Mais ils ont déjà leurs rituels (la caméra), leurs vêtements sacrés (les shorts), leurs accessoires (les lunettes fumées) et même leurs livres de prières, qui sont les guides.

À ce propos, si ce que dit Clément Rosset est vrai, les efforts énormes accomplis par les hommes pour élever des temples à leurs dieux, aussi bien à Reims qu'à Palenque ou à Madurai (cent vingt années de travail, dans ce dernier cas), n'étaient pas destinés à honorer les dieux eux-mêmes, comme on l'a dit souvent. Ils n'étaient pas le fruit d'un « élan créateur de la foi ». Loin de là. Ces travaux immenses voulaient montrer avant tout ce que des hommes avaient pu faire – quels qu'en fussent le prétexte et le lieu – et le montrer à d'autres hommes, et à leurs propres descendants. Une cathédrale est l'autoportrait d'un peuple, à un moment donné de son histoire, et pour cette raison elle reste anonyme. Un autoportrait collectif. Tout le reste n'est que blabla.

Des croyances à l'abandon

Entre les religions, sans même parler de l'islam, qui est déchiré depuis l'origine, les divisions anciennes ont peine à s'effacer. Le surnaturel se disloque, et l'œcuménisme n'est qu'un mot. Aucun accord dogmatique n'est concevable, car les croyances sont par définition multiples et aussi parce que la théorie divise toujours, et parfois avec cruauté. À croire qu'elle est faite pour ça. Même si la religion catholique romaine est aujourd'hui très affaiblie, même si l'on vend ou détruit des églises, en Europe, faute de pouvoir les entretenir, le nouveau pape persiste à dire que les protestants sont une « secte », autrement dit qu'ils ne sont pas d'authentiques chrétiens et que la vérité, la seule, la vérité vraie, passe toujours par les lèvres pontificales.

L'intolérance paraît inséparable de toute religion, passée ou présente. Parmi tous les livres écrits ou dictés par les dieux, un seul est le bon.

Nombreuses, pourtant, sont les croyances abandonnées tout au long du chemin, comme le christianisme le sera, forcément, un jour, et l'islam aussi, et même le zoroastrisme. Lorsque l'édit de l'empereur Théodose fut proclamé, en 380, et réaffirmé en 392, imposant la religion chrétienne à la totalité de l'Empire romain – alors considérable –, il fallut dire adieu à tous les dieux anciens, à Jupiter comme à Mithra, à Apollon comme à Isis, peut-être avec émotion, dans certains cas.

Nous pouvons difficilement nous imaginer ce qui se passa, à ce moment-là. En Égypte, par exemple, les familles de prêtres qui s'occupaient de l'entretien des temples depuis vingt ou trente générations durent soudain les abandonner au sable et au vent, car ils en avaient reçu l'ordre. Ce ne fut pas sans quelque frayeur et chagrin, sans doute. Et nous pouvons imaginer que certains Égyptiens, au risque de leur vie, venaient encore se prosterner, la nuit, en silence, dans les sanctuaires abandonnés.

Il s'agissait là d'un corpus de croyances anciennes (plus de trois mille ans d'âge) auquel il fallait soudain renoncer par la force d'un empereur lointain, lequel édictait la nature et même le nom du vrai Dieu, étrangement apparu parmi les juifs, un peuple que les Romains écrasaient et exploitaient depuis quatre siècles – croyances complexes qui disparurent à jamais des mémoires, sous le sable, jusqu'à l'arrivée des archéologues.

Dans d'autres cas, comme pour le catholicisme moribond, qui ne peut plus se réclamer comme jadis d'un pouvoir politique universel (il était « établi » en Europe, à partir du XIIIe siècle, que le christianisme était la religion universelle et que tous les habitants de la terre seraient chrétiens un jour), nous devons nous résoudre à une mort plus lente, plus douce peut-être (on peut être chrétien, aujourd'hui, sans risquer la peine de mort, au moins en Europe, ce qui n'était pas le cas des païens sous Théodose), avec la certitude que nous connaîtrons des soubresauts et que quelques îlots subsisteront, ici ou là, comme en Grèce pour Apollon, ou en Iran pour Mithra.

Dans le dépôt des divinités disparues

Il semblerait que, dans l'histoire des croyances et des religions, certains dénotent parfois une amélioration dans notre conception, et notre appréhension, du divin, au fur et à mesure que passent les siècles. Notre foi connaîtrait des avancées. Ainsi, le monothéisme nous a été présenté, pendant longtemps (c'était le cas dans mon enfance), comme un pas en avant par rapport au polythéisme – alors qu'il ne s'agissait que des deux approches traditionnelles du monde, par l'un ou par le multiple – et que l'idée d'un « progrès », par définition, est strictement humaine ; car Dieu est parfait, il ne peut pas être l'objet d'une amélioration, d'un progrès.

À moins de supposer que les cerveaux des anciens grecs – ceux de Platon et d'Aristote compris – n'étaient pas à la hauteur du nôtre. Qui oserait ?

Pour dire vrai, Freud lui-même, athée déclaré, pensait lui aussi que le monothéisme marquait sans doute un pas en avant dans les rapports de l'homme avec les forces extérieures, en ce sens que l'apparition d'un dieu unique, invisible et illisible débarrassait notre ciel d'une vaste guirlande de divinités trop humaines, et trop farfelues. Il n'en restait pas moins convaincu que la religion, née de nos manques et de nos effrois, est la mère de tous nos despotismes (y compris intimes) et la négation même de la vérité des choses et des êtres.

De son côté, pour rester dans le territoire du « progrès » des croyances, le christianisme a longtemps considéré le judaïsme comme une première étape, encore incomplète et maladroite, sur le chemin de la vérité, qui ne peut être que chrétienne. Les « Pères de l'Église » – alors que rien n'indique, dans les Évangiles, sauf par moments dans celui qui se dit composé « selon saint Jean » (texte tardif et adapté, comme les autres), que Jésus se soit proclamé Dieu, ou Fils de Dieu, ou personnage d'origine, de qualité divine –, ces Pères, donc, n'ont pas hésité à accuser le clergé juif de Jérusalem d'avoir mis à mort le « vrai Dieu » ; crime immense, impardonnable, à l'origine d'une malédiction tenace (les juifs furent longtemps qualifiés d'« infâmes » dans les prières liturgiques dominicales), qui eut au XXe siècle les conséquences que nous savons.

Le christianisme, à lire ces fondateurs, constituait donc l'accomplissement corrigé, mis à jour, du judaïsme, lequel ne présentait qu'une forme archaïque et encore aveuglée de la vérité religieuse.

Cette idée étrange d'un progrès dans la formulation et dans l'élaboration des croyances, comme dans le raffinement complexe des dogmes, accepte évidemment des restrictions, et des exceptions. Ainsi, plus tard, le catholicisme romain n'a jamais reconnu la réforme protestante comme un pas en avant, loin de là. Seuls les protestants l'ont affirmé, et le soutiennent encore. Et l'islam, très tôt, a posé un sceau sur le Coran, où tout est dit. Rien ne saurait le modifier, ni lui succéder. Aucun prophète ne succédera au Prophète. Malheur aux Bahaïs, déviants persécutés aujourd'hui encore, pour ne citer qu'eux – encore que le dernier président de l'Iran, Rohani, ait prononcé, apparemment, au cours du printemps 2014, quelques paroles d'apaisement à leur égard.

Il existe quelque part, au fin fond de nos mémoires, de toutes nos mémoires (qui probablement n'en font qu'une), un vaste magasin souterrain où s'entassent, en désordre, les vestiges des croyances oubliées.

Il serait passionnant de nous aventurer dans ce labyrinthe, d'y retrouver pas à pas la trace vague de nos rêves et de nos terreurs, de leur parler, de les écouter peut-être. De qui, de quoi avons-nous fait des dieux ? Du commerce, comme Hermès ? De l'amour physique, comme Aphrodite ? De l'écriture, comme Thot et Ganesha ? De la guerre, comme Arès, devenu Mars chez les Romains ? De la danse et de la destruction des mondes, comme Shiva ? Ou de leur maintien, comme Vishnu ? De l'amour encore, comme le Grec Éros et l'Indien Kama, lequel est réputé s'être créé lui-même ?

Et, par-dessus toutes ces puissances intermédiaires et hiérarchisées – car toute religion est de structure féodale –, quelle était la puissance suprême, le « seigneur » de qui nous pensions qu'il nous avait conçus et fabriqués, que nous devions lui obéir en toutes choses, et qu'il surveillait d'un œil aigu, un grand livre à la main, nos gestes – et nos pensées – les plus ordinaires ?

Magasin immense et sombre, où tous les décors sont entassés – décors qui ne serviront plus – où des rats trottinent entre les statues ébréchées, où nous trébuchons à chaque pas sur des débris, où des vers rongent patiemment le bois des sarcophages, et où les paroles, et même les murmures, et même les soupirs, ne sont que ceux que nous apportons avec nous. Cela ressemble à un vaste entrepôt, dans un studio de cinéma, où toutes les images du monde se retrouvent, brisées, rejetées, hors d'usage, entremêlées les unes aux autres et promises à la même poussière.

Un moment de l'histoire du monde

Quelquefois, détruire le décor, abattre le temple, brûler les livres, ne suffit pas. Nombreux sont ceux qui ont cru, après la conquête de l'Amérique centrale par les Espagnols, au XVIe siècle, que le nouveau continent se soumettrait, de gré ou de force, à la religion conquérante, et que les anciens dieux venaient de disparaître à jamais, éliminés au profit de la « vraie foi ». Et cela parut assuré pendant plus de trois siècles, jusqu'à ce que les croyances des Mayas, des Aztèques, des Totonèques, des Tarasques, des Incas et de tant d'autres, ressurgissent ici ou là, dans les langues de jadis, qui ne s'étaient pas perdues. J'ai moi-même assisté par hasard, un 21 mars, jour du solstice de printemps, à une cérémonie en l'honneur du Soleil, tout en haut de la pyramide qui lui fut autrefois dédiée, à Teotihuacan, au Mexique.

Comment, dans quelle obscurité, à travers quels silences, ces coutumes s'étaient-elles perpétuées ? De quelle manière clandestine – et probablement inexacte – les rituels s'étaient-ils transmis ?

Nous ne le saurons jamais.

Il est extrêmement difficile de tuer une croyance, de l'étouffer, de l'anéantir pour toujours. Elle survit sous le masque, dans le silence, dans le caché. Même si elle correspond à un court moment de la vie du monde, à cet endroit-là, pour ce peuple-là, même si ce monde, provisoire comme tous les mondes, va disparaître, il restera toujours quelque chose de ce que nous avons cru, même si nous pensons que la victoire choisit toujours l'oubli. Car cette croyance, si mince, si éphémère fût-elle, répond sans le moindre doute à un sentiment – un désir, une absence, un regret, un espoir – que nous avons tous éprouvé, à un moment de notre vie, ou de notre histoire. Cette croyance enfouie – l'infime partie qui en est restée, même travestie, même méconnaissable – est peut-être ce que nous avons tous – hier, aujourd'hui et sans doute demain – en commun.

Un mariage de déraison

« Que faire ? », s'est demandé Lénine, parmi d'autres – et c'est bien la seule question. D'abord rester sur nos gardes, évidemment ; car à chaque minute nous sommes tentés de nous constituer prisonniers, d'« ajouter foi » à telle ou telle affirmation, déclaration, confidence ou information. Rester calmes, vérifier, encore et encore, demander conseil, comparer, réfléchir, prendre une distance. Notre raison traverse les siècles pareille à un radeau ballotté par tous les vents, toutes les vagues. Il ne sait pas très bien vers quel port il se dirige, ni quels courants le poussent. Il est désorienté, il doute parfois de son équipage, de son capitaine, du bois dont il est fait. Il n'est même pas sûr qu'un port nous attende quelque part, un havre sûr, qui s'appellerait Certitude. L'image de ce port, vaguement entrevue parmi les brouillards, s'efface, disparaît. Par moments, nous croyons l'avoir totalement perdue, nous la cherchons en vain du regard, et même nos pilotes semblent découragés.

Un peu plus tard, à l'improviste, elle réapparaît, mais les formes de la jetée, du phare, des bâtiments, ne sont plus les mêmes. Où sommes-nous donc ? Nous pourrions même penser que le port – vers lequel nous poussent nos efforts – a changé de place, qu'il a été démoli, puis reconstruit ailleurs, par d'autres mains, à l'embouchure d'un autre estuaire.

Nous perdons peu à peu confiance, nos forces s'amenuisent, et il faut tout l'enthousiasme et tout le savoir-faire des marins pour aller de l'avant. Autour de nous, dans l'écume et dans les remous de l'océan, des voix nous appellent, sirènes insistantes, nous promettant un abri reposant dans la grotte de la vérité. Devons-nous demander aux marins de se boucher les oreilles à la cire et de nous attacher au mât du radeau ?

Peut-être cette image antique est-elle, après tout, la mieux appropriée. Car il est utile, il est intéressant, il est sans doute indispensable d'écouter les voix enjôleuses qui nous réclament. Si nous les ignorions, si nous refusions de les entendre, qui sait vers quels gouffres nous entraîneraient nos inquiétudes, nos fatigues, nos rêveries ? Qu'ont imaginé les marins d'Ulysse après l'avoir vu se tordre dans ses liens, à l'appel des chants ? Il est possible que, leurs oreilles débouchées, ils aient constitué des proies faciles pour les sirènes de la prochaine vague.

Écouter, donc. Entendre. Nous interroger sans cesse sur notre crédulité, qui est la nôtre, qui n'appartient qu'à nous, car les plantes et les animaux ne sont pas crédules. Garder la tête froide au milieu des appels, si séduisants, si prometteurs qu'ils nous paraissent. Et poursuivre notre route vers le port improbable où jamais nous n'aborderons.

Dans la recherche de ce port se rencontrent aussi des escales, des môles agréables où nous pouvons nous abriter, parfois pendant un siècle ou deux, en sachant qu'un jour il nous faudra remettre les voiles, dire adieu, chercher un ailleurs.

Quelques-uns resteront là, renonçant à courir encore et frappés par la nostalgie. D'autres repartiront.

Au fond, disent certains, non sans quelque parfum de banalité, c'est la route seule qui est belle, qu'elle soit de terre ou de mer, c'est l'effort qui nous mène et qui nous endurcit. L'effort où l'on trouve la joie, parfois, même dans la tempête. L'effort, seule évidence qui ne se prouve pas. Peut-être.

Si nos croyances devaient à jamais rester ce qu'elles étaient hier, cela montrerait que toutes nos recherches, tous nos efforts, tout ce que nous appelons nos « découvertes », n'auraient servi à rien. Nous avons planté notre tente quelque part et nous n'avons pas avancé d'un pouce. Nous sommes restés là. Nous maintenons en nous – malgré les temps qui passent vite en emportant nos illusions – une force d'immobilité qui défie le reste du monde.

D'un autre côté, imaginer un monde sans croyance, quelle banquise, quel désert ! Certains en ont rêvé, pourtant, imaginant une raison souveraine et lucide, magistrale, sereine, comprenant tout, expliquant tout. Mais, dans ce cas, quelle monotonie glaçante, quel ennui ! Déjà Balzac, très attaché à l'illuminisme mystique de Swedenborg ou de Louis Claude de Saint-Martin, et attiré par l'alchimie, « cette chimie transcendante », friand des « sciences occultes » et presque obsédé par « la recherche de l'absolu » (titre d'un de ses romans, où le personnage principal poursuit le Grand Œuvre), regrettait la disparition, qu'il sentait venir, des « croyances populaires » et même des « pratiques superstitieuses ».

Un de ses personnages s'écrie (Raphaël, dans la *Physiologie du mariage*) : « Périssent tous les livres du monde plutôt que mes illusions ! »

Vivre dans l'illusion, c'est encore vivre.

Et puis, comment écrire une histoire de l'âme ?

En un monde propre et glacial

Et quelle terreur, aussi, dans ce monde épuré, anesthésié, car l'épouvante peut naître tout pareillement de la vérité nue, et la raison sait jouer les despotes. Chasser les fées, les gnomes et les lutins, c'était déjà bien culotté, bien dangereux. Chasser les dieux serait téméraire. Par chance, nous en sommes incapables ; pour le moment en tout cas. Nous avons même tendance à multiplier le surnaturel, à le disperser, à l'éparpiller – ce que les religions dominantes voient d'un œil courroucé et hautain, comme les grands partis politiques regardent le fourmillement des groupuscules.

Pourrons-nous aller loin comme ça ? La croyance se réduira-t-elle finalement à des miettes jetées au vent, que nous pourrions cueillir à notre gré ? Retrouverons-nous le chemin de l'éducation, de la connaissance, du perfectionnement quotidien ? À l'abri de toute brutalité ? C'est toute la question, ou presque toute. Comment pourrions-nous atteindre cet équilibre quelquefois pressenti, où science et croyance feraient enfin bon ménage ? Où la science verrait dans la croyance une part indestructible, probablement nécessaire, de notre personne et saurait l'accueillir, lui parler, lui offrir un siège à côté d'elle ?

La science – comme d'ailleurs elle a commencé à le faire, depuis plus d'une centaine d'années – pourrait s'interroger avec sympathie sur l'origine et le sens profond de nos lubies, de nos mythes, de nos convictions hallucinées, et s'efforcer ainsi de voir un peu plus clair dans notre puits.

Le croyant, de son côté – mais là le chemin serait nettement plus rude –, devrait s'admettre comme porteur d'une croyance et non pas d'une connaissance, à plus forte raison d'une vérité. Il devrait cesser de présenter son fantasme comme une « science », et le reconnaître enfin pour ce qu'il est. Il devrait séparer sa conviction des lois et des coutumes qui régissent le monde.

Simple rêverie, sans doute. Mais il est au moins possible d'imaginer un monde où le croyant, loin de tout prosélytisme, se réserverait chaque jour un moment qu'il passerait avec lui-même et avec son dieu, ou ses démons. Seul, ou membre d'un petit groupe, il ne dérangerait personne, il accomplirait sa rêverie, il y trouverait calme et réconfort, il se livrerait même à la prière, qui deviendrait dans ce cas une prière s'adressant à lui-même.

Et personne n'en souffrirait. Personne n'y trouverait à redire. Personne, même, n'en serait informé. Mais nous en sommes, pour le moment, très loin. On dirait que la croyance, même la plus étroite, ne peut en aucun cas rester inactive et que, précisément parce qu'elle demeure sans aucune preuve, elle a besoin de se proclamer, de se divulguer. Et de plus en plus vite, et de plus en plus hautement, violemment. Discrétion, silence et solitude lui sont interdits. Dans certaines occasions, surtout lorsque l'illusion missionnaire prend les armes, le croyant nous semble même freiner, faire marche arrière, revenir aux légendes d'autrefois et s'y accrocher bec et ongles.

Le fantasme ne se dissipe pas, il se durcit. Il devient féroce et sanglant. Dans l'illusion, l'intransigeance est encore notre lot.

Il arrive que des croyants, aujourd'hui, déclarent préférer la mort à la vie. Comment leur résister ?

Et pourtant, aujourd'hui comme hier, quand je dis « je crois », je ne dis pas « je sais ». Je dis même que je ne sais pas. Implicitement, je reconnais mon ignorance, je l'admets. Comment pourrions-nous convaincre les croyants non pas de la fausseté de leur croyance (peine perdue), mais de la simple réalité de leur attitude ? Comment supprimer, en douceur, petit à petit, dans les écoles confessionnelles, tous ces cours d'« histoire » où des enfants juifs, musulmans ou autres écrivent patiemment, sous la dictée de leur maître, que le monde a été créé par Dieu à une date précise (laquelle varie selon les croyances, comme le dieu) et que nous devons nous conduire, dans notre vie de tous les jours, comme cela a été dit il y a quatorze, vingt ou vingt-cinq siècles ? Que la préhistoire est une blague et l'évolution, une supercherie ? Que tous les fossiles, ossements et coquillages divers, trouvés ici ou là sur la surface de la terre, ont été cachés là par quelque diable afin de tromper les humains ? Que Galilée, Newton, Darwin et Einstein n'étaient que des malfaiteurs, soudoyés par les ennemis de la vérité ?

Pour tenter d'expliquer la présence des fossiles, un des hommes les plus intelligents de son temps, Chateaubriand, est allé jusqu'à écrire, dans le *Génie du christianisme*, que Dieu « a sans doute créé le monde avec toutes les marques de vétusté et de complément que nous lui voyons... l'auteur de la nature planta d'abord de vieilles forêts et de jeunes taillis... les animaux naquirent les uns remplis de jours, les autres parés des grâces de l'enfance ».

Ainsi, les meilleurs se laissent aveugler par ce qu'ils croient. La terre a été créée vieille. Certains animaux ont été créés vieux. Chateaubriand l'a pensé, l'a écrit.

Paul Valéry le murmurait : « Aux meilleurs esprits, que d'erreurs promises... »

Il nous faudrait un essuie-glace puissant pour nettoyer, devant nos yeux, le pare-brise où se sont posées toutes les poussières du monde ; une force de persuasion alliée à une force militaire, policière, ce qui montre l'avenir de la violence largement ouvert.

Et même, à supposer que nous y parvenions, que nous resterait-il à voir, ou à deviner ? De quel charme, alors, vivrions-nous ? Comment pourrions-nous accueillir les découvertes intransmissibles, presque innommables, indicibles, de la science contemporaine – des vérités où je me perds à chaque instant – avec le charme incomparable des légendes à dormir debout – ces mensonges où je me retrouve ?

Je ne vois pas comment y parvenir, et je suis certain que personne ne le voit. Combien de siècles encore ?

Pour arriver à quoi ?

Apprendre à vivre

Je regarde une petite fille de 12 ans – la mienne – en train de faire ses devoirs d'école, dur exercice quotidien. Elle étudie la conjugaison des verbes français, qui n'est pas simple. Ensuite, elle fera des divisions, elle apprendra l'histoire abrégée du siècle de Louis XIV, un poème de Jacques Prévert, une quinzaine de verbes irréguliers anglais, et ainsi de suite. Elle partira demain matin de bonne heure en portant son cartable, qui est trop lourd pour elle et lui casse le dos. Elle travaille de cette façon depuis des années déjà, et elle en a encore pour des années, où elle ne fera qu'apprendre, apprendre, et encore apprendre ; tout ce qu'il lui faut savoir pour essayer, un jour, de choisir et de diriger son existence.

Nous sommes tous passés par là, dans le monde entier, et pour certains – c'est mon cas – cela ne s'est jamais arrêté, tout au long d'une vie de travail et d'étude. Nous devons apprendre, c'est une obligation commune. Nous ne pouvons pas vivre sans apprendre.

Nous devons connaître le monde où nous allons vivre, et cette connaissance, pour beaucoup, est un exercice fastidieux, barbant, et même, dans le fond, assez souvent inutile. Cependant l'espèce humaine, au moins depuis quelques siècles, s'est organisée de telle manière que notre jeunesse est un vestibule, où nous ne faisons qu'étudier. Qu'il s'agisse d'être menuisier, géographe, théologien, sculpteur, comptable, couturière, agronome, médecin ou astrophysicien, nous devons passer par un apprentissage, nous devons apprendre.

Ce matin, ma fille, à 12 ans, apprenait patiemment que la ville de Marseille a été fondée, il y a longtemps, par des gens qui s'appelaient les « Phocéens ». À quoi cela lui servira-t-il, dans son avenir ? Je me le demandais.

De l'autre côté, la croyance nous tend les bras, dès l'enfance, et nous dit : ne vous donnez pas tant de peine. Cessez de vous interroger sur votre savoir ou sur votre ignorance. À quoi bon s'encombrer des Phocéens ? Cela n'a aucun intérêt, aucun sens. Abandonnez les leçons qui vous torturent et les examens qui vous sanctionnent, toujours injustement. Ouvrez votre catéchisme, ou votre Coran, ou votre Torah, et ces livres vous diront tout. Tout ce que vous avez besoin de savoir pour vivre. Et, si vous n'avez pas appris à lire, demandez qu'on vous lise toutes ces pages, une à une, à voix haute. Cela suffira. Inutile de vous perdre dans les jungles impénétrables de l'histoire ou de la science, laquelle est fille de l'illusion (oui, le savoir est une illusion) et ne conduit qu'à l'ignorance et à l'erreur dans ce monde, à la perdition dans l'autre.

Dieu a devancé vos hésitations. Il sait tout, forcément, puisqu'il a tout créé, il sait même ce que nous ne savons pas, ce que nous ne saurons jamais, et il vous donne l'exacte partie de sa science qui est nécessaire à votre vie. N'essayez pas d'en savoir davantage. Obéissez au livre que vous tenez entre vos mains – vous pouvez même l'apprendre par cœur, c'est recommandé – et rejetez impitoyablement tout le reste, qui n'est que fumées, égarements de l'âme et rêveries conduisant au port de l'angoisse, d'où personne n'est revenu.

Venez à moi, nous dit la croyance (quelle qu'elle soit), n'apprenez dans vos écoles que ce que la société vous demande pour exister, pour survivre, et rejetez tous les autres livres, qui sont un supplice pour la jeunesse et un long fardeau pour la vie.

Jetez un regard derrière vous. En Europe – pour ne parler que de l'Europe –, tout au long du XVIIIe siècle, que vous appelez « siècle des Lumières », et aussi du XIXe, qui fut celui de l'industrie et du « progrès », tous les étudiants européens, à quelque pays qu'ils appartinssent, ont péniblement appris, sous la férule des maîtres, les connaissances de leur temps, qui aujourd'hui sont tenues pour fausses. Ils ont regardé longuement des peintures et appris par cœur de longs poèmes que nous trouvons à présent ridicules.

Que de temps perdu ! Des milliards et des milliards d'heures ! Les livres sont « le fléau de l'enfance », disait Rousseau – qui en écrivait sans cesse, pourtant. Alors que la foi qui existait en son temps est toujours la même aujourd'hui. Strictement la même. Le savoir s'est effondré, Dieu n'a pas varié d'un iota. Sa parole reste la vérité suprême, alors que la parole humaine, quelle qu'elle soit, s'érode et s'oublie.

Nous entendons ce discours de tous les côtés, et sur tous les tons, alors que nous le pensions caduc, ou pour le moins vieillot. Pas du tout. Il revient en force, partout dans le monde. Et il trouve un allié inattendu – mais tout-puissant, irrésistible – dans les techniques nouvelles, lesquelles sont précisément le fruit des avancées de la connaissance. Ces techniques nous fournissent en effet, à des prix abordables, de petits appareils qui renferment tout notre « savoir » – tout au moins le savoir d'aujourd'hui. Nous glissons dans notre poche, chaque matin, l'ensemble des connaissances humaines. Rêve ancien, prodigieux. Tout le savoir scientifique et philosophique, tous les poèmes, toute la musique, les atlas, les opéras, les chansons, les films, les encyclopédies, tout dans une poche. Et même la Torah, et même le Coran. Nous emmenons avec nous tout ce que les hommes savent et font, jusqu'aux dernières découvertes, jusqu'aux dernières œuvres. La connaissance universelle pour une centaine d'euros.

D'où le sursaut de la croyance. Vous voyez, nous disent les nouveaux missionnaires, à quoi bon vous tourmenter, à quoi bon vous abrutir à apprendre tout un bric-à-brac que vous devrez un jour oublier ? Pourquoi perdre ainsi votre enfance et votre jeunesse, votre santé, votre vie quelquefois ? D'autres ont fait tout ce travail pour vous. N'y revenez pas. Laissez-vous glisser vers les joies véritables qui sont celles – ici les mots peuvent varier, mais l'intention reste la même – de la spiritualité, de la vérité éternelle, de la révélation, de Dieu, de la religion, du salut, de la Voie, et ainsi de suite ; des joies incomparables que nous avons conçues et éprouvées pour vous. Que le recueillement (encore un mot chargé de vide) et la prière remplacent l'étude stérile, dure et toujours remise en question.

Je pourrais continuer de cette manière longtemps, car je connais ce discours par cœur, et depuis longtemps, pour l'avoir entendu sous divers cieux, dans différentes langues. Moi aussi, à partir de 5 ans, dans le village où je vivais, on m'a obligé à apprendre des pages et des pages du catéchisme catholique qui n'étaient, comme je m'en suis rendu compte assez vite, qu'une énumération de racontars et de légendes.

En même temps, j'allais à l'école communale, comme tous les autres enfants, je faisais des additions et je dessinais le tube digestif, un château fort ou des pistils de fleurs. Tous les jours, avec même des devoirs de vacances.

Cette aridité de l'étude est un des grands arguments des « croyants », même s'ils le dissimulent, se présentant eux-mêmes, parfois, comme des étudiants (des « talibans »), comme les artisans et les travailleurs de la foi. Ce qui est absurde, car, si la vérité est établie depuis longtemps, et s'il suffit de se conformer à un enseignement *ready made,* aucun effort supplémentaire n'est demandé à l'esprit, sinon une répétition paralysante des mêmes maximes, des mêmes « articles de foi » (comme si nous nous trouvions dans un magasin d'« articles de sport »). Comme si nous voulions établir un cachot à l'intérieur même de notre esprit, lui interdire tout autre paysage.

Outre le fait qu'il est sans doute dans notre nature – en tout cas dans la nature de quelques-uns d'entre nous – de rejeter ce que d'autres tiennent pour acquis et d'ouvrir à chaque instant des chemins nouveaux, où nous attendent des sensations périlleuses, des hasards, des étonnements, des émotions inespérées, prendre constamment refuge dans les croyances établies expose à un autre danger. Car nous oublions alors, dans la douce somnolence de l'ignorance, le point essentiel, que notre esprit est un instrument de recherche et que, si nous l'obligeons à travailler sur des matières qui peuvent paraître rebutantes, il se nourrit, il s'enrichit à ce contact aride, il se développe lui-même en travaillant.

Notre esprit est le seul outil qui, loin de s'user, s'aiguise et se renforce quand nous nous en servons.

Autrement dit, le travail agit sur l'esprit. Nous en sommes certains. Ces équations sur lesquelles nous nous énervons pendant des heures ne nous serviront à rien, c'est possible, mais elles ont aidé l'esprit à trouver en lui-même des ressources nouvelles. Elles l'ont provoqué, découragé, mais aussi modifié, aguerri. Il sera plus fort, plus éclairé, plus largement ouvert, pour se confronter aux problèmes que la vie ne manquera pas de glisser sur son chemin. Et même les Phocéens – qui sait ? – apparaîtront à un tournant de son existence.

C'est pourquoi, lorsque je regarde cette petite fille qui casse sa jeune tête sur des conjugaisons étranges, ou sur les premiers peuples qui occupèrent les îles Britanniques, je me dis que ce qui importe, ce n'est pas la matière même qu'elle apprend (elle pourrait la trouver n'importe où), c'est le travail obscur auquel se livre son esprit encore tout frais, à chaque seconde, un travail que nous ne pouvons pas apprécier, ni même décrire ; mais dont il nous arrive quelquefois d'en remarquer la triste absence quand nous parlons avec quelqu'un qui n'est pas passé par cet effort-là.

Je me demande aussi, et je ne suis pas le seul, comment cette nouvelle gymnastique de l'esprit, qu'elle manie avec tant de facilité, cette connaissance universelle au bout des doigts, associée à une mise en contact instantanée avec le reste du monde connu, s'insinue dans ses neurones, quelles réactions nouvelles elle y provoque, quels réflexes engourdis sont ainsi réveillés dans son cerveau.

Peut-être n'attendaient-ils que ça, au secret du champ électromagnétique qui nous berce tous, et qui nous emporte.

Je sais enfin que cette petite fille, qui peine sur ses leçons, est une créature humaine, fragile et menacée de mille manières. Je sais que son esprit est en danger, plus encore que son corps, et j'essaie de le protéger de toutes les certitudes, de toutes les affirmations qui le guettent. Je ne peux rien prévoir de ce que sera sa vie. De son côté, même si elle ne peut pas comprendre ce qu'on lui demande de faire, comme si elle ne peut pas dire comment fonctionnent les machines qu'animent ses doigts, elle est en train de s'armer, à sa manière, sans le savoir. Comme si l'enfance, et une partie de l'adolescence, n'était qu'une veillée d'armes, en préparation de ce qui va suivre.

Quant aux vieilles histoires du catéchisme, aux histoires « saintes », je ne les ai pas oubliées, elles m'ont suivi, elles m'ont aidé, peut-être, ici ou là, elles m'ont fourni un premier langage, elles m'ont quelquefois servi de métaphores, elles m'ont amené peu à peu à l'histoire des religions, qui est un fleuve aux affluents multiples, sans source ni embouchure – et parfois même sans eau.

Plus tard, elles ont reçu la visite courtoise des légendes grecques, et même indiennes, aztèques, africaines. Tous ces récits composent un pot-pourri qui voyage partout avec moi. De temps en temps je me laisse aller, je m'y plonge, je fais se rencontrer celui-ci, celle-là. Je les écoute, aussi longtemps que je suis vivant. J'y prends un plaisir antique, qui m'a été transmis, et je souhaiterais que d'autres le partagent. Car, si notre quotidien est appelé à disparaître, notre imaginaire nous survivra.

Il arrive même qu'un de ces récits légendaires me surprenne malgré moi, à tel ou tel moment de la journée, alors que rien ne m'y préparait. Je me demande alors pourquoi il a frappé à ma petite porte à cet instant-là. La plupart du temps, je n'ai pas de réponse, mais peu importe, je lui ouvre et je me sens moins seul.

Au fond, je ne peux pas en vouloir aux légendes mensongères de mon enfance, d'autant plus qu'elles ont cessé, depuis longtemps, chez nous en tout cas, d'être contraignantes et obligatoires. Elles ne se sont pas évanouies comme des spectres au matin. Elles restent dissimulées dans quelque repli de ma cervelle, aux aguets, et de temps en temps, surtout quand je ne m'y attends pas, comme les récits et légendes, elles laissent échapper deux ou trois bouffées d'enfance crédule.

Je ne m'en défends pas, je ne proteste pas. Je sais qu'elles font à jamais partie de ce que je suis – même si je ne peux pas dire ce qui me manquerait si je les perdais.

DU MÊME AUTEUR
CHEZ ODILE JACOB

L'Argent. Sa vie, sa mort, 2014.
Le Réveil de Buñuel, 2011.
Tous en scène, 2007.
Fragilité, 2006.
Einstein, s'il vous plaît, 2005.
Entretiens sur la multitude du monde (avec Thibault Damour), 2002.

Composition et mise en pages
chez Nord Compo (Villeneuve-d'Ascq)

Achevé d'imprimer en juillet 2015 sur rotative numérique Prosper
par Soregraph à Nanterre (Hauts-de-Seine).

Dépôt légal : mai 2015
N° d'édition : 7381-3245-6
N° d'impression : 14638

Imprimé en France

L'imprimerie Soregraph est titulaire de la marque Imprim'vert® depuis 2004.
Ce livre est imprimé sur papiers issus de forêts gérées durablement.